永不下课的管理课

赵 征 编著

科 学 出 版 社
北 京

内 容 简 介

教育是思维的点燃，而非知识的灌输。本书从战略管理、知识管理等维度，从“问题现场”到“解决方案”，以“进场—沉浸—思考—记录—反馈”的教学闭环，用真实商业案例激活企业高管学员的管理思维，构建“永不下课”的学习场域，让知识在碰撞中迭代、让思维在对话中进化，赋能管理者从经验到洞察的思维跃迁。

本书可作为 MBA 和 EMBA 教学参考读物，也可作为一般企业管理人员的知识读物。

图书在版编目（CIP）数据

永不下课的管理课 / 赵征编著. -- 北京 : 科学出版社, 2025. 8.
ISBN 978-7-03-082569-8

Ⅰ. C93

中国国家版本馆 CIP 数据核字第 2025H3X674 号

责任编辑：方小丽 / 责任校对：姜丽策
责任印制：赵 博 / 封面设计：有道设计

科学出版社出版
北京东黄城根北街 16 号
邮政编码：100717
http://www.sciencep.com
北京中科印刷有限公司印刷
科学出版社发行 各地新华书店经销
*
2025 年 8 月第 一 版 开本：787×1092 1/16
2025 年11月第二次印刷 印张：20
字数：387 000

定价：88.00 元

（如有印装质量问题，我社负责调换）

前言

一、诺贝尔奖获得者的提问

我至今还记得2004年在东京工业大学博士第一课上，白川英树先生问了大家一个问题：“什么是毕业标准？”

当时现场学生是所有专业的博士候选人，我猜想很多学生（包括我自己）心里想的答案都是本专业的那些顶级刊物，思考着什么样的文章能让自己拿到学位。

先生随即给出了他的观点：“毕业标准就是导师认为你已经具备了本学科的思维方式。”

在我的博士生涯中，我深深体会到了这个标准。其实，博士的学术训练从硕士阶段就已经开始了，在每周的研究例会上，导师最关注的就是你思考了什么，你提出了什么好问题，这种对于思考和提问的焦虑，困扰了我博士研究的整整三年时间。

二、如何成为一位好老师

当我回到中国科大管理学院成为一名老师后，每年为近500名工商管理硕士（MBA）学员开设战略管理课，同时为100位高级管理人员工商管理硕士（EMBA）学员开设“知识管理”课。管理学院的学员（尤其是EMBA学员）往往都具备相当丰富的实战经验，很多学员的企业都经营得不错，甚至还有不少上市公司。学员大多对自身的实战经验颇具信心，且为自己的管理实践总结了不少成功经验和失败教训。针对这样的学员群体，如何成为一位好老师呢？

其实每个学校的授课老师都是优质资源，都是好老师。同样是好老师，我觉得还可分为三个层次。

第一个层次的老师是理论型老师，这类老师的数量最多，老师能把理论说清楚，但缺乏实战经验（或者老师对自己的实战经验不甚自信），因此这类老师往往有意识或无意识地回避实战，更多地选择在自己的舒适区讲授课程。

第二个层次的老师是实战型老师，这类老师数量不多，但在财务课程领域有许多，这类老师一般具有丰富的实战经验，或者自己就管理或创办过企业，对企业的整体运营非常熟悉；或者在企业担任过高管职务；或者活跃在创业和企业咨询前线，经常接触企业运营现状。这类老师能够把理论放在案例中讲，使学员通过案例学习理论，甚至通过生活学习理论。

第三个层次的老师是病理型老师。我曾经这样描述病理型老师：当一屋子专家面对疑难杂症会诊时，每个专家都有自己的诊断，这时候哪位专家表达意见时其他专家会认真听呢？可能不是那位最有名的或最权威的专家，而是病理专家。因为别人看的都是症状，病理专家研究的是底层机理。

当整个教室的 EMBA 学员都是实战专家，都非常自信，都认为自己有道理，甚至都有自己的“理论”时，唯一能让每个人都认真倾听的，只有底层逻辑。

病理型老师往往既精通理论，又善于实战，而且打通了理论和实战的关系。他们能够在授课时把时间维度引入实践案例，从不同案例的动态变化中，讨论表象背后的底层逻辑。探究众多实战案例场景中的非意图结果、探究自发秩序、探究路径依赖、探究偶然性背后的必然性。只有通过底层逻辑进行思考，所具备的能力才能从分析能力跨越到判断力，进而实现预判，从而更好地推进企业运作。

在经历了数年的教学实践之后，我突然意识到了当初白川英树先生所说的标准中隐含的深层含义，即关于老师的标准：只有那些能够帮助学生训练思考能力、培养思维方式的老师才是合格的老师。

三、培养思考能力的步骤

真正的好老师，是通过底层逻辑进行思考，促使全体学员开始倾听，开始跳出自己的框架，开始思考自己的案例，开始自我学习，因为真正的学习都是自我教育，真正的提高都是自我迭代。

培养思考能力的第一步是“进场”。进场，是指进入学习的现场。进场的本质是学员必须先离开他工作的企业现场，放下他每天面对的具体问题，然后才有可能进入学习现场。进场对每个学员而言并不容易，很多时候学员在案例讨论时最喜欢说的话就是，我们公司如何如何；还有学员听完学者讲座，提出的问题往往是“您的方式如何在我们公司运用”等。

我带学生进场的方式是选择合适的案例，案例必须是所有学生熟悉且易于进入的企业场景，但进入后又必须是“别有洞天”的。在经历了很多案例更替之后，从 2017 年开始，我选择木屋烧烤作为课程讨论的案例。一方面，餐饮场景学员都比较熟悉，甚至认为开餐馆这事很简单；但其实一旦进入，学员们就会发现餐饮的管理很复杂，并非想象的那么简单，且不同的餐饮品类，管理差异也很大。另一方面，这样的场景很容易激发学员们的挑战欲，一旦学员们的挑战欲被真正激发，他们的日常问题才能被真正放下，真正的进场才能实现。好老师，能使学员主动进场。

只是进场还远远不够，培养思考能力的第二步是“侵入”，即侵入学员的课后生活。侵入课后生活的方式，是多次课连续讨论。案例讨论不是一轮，而是多轮，在 MBA 战略管理课中是三轮，最后一轮还邀请木屋烧烤的创始人、董事长隋政军来到课堂，与学员们共同讨论。2017 年至 2025 年，隋政军几乎都参加了我授课的每个班级的最终轮案例讨论。这样的方式深深激发了 MBA 学员们内心深处那种不服输的本能特点，每个小组都在课后认真讨论、精心准备、竭尽全力，很多学员在毕业多年后返校时，还不禁回忆起木屋烧烤案例讨论的情景，认为那是学习生涯最难忘的全力以赴，甚至还有学员表示有很多遗憾，没能发挥出最佳水平。其实在每一次课堂上学员发表意见时，我都能感受到他们课后的大量付出。

我把管理能力培养贯穿案例讨论全过程。比如，将每个组的案例发表时间限定为 5 分钟，每个组只能讲最重要的细节，这其实是管理排序能力的训练。发表时间有限，但提问和讨论环节不限时间，以帮助学员们提高发现问题和应对问题的能力。为了更好地应对现场提问，每个小组都需要在课前做大量准备工作。

大量的课后付出促进了进场，同学们真正进入了案例讨论的学习“场”，但培养思考能力的关键是第三步——“记录”。记录是思考的逻辑进化和内化过程。进场和侵入的目的，是形成体验；思维的目的，是形成体会，也就是经验，经验才可以在未来灵活运用。

我把人生的产出分为“三体”，即体验、体会、体现，体验是一种经历，体会是一种领悟，体现则是一种表达或实践。前二者是内隐于自身的，后者是外显于他人的。体验人人皆可完成，体会则需要时间和认知的勾兑，体现更需创造力的加持。他人的体现可能恰是自己的体验，自己的体验经过体会予以体现。这个世界充满着“体现”。

现在很多家长喜欢带孩子旅行，其实旅行使孩子形成的都是体验，体验的“保质期”很短，如果不能及时产生体会，很多体验细节就会被忘却，而细节是产生体会的要素，没有了细节，不同的体验就同质化了，体会也就无从说起了。因此，现实中很多人只得到了体验，却没能到达体会层面；或是尽管生成了体会，却无法体现，或者体现得不够显著。

MBA 课程案例讨论的进场和侵入，都是体验过程；体验只有通过思考及时转化为体会，才能在其他场景中外显为体现。

四、永不下课的管理课

基于这样的理解，我要求学员们在战略管理课结课后两周内，提交课程总结作为作业。我把作业的名称定为“战略管理与××”这种半开放的题目，后来我把这种授课方式推广到我的“知识管理”课程，作业的题目则选为“知识管理与××”。为了促进学员们思维聚焦，我要求每篇作业的字数不得多于 800 字，聚焦思考细节，并选择最重要的细节完成作业，这也是管理排序能力的训练。字数少也保证了我能够认真阅读每篇作业，我不仅认真阅读，还对每一篇优秀作业进行点评，很多时候点评字数甚至都超过了 800 字。

我的课程把学员们带进了真实场景，学员们则把他们的真实课程感受写成了作业，跟我分享自己的每一点思考和每一点感悟。我把作业的优秀标准设定为“真实”和“个人实践”，几乎每一年我都要为优秀作业的限额发愁，很多学员把自己的工作和生活与课程结合起来，把课程体验转化为了体会，又把体会在个人实践中体现。我把学员的优秀作业和点评发到学员群里，分享给所有学员，学员们在群里继续讨论心得。还有一些作业和点评，我分享到了我的微信公众号（赵征USTC），累计获得了几十万的阅读量，很多校友也给予了大量评论。很多学员把我的这种教学方式称为“永不下课的管理课”。

我始终在思考，到底为何要培养思考能力？可能就是让体验产生体会，并最终体现。不仅如此，通过建立起分享“场”，让学员从别人的体会和体现中去思考体会、去努力思考重现体验，去解构和重构。解构和重构的过程，就是个体思考能力的培养过程，通过构建能力，去创造更多、更丰富的创新体验。

其实不断丰富体验的不仅包括学员们，也包括我自己。每一次学员的进场，也是我自己更深层次的进场体验；每一轮学员讨论的深入，也是我更深程度的思考体会；每一篇学员的优秀作业，也是对我的激发，对我表达能力“体现”的激励。其实“不下课”的不仅是学员们，更是我这位老师，其实我早已不是老师，早已成为一位“永不下课”的学员了。

我终于真正理解了白川英树先生的博士第一课了。先生提及标准的真正目的，不是告诉我们结果，而是告诉我们过程；不是培养博士，而是培养人，人生没有毕业。只要坚持不断精进思考能力，坚持不断迭代思维方式，好学生、好老师、好学校就会不断出现。

在中国科大管理学院领导和学位项目领导的支持下，我从2017年以来的优秀作业里，精心挑选了90多篇，并附上我当时的点评，于是就有了这本书。希望能够帮助MBA和EMBA的学员更好地学习。

最后，感谢白川英树先生！感谢用自己的思考督促我不断前行进步的学员们，谢谢你们！

赶考

2018 年，木屋烧烤案例被赵征教授引入中国科学技术大学管理学院“战略管理”课程，同时我也受邀与赵征老师共同为每个授课班级开展案例讨论开放课堂，到 2025 年已经整整七个年头了。

每次开放课堂宣传海报上，写的都是“隋政军先生分享”，但在我心中，压根就没有什么分享的概念，而是“赶考”。

最初来“赶考”的是木屋烧烤这个企业。木屋烧烤 2003 年成立，2018 年时已经创业了 15 年。外面看到的都是品牌光鲜的一面，那些朗朗上口的标语（slogan），比如烧烤品类中国第一、百城千店、每一天都值得庆祝……其实回顾起来，那些年基本每 3 年就有一个大坑，每个坑都足够埋葬这个小小的品牌。只不过一直比较幸运，每个坑最后都爬出来了，但一路也走得跌跌撞撞。

接受赵征老师的邀请，我最初的想法就是把真实的木屋烧烤开放给中国科学技术大学 MBA 专业的学生去剖析、去研究。品牌本身是独立个体，虽然像我的孩子，身上有着创始人的基因，但经过十几年的成长之后，它早已“独立成人”，成为它自己了。如果能让更多学员“进场”，看见真实的木屋烧烤和真实的餐饮赛道，从而理解餐饮行业和不同的餐厅，我觉得很有意义；当然更希望在解剖木屋烧烤案例的同时，能听到更多针对木屋的意见与建议；还有一点深层次的期望，就是希望能够为改变中国管理教育做一点努力。

我小时候是个学渣，父亲是老派知识分子，信奉“棍棒”教育，所以做学生时我很厌学，但长大之后才发现，其实骨子里是认同父亲的价值观的，厌恶的其实是父亲的“棍棒”，而不是教育。我喜欢读书，更相信读书改变命运。创业 20 多年来，我读了很多书，接受了很多的管理教育，高校的，机构的，私董会的，管理工坊的，等等，也有了不少思考。

我觉得真正的“读书”，不光是死记硬背课本，而是要在书本里见古今，在游历中见天地，在做事时见众生。学习的本质是思考，不经思考的知识，只能算是信息。

一个人的视角总会受限，思考能力也有限，尤其是在一个行业时间长了，局限性就更强了。MBA 学员们选择来读书深造，其实就是要跳出既有的局限，打开眼界拓展思维。一家餐馆想做好，全是具体的事儿，把事情都做好了，餐馆生意就兴隆；餐馆用工要求不高，但对协同配合、团队管理的要求却更为复杂。把这样的案例放在 MBA 课堂里，学员们“进场”门槛较低，容易展开讨论，理解不同视角和观点，并最终运用到自身管理实践中。

木屋烧烤的挑战就是，必须彻底开放自己，把所有信息细节展示给学员们。这个全面开放过程在木屋内部有过争议，担心企业的“信息安全”。最终我们还是下了决心，不仅在中国科学技术大学的课堂上开放自己，把很多的真实经营数据和客访数据提供给学员们；也在日常经营上开放自己，企业内部部门间信息彼此开放，向供应商开放运营状况信息；还在店铺开放厨房，让消费者可以一览无余。把每一次的开放，都当作一次“赶考”；把每一次的挑战，都当作一次“应考”。

开放带来了意外的收获。因为开放，员工间关系变简单了；因为开放，运营商关系变密切了；因为开放，客户对我们更信任了。于是，木屋就有了更大范围、更深层次的开放。木屋的“赶考”过关了，但随后而来的是我自己的“赶考”。

每次开放课堂上，我都有两项工作：一是对学员们的案例讨论进行点评；二是进行主题分享，并回答学员们的提问。对我来说，完成这两项工作都不容易。

即兴点评无疑是考验。每年学员们被分成五至六个组，每个组逐一展示小组讨论结果，然后进行全班现场讨论，我也要参与讨论并最终点评。本来认为自己运营了这么多年的木屋，点评学员们的案例讨论结果应该不成问题。其实不然，学员们都很有见解，各个小组更是争奇斗艳，很多现场提出的问题也非常尖锐且颇有启发。在这个无法做提前预案的环节里，我别说想要出彩，最开始能勉强应对都不容易。精神始终高度集中，大脑保持飞速运转，才能接得住学员们的唇枪舌剑。

至于这几年来的分享，我每年分享的主题基本上都各不相同，因为每一年木屋烧烤的发展阶段都不同，遇到的问题、引发的思考也自然不同。日常工作可能是一件接一件不断处理突发状况，是点状的；但主题分享时必须串珠成线，拨开现象找本质，进行理论化总结，所以每次准备ppt，对我来说都是一个对企业运营思考升维的过程。这倒是让我养成了经常保持思考的好习惯。

这几年来，其实也偶尔打过退堂鼓，觉得压力太大。每当这个时候，我都会思考“赶考”的意义。

首先就是认清自己。

赵征老师教的是战略管理课。何为战略？就是一个企业独特的愿景、使命和价值观。本质是要用一句话来回答一家企业到底是做什么的？

木屋烧烤是卖烤串的。2021年我做了一个很多人都不认可的决定——坚决不打折，坚决不做任何营销活动，一门心思把产品做得“好吃”。我每天都会发一条朋友圈，“不好吃，一定死”。现在木屋做精酿啤酒，我也很有信心把木屋啤酒做成最好的。

光好吃好喝就足够吗？一家优秀企业必须为顾客创造价值。真正的品牌都是在做自己，而品牌能做多大，看的是你的价值观能适配多大范围的人群，最终考验的还是品牌的价值主张、创始人对生命意义的理解——这些都是“道”，来不得半点虚假。

每次开放课堂上，学员们会给木屋出很多“点子”，我在感激之余都格外冷静，回答每位学员是否认可、是否可行，其实我的观点也未必是标准答案，甚至经常还引发争论。后来我发现，是否可行的判断标准其实都源自方案与企业价值观是否匹配。于是，所有的方案讨论，就从管理问题变成了价值问题。我正是在这个不断拉扯的过程中，越来越看清楚“我是谁”，也越来越靠近真实的自己。

认清自己之后，就是努力保持真实，把真实变成核心竞争力。

我和赵征老师讨论过很多次关于真实的内容，赵老师有个观点我很同意。他认为每个人都需要提高自己与自然界和社会相处的效率，提升效率的关键是建立关系，建立关系的关键是建立信任，只有相互信任才能真正提高协作效率。如何才能建立信任呢？信任的起点就是真实。

我觉得，真实不仅能促使建立信任，也是所有以终为始的起点。我突然意识到，其实开放的那些东西，就是真实本身，一旦没有了真实，开放也会枯竭。真实的首要标准是忠于自身原则。很多时候，忠于原则很难，甚至因为无法坚持原则，有些个体干脆选择丢弃原则，不再保留原则。一旦没了自身原则，真实就可能会彻底消失。

创业多年的我突然明白，木屋和我，其实一直都在“赶考”，考出来的正是真实。无论是企业还是人生，唯有真实，方能永存。

期待每一位学员在赵征老师的“战略管理”开放课堂这个考场上，考出自己的真实人生。

木屋烧烤创始人 董事长

隋政军 博士

目录

战略管理篇

知识管理篇

战略管理篇

战略管理与曾国藩的“结硬寨、打呆仗”

伍洲文*

曾国藩与李鸿章、左宗棠、张之洞并称“晚清中兴四大名臣”。太平天国运动时，曾国藩组建湘军，经过多年鏖战后，攻破太平天国都城——天京。细读史料，发现这位湘军统帅貌似只知“以正合”，从未“以奇胜”，甚至因兵败，五次试图自尽。究其实，就是这样一位湘军主帅，站在国内国际形势的高度，深谙太平天国的资政方略与高层危机，俯视江南江北大地，静观其变，用了十年时间采用“结硬寨、打呆仗”的中长期战略，稳扎稳打、步步为营，硬是一步步蚕食了太平天国的生存空间，直到取得最后的胜利。

* 2017 级 MPM 学员，现为安徽省邮政管理局党组书记、局长。

一、“不谋全局者，不足以谋一域”的战略格局

曾国藩曾说自己才智不足，但知“结硬寨、打呆仗”，从未用一奇谋、施一方略制敌于意计之外。在取得安庆保卫战的胜利后，立足长江上游的曾国藩对夺取南京的计划已了然于心。所以总的方针是“不见兔子不撒鹰”，以一城一攻的模式稳扎稳打，尽量避免冒险出击。这样耗费的时间和精力相当大，但是这足够保证自己的后方安全和全局性计划的稳步推进。从全国局势讲，当时清朝的实力肯定是强过太平天国的，以全国敌一隅，战略上确实高明，从头到尾，曾国藩在战略执行上几乎就没有犯过什么大错。相反，太平天国石达开、萧朝贵、李秀成、陈玉成等都是英勇善战之人，各种计谋层出不穷，攻破江南大营、江北大营，一定时期内也取得了不错的战果，但缺失全域性、长远性的战略，特别是定都南京后，偏安江南一隅，北上斗志全无又无统一全国方略。虽有奇谋，更多拘于一城一地之得失，战术的长处丝毫不能决定战略决策的集聚之“势”。与曾国藩相比，高下之分立见。

二、“坚持定见，不为浮议所动”的战略定力

战略决策一旦做出，就需要“战略方案实施”紧紧跟随，做到掌控自如，使命必达。曾国藩智商绝非超常，但是却极具智慧，目光长远，战略定力极强，一旦看准了，就能够坚持定见。晚清名臣李瀚章评价其过人之识力，在能坚持定见，不为浮议所动，只有具备这样的心智，他才能在乱极了的时刻站住脚，不被小利扰乱了心思。湘军历史上著名的安庆保卫战，便充分体现了曾国藩的战略定力。在此次关键的战役中，曾国藩抵住了上命（撤围安庆、赴援苏常）、内忧（曾胡不睦、内部分歧）、外患（陈玉成、李秀成围魏救赵）三重阻力，坚持围攻安庆，致使天京西面战略屏障尽失，太平天国全面陷入被动。曾国藩曾说：“凡发一谋，举一事，必有风波磨折，必有浮议摇撼。”①既要有过人的见识，在看明白以后还要有一种坚持、一种定力、一种意志。这样的战略定力，是优秀的领导所必须具备的品质。

三、“以众人之私，成一己之公”的战略智慧

曾国藩的成功大半得益于“功不独居，过不推诿”，让下属心服口服地

① 曾国藩：《曾文正公批牍》。

追随自己。他非常关注湘军队伍的生死，绝不将队伍置于危险的境地，平时连行军都要求不超过五十里，注重保护队伍的战斗力。同时“凡利之所在，当与人共分之；名之所在，当与人共享之”[①]，为军队提供一个超越内部关系的长远目标，形成湘军“呼吸相顾，痛痒相关，赴火同行，蹈汤同往，胜则举杯酒以让功，败则出死力以相救”[②]的坚实团队基础，将一群草根起家的士兵打造成一支精兵。“功不必自己出，名不必自己成”，成就了下属，就是成就了组织；成就了事业，最终也就是成就了自己，这就是曾氏极为高远的人才战略。

恰恰是这样的智慧，这样的定力，这样的格局，形成了曾国藩身为湘军统帅领导者的人格魅力之所在，体现了其高超的战略思想和治军理念。且不说其同时代的湘、淮将领以曾国藩为楷模，就是其后的黄兴、蔡锷等军事家对其也是推崇备至，张之洞、袁世凯等在中日甲午战争后采用西法编练新军时，还采纳了曾国藩治军的许多做法。民国军事家蒋百里在他的《国防论》中赞赏曾国藩是近代史上“一个军事天才家”，称凡领军者都应该效法曾国藩。蒋介石则明确表示要师承曾国藩，要求国民党军队中的将领必须“认清历史，效法曾胡”。无产阶级军事家毛泽东早年也曾有“愚于近人，独服曾文正，观其收拾洪杨一役，完满无缺”[③]的话语。

纵观曾国藩一生，决胜岂止于战场，以封建士大夫的立言、立德、立功“三立”标准观之于他，一生中的经韬纬略层出不穷，一部曾国藩家书足见其在“修身、齐家、治国、平天下”及至“继绝学”方面均留下的绚烂身影，至今读来仍见其思想影响之深远，可鉴之处不乏其间。

【赵征点评】

古人云：正心，取势，明道，优术。

正心，出自《礼记·大学之道》：“欲正其心者，先诚其意”和“心正而后身修”。

势者，趋势也。“取势”即顺势而为，顺势则事半功倍，逆势者事倍功半。

---

① 蔡锷：《曾胡治兵语录》。

② 此系曾国藩创立湘军时的纲领。

③ 中共中央文献研究室，中共湖南省委《毛泽东早期文稿》编辑组. 1990. 毛泽东早期文稿. 长沙：湖南出版社.

道者，规律也。“明道”即通晓规律、明确原则，找寻最佳的路径。

术者，方法也。“优术”即优化方法，针对不同对象，提升方法的针对性。

故道为纲，术为目，纲举目张。道为本，术为末，若本末倒置，则事难成矣！

伍洲文同学在作业中，从战略管理的视角分析了曾国藩的个体案例。尽管曾国藩弱于带兵作战，但其掌握了事物的发展规律，正确判断了形势，因此带领湘军获得了最终的胜利。

伍洲文同学的分析并未止步于此，他继续探究了曾国藩个人职业生涯成功的关键：“定力”和“智慧”。以上两点，与曾国藩的“心正”又有着密切关系，正因为“心正”，才能“坚持定见，不为浮议所动”；正因为“心正”，才能够“功不独居，过不推诿”，最终使湘军崛起。曾国藩不仅打造出一支精锐部队，更促使湖南人才辈出，在中国之后数十年的发展中，产生了巨大影响。

本作业，文短而意深，是为佳作！

战略管理与社会治理

余　波*

2013 年，党的十八届三中全会指出，全面深化改革的总目标是完善和发展中国特色社会主义制度，推进国家治理体系和治理能力现代化。“社会治理”取代“社会管理”，成为国家治理体系和治理能力现代化的重要内容。社会治理命题，经历了“管理社会—创新社会管理—加强和创新社会治理”的演变，从“管”到“治”，体现出战略管理思维在社会治理层面的运用。

战略管理的使命是提高效率，善用战略管理思维，能够有效处理复杂问题，提高社会治理效率，促进治理成果共享。社会治理问题之所以复杂是因为利益主体多元，党的十九大报告在“十三五”规划提出的“构建全民共建共享的社

* 2017 级 MPM 学员，现为合肥市商务局副局长。

会治理格局”基础上增加了“共治”理念，充分体现了治理的核心思想，即社会治理需要多个社会主体共同参与，而非单一的政府行政管理。

特别是习近平总书记深刻指出：“治理和管理一字之差，体现的是系统治理、依法治理、源头治理、综合施策。”[①]政府的“全能型”管理是低效的，大包大揽的“管”理成本高，且带强制性色彩，搞强迫命令则易发矛盾。“治”在于引导、疏通、协商，尊重社会多元主体，能够动员他们的力量参与治理服务。

党的二十大报告提出：“健全共建共治共享的社会治理制度，提升社会治理效能。”[②]一个现代化的政府，必定是“有限型”的政府，定好规则，做好兜底，市场的事情交给市场去做，以开放、包容、平等的心态撬动各类社会主体参与社会治理的活力，从而提升社会治理的整体效能。

综上，党的十八届三中全会提出“加快形成科学有效的社会治理体制”[③]，党的十九大提出“打造共建共治共享的社会治理格局”[④]，党的二十大和党的二十届三中全会进一步将社会治理体系放到推进国家安全体系和能力现代化的战略中进行部署。我们在加强和改进社会治理的实践中，对社会治理规律性认识不断深化。

当前，城市社区社会结构的不断演变叠加社会治理困局，环境治理、物业管理、社会治安等公共问题盘错交织。群众诉求的多样化与基层服务功能的合理性、有效性并不完全匹配，基层各项权责“纵向下移、横向区隔”的现象仍然存在，有为政府并不等于“包打天下”，群众对于“服务型政府”的期望更高。如何优化重构多元治理体系，快速响应群众需求，提升“家门口”治理实效，是摆在各级社会治理主体面前的一个现实挑战。

战略能够提出价值主张、整合资源、形成合力。以战略管理思维分析，社

---

① 《习近平在参加上海代表团审议时强调 推进中国上海自由贸易试验区建设 加强和创新特大城市社会治理》，https://digitalpaper.stdaily.com/http_www.kjrb.com/kjrb/html/2014-03/06/content_250196.htm，2024 年 12 月 30 日。

② 《习近平：高举中国特色社会主义伟大旗帜 为全面建设社会主义现代化国家而团结奋斗——在中国共产党第二十次全国代表大会上的报告》，https://www.gov.cn/xinwen/2022-10/25/content_5721685.htm，2024 年 12 月 30 日。

③ 《中国共产党第十八届中央委员会第三次全体会议公报》，https://www.gov.cn/jrzg/2013-11/12/content_2525960.htm，2024 年 12 月 30 日。

④ 《习近平：决胜全面建成小康社会 夺取新时代中国特色社会主义伟大胜利——在中国共产党第十九次全国代表大会上的报告》，https://www.gov.cn/zhuanti/2017-10/27/content_5234876.htm，2024 年 12 月 30 日。

会治理的价值主张即“人民观”，保障人民在社会治理事务中依法实现自我管理、自我服务、自我教育、自我监督，确保社会治理过程由人民参与、成效由人民评判、成果由人民共享。社会治理的途径即整合资源、形成合力的过程。各级政府要搞好公共服务、公共管理、公共安全，同时扩大开放公共服务市场，通过政府购买服务、健全激励补偿机制等办法，鼓励和引导企事业单位、社会组织、人民群众参与社会治理。此间加以法治保障，运用法治思维和法治方式化解矛盾、破解难题、维护公平正义。

战略管理的思维包含目标、流程、评估、沟通。党的十九大从统筹推进“五位一体”总体布局、协调推进“四个全面”战略布局的高度，提出了打造共建共治共享的社会治理格局的目标。党的二十届三中全会审议通过的《中共中央关于进一步全面深化改革 推进中国式现代化的决定》首次提出进一步全面深化改革，推动生产关系和生产力、上层建筑和经济基础、国家治理和社会发展更好相适应等重要论断，这些重要论断的提出对深入贯彻新发展理念、统筹推进“五位一体”总体布局、促进社会公平正义、增进民生福祉、维护国家安全和社会稳定具有重要的实践意义。

因而，各级治理主体应该在加强预防和化解社会矛盾机制建设、健全公共安全体系、加快社会治安防控体系建设、加强社会心理服务体系建设、加强社区治理体系建设等具体措施上，站稳群众立场，集结多元主体、整合各方资源、实现一站解纷，在及时呼应好人民群众多层次、差异化、个性化的新需求、新期待中，不断提升基层治理社会化、法治化、专业化水平，实现广大居民群众从基层治理的“旁观者”到“参与者”再到“治理者”的双重转变，谱写善治新篇章！

【赵征点评】

案例分析，是管理学习中不可或缺的重要路径。学员通过对具体案例的研究，进行自我的持续学习，并在具体案例的分析过程中，回忆并应用管理学的相关知识与技能。案例教学在很多学科中，都有着广泛的应用，如医学中的病例、法学中的判例等。

战略管理作业，要求学员进行实际案例的分析。首先是鼓励学员进行独立思考。分析过程中需要自己去思考、去创造，同时还须提出自己的方案或发表自己的见解。其次是引导学员变注重知识为注重能力。管理者都知道知识不等于能力，知识应该转化为能力。管理本身是重实践重效益的，学员对实际能力的培养，才是学习的本质。最后是重视双向交流。改变老师讲、学员听的传统教学模式，将其改为学员思考案例、老师思考点评的双向交流、多重思考模式，这对教师也提出了更高的要求。

余波同学运用战略管理思维方式，结合自身工作，从“管”和“治”的内涵分析入手，研究社会治理方式和手段的演变过程，揭示治理方式背后管理理念的变化和发展路径，探寻未来日趋复杂形势下的社会环境治理体系。相信这样的思考，不仅使其对战略管理课程的理解更加深刻，同时也有助于更好地将学习的综合成果应用于未来的工作中。

战略管理与自我认知

赵　媚*

2018年初，张泉灵的一段演讲意外走红："时代抛弃你时，连一声再见都不会跟你说！"很多麻木的神经当即被这句话"激活"，也有许多"吃瓜群众"不为所动，尤其是那些认为在一个不变的体制、一个不变的单位，可以每个月领固定工资的人生就是最安全状态的人。

如今忆起，引发我探究兴趣的倒是：促使张泉灵做出职业方向调整的内因是什么？会是"战略管理"思维对"自我认知"的影响吗？

"自我认知"是什么？是指对自己的洞察和理解，包括自我观察和自我评价。自我观察是指对自己的感知、思维和意向等方面的觉察；自我评价是指对自己的想法、期望、行为及人格特征的判断与评估，这是自我调节的重要条件。所以说"自我认知"是人生价值与目标实现的根本动力，每个人对自己能力、兴趣、目标的判断不同，从而选择价值实现的方式、方法各异。

* 2017级MPM学员，现为安徽乾景旅游文化创意有限责任公司董事长。

那么“战略管理”呢？“战略管理”课程告诉我们，“战略”让我们拥有选择可行机会（提出价值主张）、集中火力（资源整合）、联动全组织（形成合力）的能力。由此可见，“战略管理”思维水平越高的人，在选择、排序和资源整合方面的能力就越强、效率就越高。

表面上，是张泉灵感性“自我认知”使然——“我经常开玩笑说，我在央视面临这样一个状态，就是一开始的时候会有人说：‘泉灵姐，我特别喜欢你。’后来有人说：‘泉灵姐，我妈特别喜欢你。’再后来有人说：‘泉灵姐，我奶奶特别喜欢你。’我特别担心很快就没有人喜欢我了，于是我就离开了。”“我极其担心的是，一个做传播的人，最后在自说自话、自怨自艾、自恋自哀。”同为媒体人出身，我深知这样的“自我认知”受感性思维支配的比重。

本质上，张泉灵的“跳开”更似是“战略管理”思维对“自我认知”产生了影响，是她把“机会选择”放在自己“集中火力”“联动组织”的能力评估上做出的改变——“但人生毕竟有限，如果我能在一辈子，尝试两种完全不同的生活方式，面对完全不同的世界，而且相比于现在的世界，另一个世界又代表着未来的趋势，我愿意冒这个险。”

由此可见，“战略管理”可以让“自我认知”重构，“自我认知”可以让“战略管理”鲜活，最终以目标和效率为导向，优化选择与排序的动能。

【赵征点评】

苏东坡问佛印和尚：“在你的慧眼看来，你觉得我像什么样呢？”佛印赞道：“我看你像一尊佛。”苏东坡却笑着说：“我看你却像一坨牛屎！”佛印笑而不语，似乎没有生气。回家后，苏小妹听完事情，说：“佛印看你像一尊佛，那是他心里有佛，而你看他像屎，那是你自己心中有屎。”

很多时候，战略的选择看似客观，其实本质上与决策者的个人特质有很大关系，甚至不仅影响决策本身，还会前移，影响决策前环境分析的过程。悲观的人，看环境总是悲观的，决策时就可能消极；而乐观的人，看环境就是乐观的，决策时就会更加积极。

赵娟同学通过对央视主持人张泉灵离职案例的分析，试图探讨战略管理和个人特质之间的关系，揭示自我认知对战略决策的影响，很有新意！

战略管理与《隆中对》

边冠峰*

《隆中对》是一场对话，从《三国志》的记载来看，全文只有几百字。自古以来都认为，直到有了这样一场对话，刘备才真正意义上开启了自己的帝业之路。其实，在这场对话里，刘备从头到尾只说了两句话，一是问怎么办（计将安出），二是在听完后说“好”（善），诸葛亮的发言才是《隆中对》真正的核心，而他的发言其实就是一篇极为出色的战略管理策划方案，体现出的是高超的战略管理艺术。

在《隆中对》中，诸葛亮首先运用了 PEST 分析法，即宏观环境分析。通过政治（politics）、经济（economy）、社会（society）和技术（technology）角

---

* 2017 级 MPM 学员，现为《江淮时报》副总编辑。

度，从四个方面进行分析，从总体上把握宏观环境，并精准地提炼出这些因素对刘备集团战略目标和战略制定的决定性影响。

对于当时的政治社会宏观环境，刘备看到的只是“汉室倾颓，奸臣窃命，主上蒙尘”。诸葛亮则在《隆中对》中清晰地指出，当时刘备集团所处的政治社会宏观环境是“自董卓以来，豪杰并起，跨州连郡者不可胜数”，是乱世，更是大争之世。在政治上，“今操已拥百万之众，挟天子而令诸侯”，曹操把持了名义上的中央政权，具有政治上的优势。“孙权据有江东，已历三世，国险而民附”，孙权具备巩固的地方政治基础。“将军既帝室之胄，信义著于四海”，刘备所具备的是汉室正统的政治号召力，以及为天下公认的仁义怀德的英雄人设。在经济上，“益州险塞，沃野千里，天府之土，高祖因之以成帝业……民殷国富”，益州有着成帝业的经济基础。在技术层面，《隆中对》主要分析了招才和用才的问题，孙权是“贤能为之用”，刘备是“总揽英雄，思贤如渴”，曹操则是“遂能克绍，以弱为强者，非惟天时，抑亦人谋”。

同时，诸葛亮在《隆中对》中更运用了 SWOT 分析法，即态势分析，就是将与刘备集团发展相关的各种主要内部优势（strengths）、劣势（weaknesses）以及外部的机会（opportunities）和威胁（threats）等，一一提取出来，然后用系统分析的思想，把各种因素匹配起来加以分析，从中得出一系列相应的结论，而这个结论即形成战略决策。通过对刘备集团和战略竞争对手的分析，诸葛亮指出，对曹操，“此诚不可与争锋”，对孙权，“此可以为援而不可图也”，真正的战略机遇在于荆州的刘表和益州的刘璋。不仅因为“荆州北据汉、沔，利尽南海，东连吴会，西通巴、蜀，此用武之国”，更因为“其主不能守”；不仅因为益州是块“肥肉”，更因为“刘璋暗弱，张鲁在北，民殷国富而不知存恤，智能之士思得明君”。这些才是当下“天所以资将军”的宝贵战略机遇。最后，诸葛亮为刘备制定了一个近乎完美的战略决策，那就是“跨有荆、益，保其岩阻，西和诸戎，南抚夷越，外结好孙权，内修政理；天下有变，则命一上将将荆州之军以向宛、洛，将军身率益州之众出于秦川”，最后要达到的战略目标就是“霸业可成，汉室可兴”。

在隆中对之前，刘备虽有英雄之名，但始终事业难成，年过四十，整个集团仍处于乱世的颠沛流离之中。隆中对后，刘备集团步入高速发展的轨道。一年之后，联合孙权击败曹操，占据了荆州，五年之后，即占据益州，十年之后拿下汉中，十三年后登上皇帝宝座。由此可以看出，出色的战略管理对一个集团发展将起到何等关键作用。

《隆中对》的战略最后并未完全实现，究其根本是执行层面出了很大问题。无论是关羽在荆州的作为，还是刘备对东吴发动的夷陵之战，都在后期执行上完全背离了《隆中对》的战略，从而让这一战略未竟全功，终成遗憾。这也说明，超一流的战略管理，最终还需要超一流的战略执行来实现，这也是《隆中对》为后人留下的一个历史经验和教训。

总体来看，一篇《隆中对》，包含了战略环境分析、战略机遇捕捉、战略步骤实施、战略目标和战略决策制定。其之所以能成为千古名篇，不仅在于三国文化本身所具有的历史魅力，更在于这篇文字在战略管理上闪耀出的智慧光芒，这种智慧之光，至今引人思索，给人启迪。

【赵征点评】

《荀子·劝学》曰：神莫大于化道，福莫长于无祸。管理之学习，不为管理之长短、职务之升降，认知能力，方为关键。

通过学习，掌握管理思维方式，熟悉管理分析工具，运用管理决策方法，去重新认知已有的世界，在新旧认知差异中，获得认知的二次提升。这样的学习，收获巨大。

边冠峰同学，将新的认知范式，运用到《三国志》之中，另辟蹊径，解读新颖，令人拍案称绝！

【边冠峰6年后反馈】

作为一个媒体从业者，多年以后，当我屡屡面对着推动媒体融合转型的困境时，就会回想起在管理学院课堂上那个并不遥远的下午。老师的讲解，同学的讨论，引领着我以蹒跚之步，一步步地走入管理学的殿堂。古人常言知易行难，其实，知又何尝容易。初入学很长时间，在老师的助力下，费了九牛之力，才把自己脑中关于管理学的一团糨糊勉强分离成了淀粉和水，但离真正融为自身的血肉还有着几乎遥不可及的距离。

后来，通过不断地学习，才知道此管理并非我此前理解的管理，管理远不只是运筹调度的指挥，不只是赏罚分明的拍板，甚至也不只是鞠躬尽瘁、身先士卒的作为，事实上，它们完全是两回事儿。在经历了观念上的重塑，书本上的摸索后，我才慢慢知道在理论路径上，该如何从管理学的角度去发现问题、分析问题、解决问题，该如何用科学的方法去应对战略竞争。当我再从课堂走回工作实践中时，更深感知已不易，行则更难。

我在当时的作业《战略管理与〈隆中对〉》中，指出刘备在战略执行上不应出现如此大的败笔。工作多年后回看，如果把我换成刘备，真正实操起来，我肯定与刘备差得很远，也会弄得更糟。例如，我可能看完《隆中对》后觉得对面的那个人简直是在画饼、在胡扯；又如，和孙权的江东集团竞争荆州时，我就会乱了阵脚；再如，进军益州和刘璋集团时，我可能半途而废。总之一句话，在知行合一层面上，我压根撑不到白帝托孤那一幕就得"领盒饭"。之所以还能在作业中"指出"，无非是隔了时间，开了天眼，提前知道了历史的结局。

其实，很多困境本质上暴露出的不过是学艺不精的真相，不过是能力有欠的一次露怯。在实践的困境中磨炼了大半生的刘备在关键时刻缺的可能只是一门管理学课，但对大多数普通人而言，可能需要用一生的时间去学习、去实践。管理学的课堂其实无处不在，对刘备而言，茅庐是课堂，赤壁和白帝城也是。对我来说，虽毕业多年，但现实的工作和生活就是另一个永不下课的课堂，在这个课堂上，能在昔日老师、同学的指导帮助下，偶获进一寸有一寸的欢喜，就是人生之幸。

战略管理与抉择场景

曾 斌*

参加中国科大 MBA 课程已经快两年了。从一开始备考的刻苦，到收到录取通知书时的兴奋和入学之后的逐渐磨合调整，从重新踏入校园，到后来的熙熙攘攘，MBA 就跟其他日常的工作事项一样，按照既定节奏推进，没有大的波澜。当初做出选择决定攻读中国科大 MBA 学位时的笃定和雄心勃勃，也只有在每月一次的集中上课期间与同学们碰撞时，才间或迸发一次。

突如其来的新冠疫情，改变了我的认知，生活和工作方式发生了极大的变化，也包括我们上 MBA 课程的方式。因为上课从线下搬到了线上，我们没有机会去到校园和教室现场接触老师。早就听说这学期的战略管理课是赵征教授

* 2018 级 MBA 学员，现为美的集团冰箱事业部海外销售公司销售部部长。

讲授的，满满的期待与交流计划落空。之所以说有期待，是因为过去三年参与公司内部战略规划和经营规划的过程中，总是碰到格局不够和战略决策左右抉择不定的实际情况，希望能从赵教授的课堂互动中习得一二。实际上，在线办公这一形式，从春节之后公司就已经调整和实践过了，对于线下向线上的转变，我最大的感触，应该是任务接收和执行的效果及沟通效率打折。所以说担心交流计划落空。

令我欣喜的是，赵教授的课，不仅没有打折，反而还超出了我的预期。印象最深的一次课，赵教授问到关于选择、抉择的问题。“对于团队内部的十多个人，如果强制要淘汰，按照顺序，一直优化到只剩两个人，怎么操作？”

说实话，内部优化人员，是我们经常要干的事，也基本上是习以为常了，但是一般开除或者辞退一两个人，总是有很明显的原因，而且仅仅局限于一到两个人，不至于到几乎整个团队都要被逐一清理掉的地步。面对赵教授的问题，现在看我的回答极其单薄，而且是很仓促欠考虑的。尤其是被一步一步追问的时候，手心后背真的会冒汗。一是因为自己没有仔细思考过这个问题场景，二是因为想当然摆出来一二三个理由，把人开掉，但是到最后发现没有一致和稳定的人员清理标准，单凭自己的喜好或意向，会显得尤其不公平。赵教授的提醒让我醍醐灌顶，自己到底有没有完整或者长效地思考过这个问题？开除和清理人员的标准到底应该是什么？团队的大小规模是不是应该有差异？分阶段的重心是不是该倾斜调整？如何保证每个人都能在清理的过程中感受到危机并且能够自驱提升保证自己被淘汰的节奏尽量靠后？领导者怎么样才能让团队成员找到和打造好自己的核心竞争力？

管理的艺术，无外乎做选择。什么时候开除谁，看上去是一个简单的问题，但是背后隐含着深刻的逻辑。平时不去深究这些问题，很难清楚自己是不是一个合格的管理者，也很难保证自己能理性应对日常工作当中的决策。

“求其上者得其中，求其中者得其下，求其下者无所得。”赵教授的课，转眼就结束了。我以为这只是一个开始。寻求那种手心后背突然冒汗的感觉，提醒自己精益求精、格物致知的追求，永远都不会结束。

【赵征点评】

有一位知名医生曾经这样解释慢性病：医生只能维持现状、只有病人彻底改变生活方式才能好转的疾病。

在疫情期间的企业家交流课上，有人问企业扛不下去了该怎么办？我说：该活着的就会活着，该倒闭的就会倒闭，因为这一刻的结果，因你之前的所有选择，其实早已注定。

还有人问，企业裁人我怎么才能留下？我说：该走的就会被裁掉，该留下的自然会留下，因为这一刻的结果，因你之前的所有选择，其实早已注定。

生病的人，总期望医生开出药方，希望药到病除；做企业的人，总期望有一本管理手册，希望沉疴顿愈。其实根本没有药方，也没有手册。身体的疾病和企业的问题，都是长期积累的结果。

你唯一能为自己做的，就是时时为危机做好准备；你唯一能为别人做的，就是时时把他放进危机的场景，逼他早做选择。

冒汗这事，可能必须成为你的常态。

战略管理与绩效管理

谷利平*

在中国科大学习的最后一学期，迎来了赵征老师的战略管理课。校友群中早已流传着关于赵老师“大咖”的传说。带着对这门课的期待和对赵老师的崇敬之情，疫情期间，同学们通过视频的方式与赵老师见面了。

赵老师的课不是说教式的 PPT 讲座，而是以案例为主线，循循善诱，深刻尖锐，毫不留情，直达本质。虽然刚开始我对这种教学方式有些不适应，但在实际工作场景中，本就如此。我们作为成年的 MBA 人，更应主动迎合并有意识地训练自己的这种沟通方式。通过一场场案例汇报与点评的思想碰撞，我大致理解了战略管理要求的“大处着眼，小处着手”。这里的“大处”就是企业发展战略，“小处”就是战略的具体步骤、方法和路径，核心是“实施”。因此，战略管理不是空中楼阁，遥不可及。战略管理要的是基于现有资源，充分整合人财物等资源，制定可实施、可落地的目标并去实施的过程。

* 2018 级 MBA 学员，现为中安华力建设集团有限公司党委委员、副总裁。

听了赵老师的课，我开始重新审视我们公司的绩效管理，审视其到底是否能有效服务企业战略，与企业战略紧密关联。

我所服务的公司自 2007 年开始实施绩效考核。随着绩效理念的提升，逐步提升到绩效管理的层面，现在正努力实施战略绩效管理。

本公司实施的战略绩效管理，概括来讲就是将企业愿景规划为 3—5 年发展战略，将发展战略具化到年度目标指标，再将年度目标指标分解到各单位（各中心和各分公司），各单位再分解为部门月度绩效计划，员工根据部门月度绩效计划，结合自身岗位职责拟定自己的绩效计划，按月推进，逐条落实，实行过程管控，最终实现企业总体目标。

由于受外部政策和市场环境变化的影响，目前战略绩效管理实施效果欠佳，仍存在诸多问题。一是从确定企业战略规划来看，虽然开展了自上而下和自下而上多轮讨论，但最终确定的战略规划认同度不高，战略宣贯也未跟上。二是从考核运作来看，部分分公司在考核组织、考核方式方法、考核程序、考核沟通等方面不完善，不能保证战略绩效管理的有效实施。三是从结果应用来看，部分分公司考核结果仅局限于薪酬兑现上，没有有效地将考核结果应用于职务晋升、岗位调整、员工培训、员工关怀、精神激励等，不能充分调动和激发员工的积极性，更何谈主动性和创造性了。

我们所面临的外部市场、政策环境、技术革新是不断变化的，而培养人、发展人是永恒的。如何在不确定中找确定，我想“人”才是最核心的要素。绩效管理的核心是调动大多数员工的积极性，只有激发大家的内驱动力，才有可能发挥更大的主动性和创造性，这远比外在单纯的绩效考核要强得多。战略管理要求上下同欲、目标与方向一致。分析上述存在的问题，我想下一步的方向就更加明确了。

【赵征点评】

利平同学提到了“大处着眼，小处着手”的原则。

那么，什么是“大处”？什么又是“小处”呢？该文观点：“大处”是企业发展战略；“小处”是战略的具体步骤、方法和路径。文中又提到了““人’才是最核心的要素”，那么“人”和“大处”“小处”之间又存在着什么样的关系呢？

我认为“大处”和“小处”谈的都是人的群体，“大处”指组织层面的群体，解决的是组织所有人的选择问题，共同的使命、价值观，以及在此基础上设立的阶段目标；“小处”指个体，处理不同个体与组织的关系。

“大处”的核心是组织的范围和边界的界定。到底是只包括股东和管理层？还是包括全体员工？抑或是还打算将客户包含在内？角色之间关系处理得好，事情就会顺利，但角色多了，关系自然就复杂。不过，无论是哪个角色，都是现实存在的，都是不能忽视的。

“小处”的核心是个体行为与组织目标的关系。只有明晰了关系，才能为工作赋予意义。每个个体只有明白了工作绝不仅仅是单纯为了金钱或短期获益，才能真正从本能的、简单的、功利的工作动机中摆脱出来，转而把自己与组织真正关联起来。

战略的本质不是“事”，而是“人”。

战略管理与我的创业

杭川岩*

在没有进入中国科大学习 MBA 课程之前，我在一家外资企业负责管理一个小型的销售团队。在这一时期，我更多的是充当战略执行者的角色，在这一过程中也曾抱怨过公司战略计划的不合理，也曾考虑过如果由我来制定战略，那我应该怎么做。后来我决定自己创业，从公司成立的第一天开始，所要做的工作千头万绪，想着如何能将一家弱小的公司做大做强，我开始体会到战略管理的重要性，也有感于做好企业战略管理的难度。

赵征老师带领我们学习了“战略管理”这门课。开课没多久，我们就迎来了木屋烧烤的案例分析。小小的一家烧烤店，想要经营好不会太难吧？于是同学们开始天马行空般地献计献策，之后，却发现很多的战略无法落地实

* 2018 级 MBA 学员，现为上海致工环境科技有限公司总经理。

施。因此木屋烧烤的案例分析给了我们深刻的启示，一份好的战略计划，不能仅仅是耀眼的空中楼阁，更多的应该是支撑起这座楼阁的基石。制订战略计划之前，应仔细评估企业的现有资源以及能力，应该落实到企业日常经营中的各个细节。

结合我的创业，首先就创业模式来讲，究竟属于哪种创业模式？是模仿型创业、演进型创业还是创新型创业？目标是成为一家生产型企业还是一家服务型企业？创业模式的制定有没有考虑到经济大环境带来的影响？思考清楚了方向，比盲目地蛮干更重要。

无论是哪种模式的创业，都要考虑如何用人，如何设置结构。对于一家初创公司来说，各方面都非常弱小，所以需要坚持效率优先，有效的激励政策以及扁平化的层级设置对初创企业来说都是适合的。

在制定企业战略时，采用里程碑的计划方法也是一个有效手段。即从企业成立到战略再形成，在进行到下一个目标时，必须要求上一个目标全部完成，之后再形成一个整体的战略计划。采用里程碑计划，使整个战略计划具有逻辑性和实用性，避免了忽视关键因素而导致的损失。

在瞬息万变的今天，市场形势常常风云突变，而小企业的抗风险能力通常较弱。2020 年，新冠疫情点燃了全球经济低迷的导火索，万千中小企业挣扎在生死线。所以对于初创企业来说，认清自己的劣势并针对自身劣势做到风险预估，制订遇到风险时的应急方案，也就是我们经常说到的 Plan B 也就显得特别重要。

学习“战略管理”最大的收获在于意识到人、企业和环境都是制订战略计划不可或缺的三大要素。过去在考虑企业战略的时候，更多的是倾向于客户和环境，总觉得只要把客户内外部情况吃透，战略就能获得成功。然而，在学习了“战略管理”这门课后，我感觉到人的因素也是至关重要的，这里的人不仅包括战略计划的实际执行者，也包括创业者自身，好的战略管理也是对人的管理，是人与计划的结合体，将人的效用优化至最大，对战略执行过程中出现的各种情况进行积极响应，也是战略管理艺术性的体现。

【赵征点评】

战略，本质上是处理组织的竞争关系，确定自己的位置。

由于环境和竞争对手的动态变化，组织的定位以及定位的维系，也是动态变化的，而保持或维系定位的主体，是人。战略制定和实施的本质，是把使命、目标、原则等要素，传递给组织内部和组织外部的人，通过这些人的作用，实现组织定位的保持。

很多管理者认为，管理的目的是让人更好地做事，其实管理的真正目的，是让人愿意做事，找到做事的理由，形成内激励的同时不断降低管理成本。川岩同学通过对课程的学习，意识到了人的重要性，我相信对他未来的创业路程，会有所裨益。

战略，在定位组织的同时，也影响着人的定位，而人的定位，最终决定了组织的定位。

战略管理与童话故事

孟　迪*

这学期有一门课叫作“战略管理”，授课老师叫作赵征。初听课程，感觉赵老师的授课风格很是特别，明明是炎炎夏日，每次上完课都觉得寒风刺骨。在案例讨论模式中，赵老师总是“刨根问底”+“穷追猛打”，每次都以同学们被批驳得“体无完肤”而收场，我原本并不理解赵老师这样授课的原因与益处，直到最后一节课我才明白，可能老师是想让我们尽早从我们的童话世界里走出来认清自我、寻找自我。

“丛林社会，大多数人都被童话故事欺骗了。”这是赵老师在最后一节课分享的观点，我大为震惊。大学一毕业我便应聘进入了世界 500 强的宝洁公司，在同学们眼里这是一份光鲜亮丽的工作，转眼 8 年过去，我结婚生子，升职，

* 2018 级 MBA 学员，现为宝洁（中国）营销有限公司区域经理。

一切都按部就班地朝前走，这就是我的童话故事，我以为我只需要坐等那个 happy ending 就可以了，然而一场疫情打破了一切的平静。作为主营日化品的公司，疫情其实并没有对生意带来多大的负面影响，令我惴惴不安的是看到疫情期间零售行业及消费者发生的迅速且巨大的变化，看到到家业务的发展、直播带货的兴起、消费者购物习惯的转变，我突然发现自己好像是跟不上节奏的那个人，可能是一路的顺风顺水让自己活成了童话故事里的女主角，而忘记了自己生活在丛林社会。

“你是否有创造价值的能力？”面对赵老师的灵魂拷问，几年前的我可能会自信地回答“当然有”，然而今天的我貌似失去了那份坦然，这几年行业在发展，而我并没有跟上前进的脚步。

“当你使所有东西回归到自我的时候你才找到自我。”赵老师的这句话就像一根绳子牵着我从童话梦境中走了出来，无论是创业也好，还是在企业打工也罢，最终都是只有不断提升自我能力才会让自己走得更远和更长久。关于自我提升，隋总和赵老师分享了健身与学习，我非常认同，但对于我自己可能更多的是践行，坚持健身，坚持对行业知识进行深入学习，乘风破浪，努力让自己成为那个能够创造价值的人。

【赵征点评】

孟迪的这篇作业，我打算点评，却一直没想好如何点评。

打算点评的原因，是我不希望你只生活在童话世界里。

从组织发展的实践来看，每当你舒适地等待着 happy ending 的时候，不期而来的大多是悲惨结局。现实世界里更多的不是和风煦日，而是寒风刺骨。能让你明白这个道理的，最好的方式可能也非和颜悦色，而是“穷追猛打”“体无完肤”。

有一个游戏，主持人给你一次博彩的机会。他拿出一枚硬币，告诉你如果硬币落下时是图案面，你赢 1 万元，可要是出现字，你得给他 1 万元。你会玩这个游戏吗？

尽管游戏很公平，但在被调查的近千人中，愿意玩的不超过 2%，如果要把这个比例提升到 50%，那么潜在奖励必须比潜在损失大 2.5 倍以上（即输的话输 10 000 元，赢则赢 35 000 元）。

心理学认为，我们对损失和负面事件的敏感度，远远高于对胜利和积极事件的敏感度。因此，若想认识问题，损失比获得更为有效。

没想好如何点评的原因，是我又担心彻底毁了你的童话世界。

人人都在这个世界上生活，但是，每个人眼中的世界其实是很不一样的，你的内心世界决定了你所看到的世界的面貌。

一个内心贫乏的人，他看到的世界也必定是贫乏的。只有内心世界丰富的人，才可能发现和欣赏世界的丰富的美。丰富的心灵是自己身上的快乐源泉。心灵的快乐是自足的，如果你的心灵足够丰富，即使身处最单调的环境，你也不会太寂寞。

正因为现实世界是残酷的，我才更希望每个人都能拥有自己的“童话世界”。

战略管理与“入局”

钱晓钟*

突发而至的新冠疫情，让我们的工作和生活被迫按下了暂停键，往日熙熙攘攘的街面一下子恢复了宁静。在主动居家隔离的日子里，我们只能从电视、手机新闻里关心着各地疫情变化，或在各种短视频中看着网友们发明的新奇居家娱乐项目打发时间。同样受疫情影响，我们二年级下学期的课程也不可避免地推迟了。好在经过全国人民两个月的辛苦付出，到 2020 年 4 月疫情整体得到了有效控制，五一假期后终于恢复了课程，虽然只能是网络教学。就这样，最后几门课的授课老师和我们隔着屏幕一一见面了。

赵征老师的“战略管理”课程安排在 5 月集中授课的最后一天。开课前老师就给我们安排了木屋烧烤的案例分析作业，要求同学们参与进来，并反复强调“入局”。很快就到第二次上课时间，要进行小组第一次汇报。坦白讲，网络授课大家不用直面老师，确实缺少紧张感，小组同学对赵老师讲的“入局”不以为意，包括我自己。第一次汇报内容准备仓促，结果很不满意。对第二次、

* 2018 级 MBA 学员，现为美的集团微波和清洁事业部海外销售运营部长。

第三次汇报，虽然大家投入了时间，但总是不能走到情景中去，真正以木屋人的角色去做案例，而是仍然以局外人的身份去做点评，结果还是不够完美。很快课程结束了，但赵老师讲的“入局”两个字经常浮现在我的脑海。

莎士比亚说过，世界是个大舞台，世间的男男女女无非是演员而已。他们要么粉墨登场要么悄然离去，每个人终其一生竟可以扮演多种不同角色。我们在社会中有很多不同的身份，在家为人子/女、为人夫/妇、为人父/母，在外是同学、是同事、是朋友。在光怪陆离的社会中，面对不同身份，我们真的“入局”扮演好每种角色了吗？

毕业后初入职场，我们大都怀着一颗敬畏之心，工作踏踏实实、敢打敢拼，以一种初生牛犊不怕虎的精神进入角色。几年后稍有些经验和能力，一部分人面对诱惑开始摇摆、三心二意，缺少专注，要么主动辞职要么被动淘汰，要么获得更好的发展要么逐渐平庸。还有一部分人坚持初心，坚定“入局”，选择和企业共同成长，职业道路也就越走越宽。放眼全球，忠诚于企业、愿意和企业共同进步的人越多，这家企业也就越成功。

我以前理解的企业战略管理是如何把企业做大做强，在市场竞争中保持领先地位。赵老师的课程教会我先“入局”，认真对待每一件事情，把一件事做到极致就是竞争力，大概战略的初心就是如此吧。

【赵征点评】

“守、破、离”，源自日本剑道的学习过程，后延伸到其他领域，用来诠释“匠”道。

跟着师父修业达到熟练，谓之“守”；在传承中突破原有藩篱加入自己的想法，谓之“破”；自己创新招式开辟新境界，谓之“离”。

守，意味着长久等待和超常吃苦。耐不了寂寞，稳不住心神，心上长草“守不住”，飘移不定，又如何能把一件事干到极致？

破，意味着在突破和完善中超越。没有“破”，“守”则成墨守成规，前人技艺再高，终有局限。“破”在于疑，小疑小进，大疑大进。

离，意味着在颠覆成见中寻求新发现。“破”属于推陈出新，“离”则是颠覆创新。

“技可进乎道，艺可通乎神。”匠人，是脱颖而出的结果。管理上的人无我有、人有我精、人精我变，表达的也是类似境界。

通神，自“入局”始。

战略管理与“躬身入局”

吴赛群*

主管了两年的战略管理部工作，也参加了多次战略管理的培训课程，了解了不少国内外的战略管理模式，对赵征老师的“战略管理”课程还是非常期待的，想看看快餐式的培训与真正的战略管理课程有多大区别。

甚是懊恼的是受疫情影响，不能参加面授课，只能参加网络课程，效果可能是打折扣的。网络课的干扰因素有很多，同学们分神也更频繁，这也说明“躬身入局”的环境是不合适的、不匹配的，但是全班近四十人在面对这样的环境时，是不是都会受到影响呢？不一定，有的人可能学得很好、很投入，有的人可能不断受到打扰，这就如不同企业在相同的市场竞争格局下，会有不同的经营结果，有的企业经营成功，有的企业经营失败。所以说，“躬身入局”是一种心态、一种毅力、一种责任。

* 2018级MBA学员，现为志邦家居股份有限公司人力资源总监。

罗振宇在2020年的跨年演讲中，着重提到了“躬身入局”，当时我就深有感触。对于公司的各项战略举措并不是人人都能深入理解和认同的，特别是面对一些跨部门的关键任务，会出现一些质疑战略措施和成效的声音，没有参与就没有发言权，这只能说明质疑的人“身在局外当然看不懂”。在“战略管理”课程的第二次课上，老师用非常严肃的语气提醒所有同学“看问题不能站在场外，要走到场内”，让我更加深刻地理解了“躬身入局”的含义。

曾国藩有一个重要观点：天下事，在局外呐喊议论，总是无益，必须躬身入局，挺膺负责，乃有成事之可冀。只有入局才能身临其境、理解困难，在局外永远只能指点江山、不断质疑，甚至是妄加指责。我想，我们在职业生涯中，肯定见过这样的一种人，总是指责别人干得不够好，评价别人应该如何做，事实上等到让他来做的时候，他也感到万般痛苦。还有一种人，他是领导干部，对下属工作进展的数据和情况不了解，甚至在汇报工作时都要带个助理，这说明什么呢？说明这个领导是高高在上的，是不了解事实情况的，是脱离现实工作的。这些人都没有深刻践行“躬身入局”的理念，当然，这些人的职业成长空间也是能够预判的。

赵老师在授课的全程让我们将“木屋烧烤”作为一个案例，研讨制定这家餐饮企业“提升客户体验”的战略实施方案，要求我们不仅要给出创新建议，而且要落实为可操作执行的具体方案，涉及从总体创新思路描绘到调研、分析、投入预算、成果预测的全过程。这个案例研讨的方式非常好，锻炼我们如何“躬身入局”，而不是让我们作为第三方提供咨询方案。只可惜课程时间短，业余时间投入不足，对很多内容都没有进行深入调查和研究，所以解决方案中存在漏洞和不足，在汇报方案时，在老师的质问下直冒冷汗，我想这也是学习本课的收获吧，让我们知道何谓正确，何谓真正的“躬身入局”。

“躬身入局”不仅在于思考，也在于行动。任何一个战略的成功都是离不开思考和行动的，不仅要思考找到好机会，也要有清晰的可实施落地的方案，只有“躬身入局”的团队成员共同努力，才能真正地构建出企业的竞争优势。

【赵征点评】

赛群同学谈的“躬身入局”很有意思。这个词里面有两个动词：“躬”和“入”。一个说的是姿态，另一个说的是方式。

“躬”形象概括了该有的身段。如果直挺挺的，那是断然入不了局的。很多时候，自以为是的高大形象，会看“矮”一切，自然会被阻隔在一扇扇看起来无法进入的“矮门”之外。只有放下身段、放低姿态，“躬”身钻进去之后，才能发现别有洞天。

“入”局，则是找到自己的“角色”，也即找到自身的“定位”。若没有角色，即便入了局，也是个看客。“局”中角色众多，谁都想当主角，当不上主角，却看不上配角，终究还是个看客。即便好不容易找到了角色，也要战战兢兢、如履薄冰、不断提升，否则说不定啥时候就被“出”了局。

始终保持着谦卑去定位自己，无论是对于组织来说，还是对于人生来说，可能都是一种战略的选择。

战略管理与我的 Blythe 投资

戴真亮*

当赵老师布置"战略管理与××"这个题目的时候，我觉得以我现在层次，和我个人经历来谈未免过于空洞。通过学习赵老师的课程，我知道战略既是一种计划、一种定位，也是一种观念。能从战略管理引入自身的，我首先想到的就是我的一种名叫小布（Blythe）的娃娃。她是一个脑袋大身体小、拉一拉绳子眼睛就会转动并且有 4 种不同颜色、高约 30 厘米的娃娃。我觉得战略管理和我买娃娃是有异曲同工之处的，因为买娃娃从我的角度来看也是需要用战略管理的眼光来进行投资的。

我是 2008 年去日本以后开始关注 Blythe 的。那时候"波西"的价格是五六百元，"尼基"和"维基"也是。600 多元是很多普通娃娃的价格，可选范围很大，漂亮点的 1000 元左右可以拿到，透明肌也不是天价。这几年就眼睁睁看着价格不停地涨。Takara 公司每个月都新出一款 Blythe，新出的娃娃是最

---

*2018 级 MBA 学员，现为 Q1 ホールディングス株式会社営業部マネージャー（Q1 控股有限公司营业部经理）。

便宜的，可是每个月新出的娃娃2020年都到1300元左右的价格了，一年要涨200元到300元。

随便说两款我自己的娃娃，一个“仙后座”，一个“普普”。“仙后座”是我2010年在东京买的，当时折合人民币也才650元左右，现在在淘宝上找全球购买家代购，价格都在2200元以上，也就是说10年涨幅将近240%。“普普”也是我2010年在东京买的，当时的价格应该也就1000元左右，现在再从淘宝找靠谱代购买，价格没有低于4500元的！十年涨幅350%！更别提那些周年限定款，都达到了七八千的价格。这样的投资回报率不得不说非常划算。高级轿车买到手就贬值，时间越久价格跌得越厉害。移动数码产品，奢侈品，如包包，也都会因为产品不停地更新迭代、不断地折旧，而没有什么收藏意义，但是Blythe不会，时间越久、价格越高似乎已经变成了定律。

Blythe不停涨价的原因我觉得有几点。首先是物价在涨。光拿吃的来说，我家门口的小吃店售卖的牛肉粉丝，从一碗四五元，涨到了现在的10元，甚至15元，这还仅仅只是个小吃店。娃娃发行价近几年一直在不断升高，我回国四年，普通娃娃的价格从600—700元涨到了1300元左右。

其次应该就是垄断和品牌效应吧，就像那些国际一线牌子的包包、衣服，不见得国产品牌做不出来同样的款式和板型，最主要的还是因为设计师和品牌认可度。再加上良心代购都很少了，Blythe代理被垄断，这些都是涨价的原因。

最后我觉得应该就是饥饿营销了吧，完全被日本垄断的市场怎么可能不贵呢？网店饥饿营销加关税处罚，买个娃娃都操碎了心。现在国产手机都超过日系韩系了，并且还便宜好用。国产娃娃为什么就发展不起来呢？

我觉得，第一是因为国内缺乏可媲美的原创设计，说白了，我们是在为设计买单。Blythe的造型具有一定的独创性和经典性，每一款无论是肤质、妆容、发色，还是服装搭配，都是经过精心推敲的。打个比方，如果将白肌的“杯子蛋糕”（娃娃的一种）与自然肌的“米沙小熊”（也是娃娃的一种）互换头皮，那么会让人觉得非常不协调，因为这打破了原有的设计感。几年前，一位日本作家曾推出过一本名字叫《每天懂一点色彩心理学》的书，书中就曾阐述过日本人对于冷暖色彩搭配的哲学。当然，这只是他们的冰山一角，这也就是为什么他们的设计会显得更高端大气而且具有艺术性。

第二是因为如今有些人考虑诸事诸物时多以利益为优先考虑因素，不断地节约成本以达到利益最大化。哪怕别人提供了设计，他们在加工的过程中也没有将这份“匠心”延续下去。只有用心注意细节，产品在后期才不会有那么多被人诟病的瑕疵。经常看到日本 Junie Moon（Blythe 在代官山的直营店）的店员非常投入地在为娃娃摆造型、设计服装和发型。

第三是因为我们对高端市场缺乏定位。什么样的人会买这个价位的产品？出于什么样的原因会买？这个市场要如何运作才能持续经营下去？即使喜欢的人只占小部分，是否也能牢牢把握住这小部分人的心思，让他们对产品有长久的关注？如果不认真考虑以上这几点，国产娃娃很难脱颖而出被广大娃娃迷们接受。

总而言之，我觉得我买娃娃和很多企业家做战略是一样的，首先是战略制定，其次是战略实施。所以当赵老师说让我们来写“战略管理与××”的时候，我认为分享我的娃娃投资是不二选择，因为企业家创建企业、制定战略并进行管理的时候都是围绕着自己的初心的，希望成就自己的企业，成就自己。我收藏娃娃的初心亦是如此。

【赵征点评】

说实话，真亮的这篇文章，我看了两遍。看第一遍的时候，没明白她在说什么。娃娃、Blythe、“仙后座”、“普普”……云山雾罩、不知所云。于是，去网上恶补了一下相关知识，上日本的论坛了解了一下“娃娃文化”，总算大致明白了，顿时觉得自己时尚、年轻了许多。

当我浏览了真亮同学的朋友圈，发现娃娃确实是她的最爱之后，我就更加高兴了起来，一个学生，愿意把“战略管理”这么枯燥的东西与自己最喜欢的东西关联到一起，这恐怕是对课程的最大褒奖，所以我非常开心、也非常感谢。

就像我在课程上说的，管理，尤其是战略管理，不是帮大家直接赚钱的，不会告诉你买这个娃娃就会升值，买那个娃娃就会有损失。这不是战略管理思维培养的目的。恰恰相反，战略管理思维是让你跳出升不升值、赚不赚钱这个框架的。当你把目光放得更长远、不再考虑金钱的因素时，你就会把注意力转移到“爱”上来，到时你才会发现，谁是为了“爱”，谁只是为了“利”，当你与“爱”在一起，它就会不断升值。

记住，利，不是最好的投资；爱，才是！

【戴真亮5年后反馈】

时光如白驹过隙，不知不觉间已经悄然毕业五年了，来日本又已经三年。现在回过头再看当年自己的作业，虽然分析的还显得粗浅和稚气，但我依然觉得将个人爱好转而变成投资经验来理解战略管理的概念，这个思路还是有点意思的。从五年来我的实践角度来看，我又有了一些新的思考。

从市场定位来看，Blythe 的市场定位在多方面展现了独特性。Blythe 并不是面向大众市场的普通玩具品牌，而是专注于高端、独特的娃娃收藏市场。它的客户群体通常是喜欢艺术、设计、独特性和稀缺性的消费者，往往具备一定的消费能力。这种市场定位帮助 Blythe 塑造了其专属的品牌形象，与普通玩具或廉价娃娃市场形成明显区隔。消费者不仅是在购买一个娃娃，更是在购买一个能够表达个性的艺术品。Blythe 通过这种个性化和定制化的特点，在市场上获得了显著的差异化优势。近些年国内也有很多风生水起的厉害妆造师，娃娃经他们一改妆容，身价立刻翻了十倍、十几倍。

在 Blythe 的成功背后，除了市场定位之外，品牌的竞争优势和价值链管理也起到了至关重要的作用。Blythe 娃娃的价格上涨与其产品的稀缺性密切相关。稀缺性增加了产品的收藏价值，消费者不仅是为了拥有一个娃娃，更是为了拥有独一无二的限量版产品，这在情感上创造了强烈的价值感。Blythe 的粉丝群体不仅是消费者，更是品牌的忠实粉丝。他们在购买娃娃时，往往带有强烈的情感投资，而不仅仅是理性的产品选择。这种情感价值提高了消费者对品牌的忠诚度，客户群体愿意为品牌支付更高的价格，以保证自己能够拥有限量版或独特的设计作品。Blythe 品牌的市场壁垒主要通过品牌、情感价值和稀缺性建立起来。品牌通过持续限量发售、独特设计和故事营销，逐步在市场中建立起强大的品牌认知度和消费者忠诚度。这种壁垒让竞争对手难以通过低价或者模仿轻易进入市场。尤其是在日本市场，Blythe 的设计和生产细节，以及其高端定位，使其形成了较高的品牌溢价能力。

Blythe 品牌成功的关键不仅在于其独特的设计和稀缺性，更在于其利用这些因素构建了强大的市场壁垒。通过品牌的深入塑造、情感价值的传递、市场差异化的定位以及稀缺性带来的竞争优势，Blythe已经在收藏市场中占据了强大的战略地位。未来，Blythe可以进一步通过市场定位调整、价值链优化以及情感营销继续巩固和扩大其市场份额。

随着年岁渐长，我的身份发生了变化，从一个只追求个人兴趣的小孩，变成了团队领导、妻子与母亲。生活和工作中的责任逐渐增多，曾经那种轻松享受娃娃世界的时光，似乎已经远去，但是，战略管理思维的引导，让我在忙碌和挑战中仍然能够保持清晰的目标与决策力。它让我意识到，无论身处何种角色与境遇，始终都可以从战略的高度审视自己的选择，并运用这种深刻的思维方式来优化生活中的每一项决策。

战略管理与家庭教育

吴雪兰*

早有听闻赵征老师，这学期正好有幸能够听到赵征老师给我们上“战略管理”课程。

每节课赵老师的提问，都会引导我们对问题现象背后的原因进行系统化深度思考。学会换个角度来思考，横看成岭侧成峰，通过不同的视角看待事物，将会有不同的结果。

课程已经结束，细心回味，赵老师的课给了我很深的感触。在一个企业中，我们可能并不是业务链上的重要一环，随时可能被替换掉，但是在家庭中我们

* 2018 级 MBA 学员，现为库尔兹压烫科技（合肥）有限公司质量体系主管。

却是不可或缺的一个人，或为父母，或为儿女，我们始终是重要的一员，所以我们必须承担好自己应有的职责。一个企业的运作尚且需要团队的苦心经营，一个家庭何尝不需要战略管理呢？这个战略将更重要、更长远，它将影响到我们的下一代以及我们自己如何度过一生。

一个新生命来到这个家庭时，我想每个父母都会有的最本初的愿望，就是希望孩子健康快乐地成长。随着孩子的慢慢长大，你会发现这个单纯的愿望得到真正的实现是多么不易。孩子怎样才能健康，你有系统地考虑过吗？孩子如何才能快乐？只是给予，他就会快乐吗？所有这一切都需要我们在孩子呱呱坠地后就要系统地考虑，要成为合格的父母，我们同样需要不断地学习，伴随孩子一同成长。孩子就是我们的“作品”，用心去管理他、塑造他，这个“作品”就是父母行为言语的反射。

赵老师曾说过几次教育女儿的案例，我很有感触。企业有发展愿景，家庭也一样，我们鼓励孩子要有自己的梦想，为了梦想而奋斗才有持久的动力。我们家每年都会召开两次家庭会议，年底进行总结同时制定来年的家庭计划和个人计划。遇到需要做家庭重大决定时，用 SWOT 表来做系统分析。大大的黑板、图表分析、计划完成表，这些都已在孩子的脑海中形成了烙印。这样的习惯我们已经坚持四年了，我们发现这些思维方法已经对孩子们有了一定的影响。孩子们已经学会遇到事情时，综合考虑多方面的因素，学会选择和放弃，一年级的小朋友也学会了对自己的假期进行自主计划。

听了赵老师的课，我觉得作为父母我们还需要更多地提升自己，对孩子的教育是全面的，知识是无限的，我们要学习的还有很多。教育孩子的同时也是在教育我们自己，孩子的一些见解和问题时常也会触发我们的思考，时代和科技在进步，我们也必须跟上发展的步伐。我们无法教会孩子每件事情，最重要的是让他们学会正确评价自己，树立正确的价值观。

虽然“战略管理”课程已结束，但是这门课程对我的影响是深远的。思维决定人生，学会深度思考，给自己的未来增值。

【赵征点评】

1. 父母不是把孩子打造成自己的好作品，而是为了孩子，把自己打造成好作品。

2. 大多时候我们被替换，都是因为我们自己。“不可或缺”，是自己努力的结果，而不是被安排的角色。

战略管理与我

陈中杰*

乍一看这个作业题目——“战略管理与××”，我的第一反应其实是有点难，在学习“战略管理”这门课程之前，战略管理对于我来说可能也只是一个名词，说来惭愧，从事研发工作的我此前几乎从未学习或思考过战略管理方面的东西，而且更没有战略管理方面的实战经验，虽然“战略管理”这门课程的学习已经结束，但说真的，对于一门未知的学问，通过几天的学习很难有非常深刻的理解，最大的收获可能在于帮助探索出了未知的知识领域，所谓“师父领进门，修行在个人”，期望在今后持续不断地学习与实践中得到更深刻的领会。因此我写不出与战略管理有关的多么高深的文章，更不想在“关公面前要大刀”(确切地说连刀都举不起来)，也就只能就这段时间的学习谈一谈自己的一些感想。

* 2018 级 MBA 学员，现为英腾物流科技（苏州）有限公司销售副总经理。

首先客套的话还是得讲，真心感谢赵老师以一种让人倍感真实、实际的方式精彩地讲授了这门课程以及特意为我们请来了两位成功的企业家做分享。

“人跟企业一样，都是带病延年，要学会跟疾病做斗争。”赵老师的这句话让我联想到，企业的战略管理是否可以映射到我们人生的战略管理上，对于多数年轻人来说，可能暂时还不能在企业的战略管理上施展身手，但，是不是可以在我们自己身上得以实践，人的一生其实也需要很好地去经营，我们需要有自己的愿景，需要了解自己想成为一个什么样的人；为了能够成为心中期许成为的那个自己，我们要设立什么样的目标；为了实现我们的短期目标和长期目标，我们又该制定怎样的计划并坚持去实施、不断地总结反思。人生需要持续不断地学习，只有持续不断地学习才能跳出现有的已知去发掘更多的未知，曾经的我非常努力地埋头于自己的本职工作，当时我坚信做得越多，学到的和悟到的就越多，我刚踏入社会的那几年，确实成长提升得很快。随着年龄的增长，知识的匮乏让我陷入焦虑，因为除了自己专业的知识，我发现我对其他的知之甚少，埋头拉车是看不到远方的，有时还需要抬头看路，我需要重新打造自己的知识结构，不仅要从实践中学到悟到，而且要从知道走向学到，再走向悟到、做到，甚至走向将来的布道，只有这样，也许人生的战略目标才能得以实现。

路曼曼其修远兮，吾将上下而求索！

【赵征点评】

案例分析，无论是针对别的企业和他人的，还是针对自己企业或自身的，都是管理学习中不可或缺的重要路径。学员通过对具体案例的研究与发现，进行自我的持续学习，并在具体案例的分析过程中，回忆并应用管理学的相关知识与技能。案例教学在很多学科中都有着广泛的应用，如医学中的病例、法学中的判例等。

“战略管理”课程作业，要求学员进行实际案例的分析。首先是鼓励学员进行独立思考。分析过程中需要自己去思考、去创造，同时还需要提出自己的方案或发表见解。其次是引导学员变注重知识为注重能力。管理者都知道知识不等于能力，知识应该转化为能力。管理本身是重实践重效益的，培养实际能力，才是学员学习的本质。最后是重视双向交流。将老师讲、学员听的传统教学模式，改为学员思考案例、老师思考点评的双向交流、多重思考模式，对教师也提出了更高的要求。

陈中杰同学运用战略管理思维方式，结合自身工作和生活，研究自身未来职业发展定位，同时总结分析自己在工作过程中的得失，探寻更好运用战略思维的改善路径。相信这样的思考，不仅使其对战略管理课程的理解更加深刻，同时也有助于其更好地将学习的综合成果应用于未来的工作中。

陈中杰同学的文章，朴实真实，不失为一篇佳作。希望他在今后的工作和生活中，要有战略思维，同时也不能忽视任何细节。

战略管理与育儿

张玉玲*

“战略”一词，最早是军事概念，“战”即“战争”，“略”指谋略，意即作战的谋略。这一释义也适用于现代企业管理，企业的生存就像在打一场场战争，考验的是企业运用谋略整合现有资源、获取更多资源的能力。养育孩子的过程又何尝不是呢？

父母养育孩子，投入大量的时间、精力和金钱，调动一切可以调动的资源支持孩子的成长，为的是使孩子将来走上社会面临激烈竞争时能更有优势和竞争力，从而获取支持孩子立足甚至满足下一代发展需求的社会资源。

企业发展战略制定需要高瞻远瞩、从长计议。养育孩子的“战略”更需要父母为之“计深远”，需要父母具有“百年树人”的定力和远见。公司制定战略需要先弄明白公司的愿景、使命、价值观，构建企业文化是公司战略部署的

* 2018 级 MBA 学员，现为信纽联（苏州）贸易有限责任公司经理。

重要前提，没有文化根基的企业战略不过是短期生存之计。养育孩子更需要父母先明确要培养孩子怎样的三观，然后才是明确恰当的期待，即助力孩子将来长成什么样的人。

如果企业的战略制定出来而没有得到执行，那么再漂亮的规划都会如同海市蜃楼，即便看着再美好，触手都难及。企业战略的实施需要层层分解，直到可以操作的层面。在我看来，分解这一步是企业战略取得成效的关键。如果养育孩子的过程中，育儿的理念没有付诸行动，即使掌握了最前沿的育儿理念也无法促进孩子成长。如若剥夺了孩子体验的乐趣，哪怕是试错，孩子无从经历也就无所谓经验。在一次早教的艺术课上，我从孩子做手工得到了一点启发。老师教孩子做手工小蜜蜂，有的孩子虽然见过蜜蜂，但是要把蜜蜂做出来却不简单，这就像战略实施的各个步骤：①拆解——模型（蜜蜂）的结构解析（战略目标的分解）。带领孩子观察，蜜蜂的身体结构可分为头、身体和翅膀三部分。②联系——寻找模型（蜜蜂）与现实材料之间的联系（战略目标与行动计划之间的关系）。明确蜜蜂这三部分身体结构的形状和颜色是怎样的，能通过什么样的材料来表现出这种形状和颜色。③组合——寻找将现实材料组合起来的方法（战略目标与行动计划有机结合）。明确用手工材料做出来的这三部分身体结构需要用什么方法或材料连接起来，或粘或接，最终做出成品。通过这三步，战略目标更加具象，更容易着手实施。

企业战略的实施是动态的控制过程，需要组织上下适时检视具体的行动是否符合组织的战略目标。养育孩子的过程则会面临很多的挑战甚至诱惑，这就需要父母不断地复盘反思，当下所做的是否符合最初的期待，而不是一味攀比“别人家的孩子”。

虽然有的企业创始人会说企业就像自己的孩子，但是我认为养孩子跟经营企业最大的不同是企业要发展成什么样子主要靠企业家的引领，而养育孩子却是要父母助孩子长成他自己的样子。

【赵征点评】

战略和育儿，这是个很有趣的话题。

企业与育儿最大的不同，我个人觉得在于主体与努力者之间的关系。企业的发展，主体当然是企业，努力者则是企业这个“主体”内部的人；育儿，孩子自然是主体，努力者却是孩子这个“主体”外部的各种角色，如家长、老师、学校……

关系不一样，其中的要点自然就有所不同。企业的发展，可能更需要努力者们的一致性。这个一致性，指的是目标的一致；孩子的发展，需要的反倒是努力者们的多样性，教育者的多样性给孩子带去了更多的包容。

包容和一致，其实也是对立统一的。有了更好的包容，才能在不同的企业中形成一致；企业的一致性，其实也正是不同企业的差异化，是其在这个多样的世界里生存和竞争的基础。正是在这种不同的一致中，个体的多样性的价值才能得以更好地体现。

一致性和多样性，也许是发展企业和育儿都需要注意的吧！

战略管理、案例讨论与人生

高锡尧*

赵征老师的战略管理课，已经结束了一个星期了，我一直想沉下心来思考一下这门课给我带来了什么收获。今天终于可以有机会来认真想想。我想把战略管理、案例讨论的感受与个人的发展做一个连接来讨论。

为什么会有这个想法呢？起源于赵老师抛出的木屋烧烤这个案例的讨论。案例讨论一共进行了三轮，赵老师给了三次小组展示的机会。前两次，我们小组都是准备把工厂里一直使用的制造执行系统（manufacturing execution system，MES）运用到餐饮行业里。其实将这种工厂的精益生产理论运用到餐饮行业里，已经有成功的案例了，比如说蜀王集团的孔健总裁，就是这方面的

* 2018 级 MBA 学员，现为康斐尔过滤设备（太仓）有限公司高级工程部经理。

专家。所以我们的思路是没有任何问题的，但问题是如何在MES与木屋烧烤之间找到一个合适的切入点，这个问题整整困扰了我们两期，也正是这个原因，我们在进行第三次案例讨论的时候不得不放弃了我们前面两次的成果，转而去搞一个非常成熟的视频排位赛。最终的结果可想而知，被隋总用他那锐利的语言进行了批判。

虽然结果不是好的，但是这件事情引起了我的深度反思。如果把这件事情推广到个人发展的考量，会是一种什么结果呢？个人的发展完全可以映射成一个案例。人生初步经验的积累就是对案例初步的接触。人生各种机遇和挫折的交替不就是对案例的反复修改与升华吗？最后人生实现辉煌或达到低谷完全就可以当成案例的成功或失败。所以战略管理的过程运用到人生发展是完全切合的。每一个人都希望自己的人生发展顺利、步步高升，而这些无不跟战略管理的目标不谋而合。战略讲究的是高瞻远瞩。管理要求的是执行到位。个人的发展恰恰也是需要有 3 年、5 年，甚至 10 年的规划的，而不应该是仅仅活在当下，只顾眼前。在有了长期规划以后还需要落实每天的行动，提高个人的行动力、执行力。以结果为导向，以长期规划为指南。每天一步一个脚印，踏踏实实地做事，高瞻远瞩地规划。

说到这里必须要提一下，当隋总在结束分享的时候，我问了一个问题，我问他为啥一定要盯着一线城市布局，而不考虑像苏州、青岛这样的发达的二线城市落地呢？他的回答是，当你在一线城市饱受折磨而存活下来以后，你还会惧怕到二线城市落地吗？不能只看钱而要看公司全局的发展。我想这就是真正的战略管理的策略和实施吧！

人生在世，活得精彩，需要的不就是这样不拘小节、总揽大局、运筹帷幄的行事风格吗？

【赵征点评】

我读书的时候，课程中也经常进行案例讨论。每次拿到一个案例，我们小组的习惯是把自己融入案例之中，安排一个角色，然后分析并寻找拟在课堂发表的主题。这与当时大多习惯“写表扬信”（即叙述分析案例所得到的启发）的案例讨论模式相比，我们的方式似乎略显先进，而每次发表的见解，也颇得老师和同学的肯定。小组成员们因此都信心满满，大有“英才被埋没”之感。直到有一天，我问大家：“案例里这么大的企业，难道我们简单分析一下就得到的想法，别人竟然都没想到吗？”大家顿时面面相觑。其实，问题的关键不是能不能想到，而是怎么做到。

等我运作了企业之后，又当了老师，站上了讲台，对于管理的理解日趋深入，对于案例讨论的模式，也有了自己的思考，开始尝试“案例多轮讨论”模式，同一个案例，至少讨论3轮，甚至5轮，不断深入。

这种模式的好处，首先是必须“大处着眼，小处着手”，从公司长远发展的“大处”着眼，寻找关键“小处”入手，建立“眼”和“手”的关系。只有经过这样的深度挖掘，经过多轮的认真讨论，才有可能找到关键“脉络”，编织出“长远”和“当下”的关系。也正因可以从“当下”开始着手努力，所以也就少了对长远的焦虑。远离焦虑，从当下做起，做企业如此，人生亦如此。

开展多轮讨论，还有利于解决团队成员因能力差异而产生的相处问题。在任何团队中，都不可避免地存在着能力差异，很容易产生“鄙视链”。如果案例只讨论一次就结束，显然宏观视角的、有过高管经验的成员更具优势，但如果不断持续下去，就像建造房屋，从建筑规划到了砌墙、铺地砖的层面，那些“现场施工人员”的价值，就体现出来了。规划得再好，没有好的施工人员，也是白搭。因此，只有案例讨论不断下沉到操作层面，才能让团队的每个成员充分价值互知，真正建立团队意识。

最后，案例讨论的目的，或者说你需要在全体同学面前展示的，不是什么所谓的成果，而是小组集体的、沉甸甸的工作量，因为所有的成果，都是在过程中收获！

锡尧同学认真总结了案例讨论的得失，我只建议一点：如果不那么在乎得失，也许就能坚持，也许坚持了，就能找到那个困扰你们的切入点。不过话说回来，找不到又如何呢，失之东隅，收之桑榆。希望对你的思考有所裨益。

战略管理与高效执行

孟海斌*

坐在首都机场，看着赵征老师发在群里的对同学们作业的反馈，几天劳神的培训工作终于有了间歇期，可以好好思考战略管理的作业。坦率地说，之前想了几个战略管理的主题，与几位同学的不谋而合，有个人职业发展的，有育儿的，也想过写写公司的战略，最终，还是决定写写战略管理与高效执行。

在开始之前，我还是忍不住想写写我对赵老师和“战略管理”这门课的心路历程，直抒胸臆，因为我知道首因效应非常重要，能在短短的六节课使我改变对这门课的第一印象，赵老师的能耐很大。赵老师是爽快人，我也是，但在“木屋烧烤”第一轮案例讨论后，我忍不住给了赵老师一个“刻薄”评价。后来感受到了赵老师对每轮案例讨论的认真劲，其反馈客观、真实，直击问题本质，令人佩服。我本身做培训工作，知道能把反馈做好的人功力深厚。另外，

---

* 2018 级 MBA 学员，现为诺和诺德（上海）医药贸易有限公司业务培训经理。

课堂上赵老师对“需求”和“需要”区别的解读，深入浅出，令我顿悟。爱因斯坦说过，如果你不能用最简单的语言来描述，那你就是没有真正领悟！最后，赵老师对同学们作业的反馈令我惊讶，细致入微，观点新颖，认真务实！他这六节课和一顿晚餐，彻底改变了我对他及这门课的印象！

不得不写的感受抒发完了，下面开始探讨战略管理与高效执行。“战略”最早是军事方面的概念，指军事将领指挥军队作战的谋略。在中国，“战略”一词历史久远，“战”指战争，“略”指谋略、“施诈”。春秋时期孙武的《孙子兵法》是最早的对战略全局进行谋划的著作。所以“战略”是一种从全局考虑谋划实现全局目标的战略，是一种长远的规划、远大的目标。

为什么会想到这个主题呢？主要是想到我们公司“赢＋2025”战略规划，实现销售额从110亿元增长到2025年的250亿元，服务中国糖尿病患者达到六千万人。如此宏大的战略目标如何去实现呢？做好什么才能保证实现战略目标呢？如何才能不让战略目标变成海市蜃楼呢？那必须做好战略目标和规划的落地实施，高效执行。

要做到公司全员高效执行，我认为需要做好以下三点。

（1）上下同欲。这个“欲”就是对战略目标的高度渴望。搞清战略目标对全公司所有的人都很重要，只有做到每个人脑海里都能呈现出2025年的战略目标，而且这个目标和每个人息息相关，才能激发出每个员工的战斗力。那如何让每个人搞清战略目标呢？首先，总经理大会小会不停讲，激情感染员工；其次，创造氛围，公司进行环境布置，在电脑等工作设备的屏保上展示；最后，使信息不断传递反馈，让全体员工知道现在与目标的距离，保持对战略目标的信心。

（2）战术落地。将战略目标分解为可落地执行的战术计划，战术侧重方法。战术落地可激发员工的创造力，在这个层面，每个员工的个人潜能发挥出来，那力量汇聚成强大的力量将不可阻挡。

（3）资源利用。要实现战略目标，实施战术计划，必须高效利用资源。做到物尽其用，人尽其才！俗话说“兵马未动，粮草先行”，保证每位员工都能发挥其潜能所必需的工具——资源，是实现战略目标的必要条件。

以上，就是我关于战略管理与高效执行的思考！

【赵征点评】

小时候每次考完试等待成绩的时候，我总是心情烦躁、焦躁不安。

这样的时候多了，我忍不住问父亲，如何才能改变这种状况。

父亲反问我：“你尽力了吗？”

看着我不解的表情，他解释道：“你如果已经为这次考试尽了全力，你就没啥可焦虑的！”说完他又补充了一句：“也没啥可后悔的！”

于是我明白了，无论做什么事，只有竭尽全力，你才不会焦虑，也没啥遗憾。

很久很久之后，我才明白，其实父亲想告诉我的，不是这个。直到我去了戈壁，一路跑完130多公里的戈壁挑战赛，我才终于恍然大悟：只有当你竭尽全力，你才知道你的潜力超乎你的想象。

海斌同学给予的“刻薄”评价，我笑纳了。我只希望能换来同学们的潜力挖掘，我只希望你们不会因为未能在中国科大竭尽全力，而留下遗憾！

这样的一种态度，是否也是实现你认为的“高效”的一种方式呢？

战略管理与永恒

王　娜*

孩子读幼儿园的时候问我："为什么我们去德国要先学英语？德国人来中国却不用先学汉语？"这可能是个宝贵的契机，于是我蹲下身来认真问道："你是否愿意和我一起树立一个大目标？有一天我们把企业开到德国去，优先录用汉语流利的德国员工。"孩子听了一个劲地点头，情不自禁地憧憬起来，旋即他又有些落寞："等我长大你就老了，已经帮不了我了。"整理了一下心情，我允诺道："我的思想会永远和你在一起！"孩子重重地点头。

中秋月圆之夜，我和孩子在角直的乡间赏月，黑灯瞎火，月白风清。此情此景，我忍不住带孩子诵读《水调歌头》，还给他播放了几遍由此改写的邓丽君演唱的歌曲《但愿人长久》，几天后这千古名篇成了他的洗澡进行曲。他感慨其中有几句耐人寻味："人有悲欢离合，月有阴晴圆缺，此事古难全。但愿人长久，千里共婵娟。"又过了几天，我和他一起朗读《蝶恋花·春景》，也是没费什么工夫他就记住了，问他最喜欢其中哪一句，"枝上柳绵吹又少，天涯

* 2018 级 MBA 学员，现为福伊特造纸（中国）有限公司织物和辊子系统中国区财务副总裁。

何处无芳草！”，他脱口而出。我忍不住笑了起来：“苏东坡老先生啊，历经千年沧桑，你依然还是如影随形。”

老师说：“人 = 思想 + 梦想！”老师又说：“有些人是永恒的！”老师还说：“一个人真的死亡，并不是肉体的死亡，而是直到所有知道他的人都不在这个世界上了。”数年前我开始认真整理心情书写日记，孩子出生后常常写他的成长和进步，也会总结自己在工作和生活中的体会。几年前我做过一次小手术，手术前的那一夜我却倍感满足，庆幸自己给孩子留下了那么多的文字，无论何时孩子都能借助文字找到我，他在我的文字里可以感受到我对他的爱，还有那些我经历了成功和失败之后的感悟，总有一刻他是能够和我共鸣的。

孩子在读四年级的时候，向老师和同学们分享了他的梦想，他希望自己能成长为航空航天方面的企业家，也开始计划如何为此考上自己理想的大学。孩子在读八年级的时候告诉我：“一个人真的死亡，并不是肉体的死亡，而是直到所有知道他的人都不在这个世界上了。”他说这是他的老师告诉他的，我激动地告诉他这也是我的老师告诉我的，这好像是巧合，又好像不是巧合。孩子似懂非懂地强调了两遍：“我多么希望我能为这个世界留下点什么！”

战略好似一根看不见的线，牵引做梦人坚守自己的本心，艰辛和考验是必不可少的，却也可能会被馈赠始料不及的启发和赋能。战略似乎很大，大到在春夏秋冬的流转里浓墨重彩，在五千年的历史长河里波澜壮阔，在中西方的文化碰撞里有容乃大。战略似乎又很小，小到我们只关注自己的心，为什么我来到这个世界？小小的心如何承载大大的梦想？最后我将如何走过这世界？

在国外培训期间偶遇一位来自法国的同学，在得知他所从事的行业正是航空航天业后，我和他分享了孩子的梦想，他慷慨地提出可以安排孩子参观他们的中国工厂。在给孩子分享这个机会的时候，我忍不住追问孩子：“还记得幼儿园时定下的大目标吗？有一天我们把企业开到德国去，优先录用汉语流利的德国员工。”孩子笃定地点点头。“也许最后的最后我们也没有成功，那时你会后悔曾经的憧憬和付出吗？”孩子摇摇头坚定地表示不会。“如果失败了，还有后来人，你的思想一定会和他们同在！”孩子和我相视一笑，算是再次确定了大目标。

战略，妙不可言，点亮来时的路，指引去的方向，通向未知和永恒。

【赵征点评】

有人问我：我应该如何给孩子的教育制定目标？是不是应该把小

学、中学、大学……都规划好？

我说：你唯一能够制定的目标，其实跟孩子没啥直接关系，而是与你自己的成长相关。

其实不仅是孩子的教育，任何一个组织，任何一件事，无论是什么样的远大目标，或是什么样的辉煌战略，最终都是每个人成长的结果。对于每一个人而言，你能为任何目标所能做的，就是自己的成长、真正的成长。王娜同学伴随孩子成长的所有记录，记载的其实是自己的成长，如果未来有一天孩子看到了，在感动之余，收获最大的依然是王娜同学的成长感悟。

也正因如此，从当下看来，我们建立了“当下”和“目标”“未来”的连接；而就未来而言，我们其实建立了“过去”和“当下”的连接，这一连接的最大好处，就是少了许多焦虑和可能的遗憾。就像王娜同学在手术之前的平静，正来自“那一刻”与“过去”的连接。

未来的世界，是不确定的世界。对未来不确定的最佳应对，就是——确定你在路上。

战略管理与课程思考

王湘瑜*

感谢赵征老师以独特的案例 + 分享 + 理论的授课方式领我们入门，感谢赵征老师推荐的好读物，课程结束，“战略管理”的自主学习和思考随之开始。

先谈其一，我自问：我的个人价值是否足以支持公司对我的付出？

回想 2015 年 10 月自己带着注册税务师的审计背景从事务所出来，进入目前任职的公司，因为自己能够用专业知识为公司重塑财务体系、建立财税制度、规范财务工作，那是当时自己的价值所在。数年后的现在，随着专业的脱离、工作重心的转移、工作岗位的升迁，确实如隋总 PPT 中拷问的那样，自己的价值还能支持公司给的待遇和老板给的信任吗？自己又该付诸哪些行动来持续保持自己在职场的竞争力呢？

赵征老师在案例讨论的过程中一再跟我们强调，战略管理是一个长期的规划，不是为了实现一个短期目标，更不是一个短期行为。自己从大学毕业后从未中断过专业或系统的学习，我想从战略管理的高度来讲，这是我为自己能够长远发展提供的持续助推能。有时我会因为工作和生活不能平衡而焦虑，会失

* 2018 级 MBA 学员，中润（苏州）企业管理有限公司创始人，江苏博金建设集团有限公司财务总监。

去那股精气神，远处的目标突然变得模糊不清。赵征老师一语点醒：任何事情先“做到”而后言他。脚踏实地地先认真付诸行动，切切实实去做了自会“悟到”，自然会有收获。即使迷茫、彷徨，也不要停下我们的脚步，继续专业深耕，不懈怠。

再谈其二，课后读赵征老师的《管理思维跨界创新》，回家便对女儿以认错的态度说：“妈妈被老师批评了。”女儿瞬间瞪大了眼睛，等我说原因。“妈妈不该一直拿你跟别的同学比。”女儿狠狠地点头，表示对妈妈的老师高度认同。“老师说，应该自己跟自己比，跟自己的过去比。”我就开始拿这次的考试说事儿了，“你看你这次成绩与之前比退步了，那我们是不是应该要好好分析一下，是什么原因导致的，是题目难了，还是没有仔细检查呢？你自己满意吗？”效果很好，女儿摇摇头，这次非常配合地分析起错题原因来。仔细想来，老师如是评论两种不同的比较选择，太有道理，我拿出了我的小本本，记下了老师的以下两段话。

期望超越别人的，眼睛和关注点始终在对手身上，特别关心对手的问题和短板，发现了就有超越的机会；期望超越自己的，总是试图挖掘自己的短板，不断加强，提升自己。

原来这一生，我们需要的是不断挑战自己、超越自己的“卓越”精神，而不是战胜对手而获得的“优秀”评价。唯有此，你才会从关注别人转而审视自己，从对手的优点中发现自己的不足，因而开始感恩，因而放下自我，因而自我认知，因而不断提升。

【赵征点评】

为什么在战略管理的课堂上，需要经常强调“做到”呢？首先，因为战略管理最重要的环节，不是制定，而是实施。如果我们认为制定是战略管理的核心，那么就意味着一个假设，就是我们能够做出一个完美的计划。随着技术的发展和环境的变化，指望仅仅依靠当前的分析和认知，就做出一个能够应对未来不断动态变化环境的完美“战略”，是不现实的，也是无法做到的。因此，战略管理的最优决策，就是制定一个初始战略，然后迅速开始实施，在实施中不断迭代、优化战略。很多时候，想起来都是问题，只有做起来才有答案。

其次，战略的本质也是实施，战略管理的终极目标，就是“让每个人、每件事都与组织的目标紧密关联”，建立起事务与目标关联的战略地图，才是实施的关键。

最后，当我们把关注点聚焦于实施时，我们不禁要问，既然实施会不断地迭代、优化我们的战略，那么，什么才是我们的初始战略呢？

我经常问企业家，你认为战略管几年？管几年也就意味着你需要预测几年！管 5 年，你就要预测 5 年；管 10 年，则要预测 10 年；如果你想成为百年老店，也许就要预测百年。

让我换一个角度提问：请问预测什么呢？又能预测什么呢？业绩？份额？利润？实际上，我们什么也预测不了。

在我看来，对于制定战略，唯一可以被“制定”的，就是培养人、培养团队的策略！这是我们为了未来，唯一可以现在努力做的事情。

湘瑜同学从提升女儿成绩的目标，回到了人的培养上，这才是正道啊。

战略管理与阶段规划

杨　妍*

提笔许久，却迟迟未有思路，并不是没有素材，而是课堂上收获过多，不知从何处写起，暂且就从个人的自我定位说起吧，因为在课堂上所受到的启发似乎与我很多的过去的想法和决定不谋而合，只是过往所储备知识匮乏，无法企及老师的高度而归纳总结出来。

在上“战略管理”这门课之前我的认知就是“假大空”这一体系的，仅有战略，没有管理，那也是纸上谈兵。在中国科大课堂上进行学习后发现，自己的认知太浅薄，即便被赵老师训导的体无完肤，也仍为自己的散流意识感到羞，为思维站位无高度而愧。

战略管理其实与我们每个人的人生阶段都息息相关。比如说，我是一个危机感很强的人，这种危机感，其实从另一面折射出我对自己职业生涯的战略规划，例如，我无法适应日复一日重复的工作环境，一旦进入这种阶段，我就想

* 2018 级 MBA 学员，现为苏州优特博信息科技有限公司总经理。

要破圈。在经历了5年左右的职场阶段后，内心就曾无数遍默念：需要改变我的阶段规划了！或者创业，或者上学，而两者我都不想放弃。于是在考虑到我想要成为什么样的人的时候，我觉得以上两者我都不能放弃，这个阶段的战略应该称为选择性战略。当我学习了赵老师的战略管理课后，我就将这种危机感归纳为：我更在意本我究竟想要什么，通过不断的挑战我可能会有什么样的人生。对于自己一旦确定下来的目标，面对每个阶段，从零开始，接受挑战，以取得的结果为导向就是我当下的战略管理。其实在课堂最后我内心还想问一个问题：一直坚持自我，是否会在人云亦云中感到孤立无援？如何做到不随波逐流，坚持自我？也许以后有机会可以和老师探讨。

最早在分组讨论木屋烧烤的方案时，我是有些不屑的，一个烧烤方案有什么可讨论的？跟战略管理又扯得上什么关系？可是在讨论的过程中，赵老师的语重心长和孔总、隋总对自己的企业战略的分享，让我彻底明白了老师的用心，老师看透表面抓实质的能力让我自惭形秽，对于任何事我们都应该抱着一种认真而全力以赴的态度。战略固然凌驾于阶段内容之上，但如果战略方向定错了，不就验证了那句话——选择大于努力吗？

“不要忘记你出发的初心”“企业在制定战略时更应该结合自身情况建立自己的逻辑构架”。在企业的终极三问中：企业为什么存在？怎么组织运作？怎么管理提效？这三个问题把我的思绪带入了从未有过的深度思考中，即我想要把目前的公司发展到什么高度？这三个问题，无不让我对每个阶段公司构架的价值有了方向性的战略规划。这也最终落实到了个体自我实现的底层逻辑中。

我们的人生总会有各种各样的阶段，对于所处的每个阶段究竟如何制定不同的战略？对于这个问题，通过这几天对“战略管理”课程的学习，我犹如醍醐灌顶，豁然开朗，对于很多困扰自己已久的公司战略方向的问题，我都有了清晰的思路，我将带着一颗大爱的心，坚守真诚为本的经商之道，始终保持谦虚的求知态度，在自己热衷的创业路上，一直脚踏实地，努力践行自己人生规划的战略管理。

最后再说一句：尽管老师不收粉丝，可是通过“战略管理”这门课，我仍然心甘情愿地成了一个忠实的粉丝。

【赵征点评】

杨妍同学最大的课程感悟，似乎与预判相关。无论是对“战略管理”课程的“假大空”预判，还是对木屋烧烤案例讨论的“必要性”预判，都是有趣的话题。

非常凑巧，前几天听到了另一位既是成功人士又曾是超级学霸的一段关于“预判”的感悟：“很多年以后我才明白，很多当年成绩不如我的同学比我聪明，他们会迅速辨别哪些资讯与自己相关、哪些无关，哪些重要、哪些不重要，从而投入相应的精力资源。取舍判断力是更高等级的智力，当你开始认真去做某个题目时就已经输了，因为你为它忽视了更重要的。”

这位人士的感悟，显然不仅是针对做题，更是对其工作经历的归纳。每个人的时间都是有限的，能够选择更适合自己的题目，确实能够提高效率，但是，在其他领域，也可以照此办理吗？

我认为预判的核心，其实就是预判的依据。依据首先来自我们的经历，是我们长期知识积累后形成的智慧，我们经常用这个智慧去选择目标。无论做任何事，首先要有目标，过程中还不能偏离目标，必须制定流程和评估方式来保证目标的达成。其中包含了对自身能力和资源的综合考量，确保目标可实现、可执行、可控制等。我们的智慧其实也受限于我们的经验积累，随着社会的发展，专业化分工不断加深，每个人的经验积累往往专注在某一个专业领域，时间长了，当我们成为“专家”、具备了“专业眼光”之后，我们与其他领域、与整个系统的距离和关系，也就越来越远、越来越陌生了。

这样的经验积累，改变我们的不止如此，还有我们可能未察觉的。回想起自己参加戈壁挑战赛的一段经历。当时报名之后，按照我的思维方式和一向做事的习惯，我开始为自己设定目标，但与以往不同的是，那次的目标是不断变化的，而且越设越低，从开始的冲击好成绩，到后来的不拖团队后腿，再到后来的能坚持走到终点就行。究其原因，其实是内心对比赛的恐惧，在戈壁滩上徒步行走近130公里，没有路标，没有方向，甚至没有道路，沿途到处是荆棘、沙石、坑洼，以及绵延不绝的戈壁沟壑和永远踩不实的沙漠……绝对是让人心悸的残酷之旅！每一次我设定了目标，就开始对自己的能力产生怀疑，于是下调目标，又产生怀疑……陷入了循环。最后，我甚至开始怀疑自己、反问自己：这个任务对于已过四十的我而言，是不是根本就是一个不可能完成的任务！我根本就是在做一件知其不可而为之的事！

那一刻我突然明白，我早已习惯了的做任何事都设定目标的模式，隐含的其实就是要预先评估这件事的可能性，再根据这个可能性和预期收益，为所有的事排序，排序完成之后，再决定是否做，以及投入什么样的精力和资源来完成目标。

本来，设置目标是为了更好地完成任务，没想到不知不觉中，目标的影响力越来越大，甚至影响了我们对事情的选择，让我们变得急功近利起来，对于有利的目标，我们趋之若鹜；对于存在不确定因素的、暂时看不到价值的目标，我们避之不及。

做一件事，固然需要目标，但驱使你决定做不做这件事的，不应是目标本身。因为你所有的收获，不在于目标，而在于坚持的过程。

这个世界，没有什么是一定该被重视的，也没有什么是可以被忽视的。如果说有什么东西一定是重要的话，那一定就是“坚持”！

既如此，走，上路！

战略管理与“本我”

姚　娟*

在个人原有的认知中，战略管理是特别深层次的，是高大上的，甚至是有些脱离实际的。随着赵征老师别具特色地让同学们通过精钻细研一个案例，以领悟这门课程，我逐渐领会到战略管理不是空中楼阁，反而是我们所有细化层面的追溯，战略管理以终为始，是实现目标的路径。

对课程本身的内容需要慢慢消化吸收，但课程引发的思考才是精华。赵征老师邀请蜀王集团总裁孔健、木屋烧烤创始人隋政军为我们从战略角度分享了各自企业的发展规划与初心，他们各自的管理模式有其特点和方法，但相同的是企业核心价值观的存在，一切管理以此为导向的宗旨是一致的。他们都在追求个人和企业的“本我”，这是多么令人兴奋的地方。找到“本我”，围绕它展开，方向和策略都会清晰明了，应验了“不忘初心、牢记使命”、方得始终的力量。

回顾自身，我对“本我”是否有清晰认知？我对自身核心价值观的定位是否明确？问到此处，心里有些打鼓，但同时也有些小庆幸。打鼓的是“本我”和核心价值观的定位仍需探究，庆幸的是我意识到这个问题的存在了，总比没有觉知这个问题要好得多。

---

* 2018 级 MBA 学员，现为苏高新集团总部人力资源部主任助理。

作为一名人力资源管理者，特别是负责干部管理的管理者，识人用人是重中之重，识人自然需要先识自己，否则如何识得他人。那么“本我”如何探究？可能需要追溯内心，回归自身需求——明确我想成为怎样的我，而后转化落实行动成为那个我。在成为那个我之前，需要定位好自身的核心价值观，当然价值观在多年成长过程中已逐渐形成，但是是否清晰聚焦、是否需要更新优化，是需要考究的。人力资源管理本身就需要运用好人才资源，对人才的分析、统筹、使用是企业发展的关键，这需要从企业核心价值观出发，与企业战略规划结合。只有在两者充分结合的前提下，挖掘人才潜力，才能有效发挥人力资源的作用。在工作中，如果企业的核心价值观、个人的核心价值观有较多的契合点，那么个人的能力就能够得到相对较大的施展和发挥空间。

想起赵征老师分享的一句话：“对明天最好的准备，是把今天做到最好。”我想我们读 MBA 就是希望能够从老师、同学、课程中有所收获，做到更清晰地认知自己，从“本我”出发，做今天最好的自己，将收获明天那个更好的我。

【赵征点评】

当隋政军先生为他创立的木屋烧烤找到了“干杯”这个核心点时，他欣喜若狂！

当蜀王集团的孔健总裁第一次听到隋政军解读木屋的“干杯”文化时，她羡慕不已！

到底是什么样的东西，让这两位已经沉浸餐饮行业十数年的“老江湖”，为之热血沸腾呢？

是“干杯”，“干杯”到底是什么？我想这正是隋政军为木屋找到的“本我”！销售烧烤食物，它是一家烧烤企业；但它又已经不是一家烧烤企业了，这是因为烧烤已经成为“干杯”这一新理念的载体了。

“干杯”，作为一种“创新产品”，差异化于其他烧烤乃至餐饮企业，将被逐步植入消费者的心智之中。尽管这一植入结果的完全达成尚需时日，但这已经足以让两位老总欣喜了。

企业的终极目标，是持续存在。实现这一目标的基础，就是找到“本我”，然后再依赖这种“本我”，去筛选客户、提升黏性、凝聚团队，最终实现永续经营。

隋政军，也正是在追寻企业“本我”的过程中，找寻着自己的“本我”，我相信这一点，在他的分享课堂上，已经让很多学员感受颇深了。

姚娟同学从“本我”出发，去分析所服务的企业和自身，得出了不少有意义的感悟，值得肯定！

战略管理与个人发展

赵青杨*

战略管理是一个很庞大的体系，课程内容也极其丰富，其给我带来的最大的思考是关于我自己职业发展的反思：不要试图迎合任何人，选定道路之后一条路走到黑，哪怕是个坑，也要刨到世界的尽头，只有这样才有可能对所刨的领域做到、知道、悟到。

我是工科出身，在京东方工作了很多年，从工程师开始，一路小幅度地转换了几个赛道，在技术部门从事企划类的管理工作，但是很早我就意识到自己的专业基础并不坚韧，于是我用了三四年的时间在专利工作上做到了一定的专业性，但是受部门业务转型的影响，近两年我换到了能源管理系统的业务上来。

---

* 2018 级 MBA 学员，现为深圳国微芯科技有限公司销售总监。

赵老师曾讲过一句话，我瞬间被击中：我们往往不是没有选择，而是选择太多，而且常常选错。虽然说选择大于努力，但是赛道转换的成本很容易就会快速体现出来。曾经我认为，很多工作我都曾涉足，很多业务我都曾做过，那么我应该可以在通才的岗位上发挥我的价值，如企划，但是我做企划得到的深刻教训却是：浮于表面，流于形式，浅尝辄止，在核心问题周围打转而不得其所。在我所服务的企业中，我做具体工作较多，却很少探究问题的根本。找不到源头，自然也做不好事情，就算做好了，也不过是一时运气，没有持续性。所以工作到现在，我的困惑反而更加明显，仿佛有多股真气在体内打转，又仿佛虚不受补强壮不起来。

“战略管理”这门课给我最大的启发就是，原以为战略一定是磅礴的、高大上的、先进而美丽的，而实际上战略应该是最接地气的，脚踏实地的，是基于深埋于企业或组织的、隐形的价值观而自然生长出来的。没有坚定的价值观，没有足够的核心竞争力，战略都是且只能是纸上谈兵。没有工作量的 PPT 和战略规划更是耍流氓，再好看也是假的。我曾经花了很多时间和精力做一项工作，却因为不够接地气，以至于在实施中困难重重。

最后，关于个人性格，我目前是一个偏内向的人，我也一直在努力尝试自我修炼，有时候似乎在自我挣扎，挣扎着找本我，挣扎着摆脱职业事业上的迷雾。最近几年也在增加运动量和阅读量，来调整自我的小宇宙。感谢老师给我们推荐的书，拓展我们的认识边界。

【赵征点评】

前几日无聊，在女儿的书架前顺手翻了几回《西游记》，看了青杨同学的作业，正好可以结合起来点评。

西天取经团队，确实是一个层级分明、分工明确的团队，但是不是一个战略目标驱动的团队，我觉得值得商榷。

战略管理，包括选择可行机会（提出价值主张）、集中火力（资源整合）和联动全组织（形成合力）。“战略”，往往是一个目标（即价值主张）；而“管理”，则强调实现目标的路径和方式（即资源整合和形成合力的方式），而后者尤其重要。“战略管理”的本质，就是实现组织中的每一个人、每一件事都与组织的目标密切相关。

取经，显然是唐僧团队的目标，但实现取经目标的路径和方式，即便是作为团队 leader 的唐僧，显然也是缺乏规划的，更不要说其他成员了；而每一个团队成员（悟空、悟能、悟净）的行为，也经常与组织目标关联不大，甚至完全背离目标。

读完《西游记》后掩卷细思，忽然有所领悟："经"，似乎不仅是西天的那本经文；一路上的磨难经历，其实也是一种"经"。一路上磨难所"取"的"经"，似乎也恰是"取"那本"西天之经"的路径和方式。

"取得"每一天的"经"，可能也正是人生目标的实现方式吧！

战略管理与组织力

林　娜*

没有战略，企业就如同一艘没有舵的船；有舵的船未能到达彼岸，却常常是因为战略没有得以很好地执行。

战略管理包含战略制定、战略实施和战略控制。一个好战略的制定，依赖于对大势的展望、对行业的洞见、对优劣势的分析、对资源的盘点；一个好的战略的实施，则依赖于内在组织力，包括团队能力、资源整合能力、业务运营系统、支持政策等。组织力是战略实施和战略控制的核心要素，是动力马达。管理大师说，组织是在向目标出发前要做的事，这样在行动的时候才不会乱作一团。

战略实施是一系列复杂的管理动作，需要高超的管理技巧，是管理人员的一大挑战，同时，这也是基层或一线人员行动的结果。它需要自上而下、从团队到个体去克服新目标带来的不适，抵制惯性的抗拒；它需要各人员、各工作

* 2019 级 MBA 学员，现为江苏三尺轩科技集团有限公司助理总裁。

小组在一个体系、一个机制、一种氛围中，在一个方向上形成合力，并且能够快速而流畅地运行。也就是说，支撑战略的组织力是团队力、执行力和文化力的融合。一些企业在照搬一些先进的管理机制的时候，有对标，有典范，同种模式，同样的方案，复制的工具没有问题，但呈现的效果满是问题，这就在于组织力的差异。热播剧《大秦赋》引发了大家对秦国的研究兴趣。嬴政一统江山，不是因为他制定了军事战略，也不是因为有优于别国的战术，而在于秦国的组织力超级强大。他对国家百姓进行细密管理，单是口粮的统一管理这一项，就制定了29级度量标准和派发规则，这一基础保障帮助他最大程度地调动了人力和物力，正是这原始的“数字化”管控所带来的组织力，最终支撑秦国实现了军事战略的落地。

那么，我们的组织力强大了，战略制定就可以无边界吗？成功学里满是此类话：“逼出潜能，则无所不能。”事实上并不能够！能力可能无极限，但行为不能无底限，互联网无边界，但是不代表互联网公司无边界。互联网平台社区卖菜引发抨击，其中的原因可能是：你可以割韭菜，但不要动穷人的白菜。某汽车企业涉足房地产后2017年就开始亏损，不得不卖房保壳，这告诉我们，可以创新但不要动存量的奶酪。盲目扩张、漠视风险，是很多红极一时的企业走向衰败的原因。组织力的能量确实巨大，站得更高，是为了看得更远，知可为知可不为，认清底线，适度节制，宏伟的战略如果被撬动了杠杆就会即刻崩塌。

战略的落地离不开组织力赋予的源源不断的能量；同时，组织力的高成效也离不开一个边界合理的科学的战略目标。战略管理的成效是战略目标与组织力相乘的结果，必须同步评估，两者兼顾，进行完美匹配。

【赵征点评】

林娜同学在文中提到了“组织力”概念。

首先，何谓“组织力”？作为一种“力”，它或是应该有个主体，谁在发力，即施加者是谁？或是应该有个对象，谁在受力，即承受者又是谁？主体可能有企业、群体（如高管）、个体（如员工）；对象同样有很多，如企业、群体、个体，对象当然还可能包括供应商和客户。似乎针对不同主体或不同对象的“组织力”，也不尽相同。

其次，“力”从何来？如果存在着不同的组织力，那么这个“力”从何而来？“力”的大小会受什么因素影响？是否会发生变化呢？

最后，“力”是个中性词，既可能是动力，也可能是阻力。组织力又是哪一种呢？在企业的不同发展阶段，动力和阻力会不会发生转换？

组织力，让我们衍生出众多思考。

战略，不是一个目标，而是一种路径选择；可选的路径有很多，但每一次选择都是价值观的塑造和强化；相似的价值观则支撑起了文化；文化带来了生存的意义；意义产生了力量。

没有了意义，再强大的力也可能变成破坏力，也将失去存在的土壤，秦朝的短命和某些企业的命运，可能都源于此吧？

战略管理与绩效考核

刘　晴*

在上赵老师的“战略管理”课程期间，我正在做公司年底的绩效评估项目的规划。回忆以往的经历，在绩效评估的时间段，管理层和员工们的工作都很“艰难”，对于管理层，一难的是差的绩效该怎么谈，二难的是怎么根据绩效做好短期激励。我一直在想作为HR（人力资源）怎样才能把这件事情做好。恰好结合这段时间的学习，让自己重新再思考三个问题：

什么是绩效？（定义）绩效是每位员工对公司的期望反馈。

为何做绩效？（目标）绩效不是为了“扣奖金”，而是帮助员工成长并且达成公司的战略目标。

* 2019级MBA学员，现为硅康医药（苏州）有限公司人事经理。

怎么才能做好？（聚焦）绩效考核是管理工具，按照“使用工具”的步骤一步一步地踏实做。

众所周知，绩效源于战略，是战略分解落地后的一种呈现。通过做木屋烧烤案例分析的经历，我发现绩效管理和战略制定有相似之处：从“大处”着眼，从关键问题的“小处”入手。绩效管理的关键在于从平时对关键指标的跟踪到辅导、监督、改善再到跟踪的一个闭环。在这个过程中，员工要与其上级及时沟通哪里做得好哪里做得不好。要表扬做得好的，要对其制定更高的目标；对于做得不好的，要看看他是缺资源还是缺能力，怎么补。在绩效管理这件事上，让员工自己意识到自己哪里应该做好，如何做好，为何做好，以及想要做好需要什么支持。这比领导直接告诉员工绩效的重要性有多高要更有效果。从学习到布道，这会是一个艰难的过程，但在这个过程中员工和其上级是站在一条“战线”上的，没有对立面，更多的是协同和帮助。这样可以从根本上突破最终谈绩效时的“艰难”困境。在完成绩效的过程中，员工获得了成长的同时收到了相应的奖励，实现了绩效激励。

我最大的感受是，赵老师的课从“战略学习”的一个点出发，根本上是在帮我们建立起一个逻辑思维的框架，我们再结合平常把学到的知识应用到实践中去，看待问题、思考问题的方式已经慢慢发生变化。

虽然我对绩效管理的理解还不是很全面，但已经不是只想把事做完，更多地会想为何这么做（初心），如何才能做好（排序），把事做完的“句号”真正应该画在哪里（分解）。赵老师的课又帮我开启了一扇新的大门，让我勇于在更大的认知空间里不断寻找答案。

【赵征点评】

战略管理的关注点，是实现目标的路径，其视角也正是动态地通过结果不断优化路径。

什么是绩效？我觉得绩效分为两种：员工绩效和组织绩效。员工绩效如刘晴同学所言，是每位员工对公司期望的反馈，需要注意的是，这里的“反馈”指的是行为，是每位员工为实现公司期望所采取的行动。组织绩效则是结果，是员工行为的最终结果。这里有个需要严格区分的概念，就是员工绩效要的是正确的行为，组织绩效要的则是期望的结果。这一点正是绝大多数企业绩效管理失败的关键所在。

大多数企业的绩效管理，往往主要关注组织绩效，这很容易理解，由于存在着财务报表等一系列量化工具，作为结果的组织绩效更容易得到重视，但问题也由此而生。很多企业把组织绩效直接变成了员工绩效结果的叠加，把员工绩效的关键点从本应的“行为”偷偷换成了“结果”，但是，大多数时候，同样的结果往往存在着多条路径，而“捷径”恰恰未必是正确的“行为”，强调“结果”而倒逼出来的，是员工对正确行为的背离——选择了“捷径”，这导致员工绩效管理出现了巨大偏差。

问题的本质是行为的考核关键到底是什么？在“战略管理”课程中我多次要求大家对最优评估指标选择进行思考和讨论，那么行为的考核指标是什么呢？是动机！

所有的激励，都是围绕着动机的，可笑的是大多数企业经常采取物质刺激的激励手段，其实在我看来，所有的物质刺激的结果，都是把行为的动机拉到了最低，回到了欲望层面，而欲望的唯一结果就是不可避免地“反噬”自身。

刘晴同学的作业，反映出了她对不同绩效和动机关系的思考，这些思考无疑与所有同学的实际工作都有着或多或少的联系，希望我的点评对刘晴和各位同学都有所裨益。

战略管理与思维定式

刘晓冬*

一直在部门经理的岗位上循规蹈矩埋头苦干，对于很多事情，做着做着就忘了初心是什么。就像赵征老师说的：一直都只顾着低头走好每一步路，走着走着就忘了当初为什么出发……

赵征老师的战略管理课，其实就是一场思维的盛宴，洗礼过后就会发现长久以来自己原有思维定式的局限。师生一番头脑风暴后，犹如重新打开了一扇思维的大门，让我们能以全新的视角和深度去思考每一件事情。

如果你愿意稍微停下脚步，其实每一件事情都值得去重新思考。运用赵老师的思维训练方法，从纷繁复杂的脉络中不断做减法，去伪存真后一定会更接近问题的本质，并得出不同的思考见解。

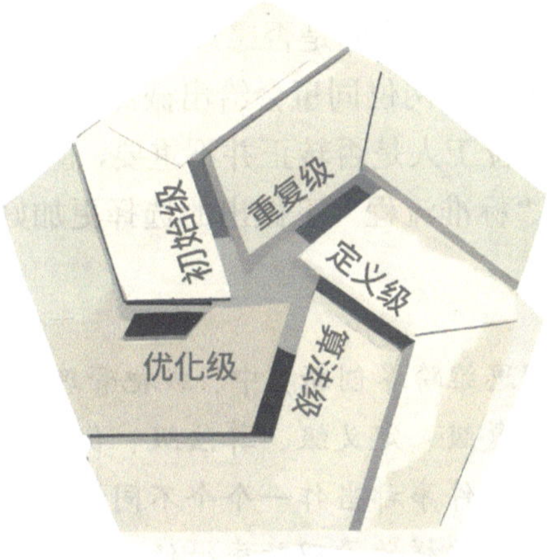

前段时间我们部门有个临时工工作满三个月，我面临是否批准其转正的选择。以前的“标准流程”是问一下这个员工的主管，了解其工作绩效如何，如

* 2019 级 MBA 学员，现为欧力液压系统（嘉兴）有限公司质量部门经理。

果这个主管认为其绩效达标，那么其就可以转正了。这么多年了，这是多么自然而标准的做法呀！然而，在学习了战略管理课后，我尝试重新思考眼前的这个问题：

一个员工转为正式员工的目的是什么？转正仅仅是由于时间到了而要完成的一个人事程序吗？

——不，转正的目的是希望这个员工成为公司正式成员后，会更有责任感，更能融入质量检验团队。

这个人的绩效好与不好，是我要关注的唯一问题或最重要的问题吗？

——其实并不是，质量检验团队的整体绩效，才是我所关心的。

他的主管对他的评价的优劣，可以作为主要的评价依据吗？

——也许不是，这个主管要负责几个不同功能的质量团队，他对这个员工的实际表现，不一定是最了解的。

为什么普适的做法都是询问其上级主管的意见并以其意见为主？

——仔细思考，难道里面没有逃避自己的管理责任的成分吗？万一这个人事决定是错的，起码还可以把责任推脱给主管，认为其看人失察。

经过这些思考后，更好的处理方式已经在脑中成形。我直接找到这位员工，当面询问他是否喜欢手头的工作，是否愿意长期做下去？然后我又找到了和这位员工一起工作的另两位同事，问他们是否愿意长期和这位员工搭档做事，而且我特别强调，我最关心的是他们是否愿意和这个人长期合作。如果这个临时工是个拖后腿的人，想必这两位同事会给出截然相反的回答！

最终的结果，即这位工人是否转正并不重要，但非常确定的是，我现在做出的选择远比之前在“标准流程”下做出的选择更加好！

【赵征点评】

在拙作《管理思维跨界创新》中，我把管理水平分为五个不同的层级：初始级、重复级、定义级、算法级、优化级。

如果你把管理每件事都当作一个个不同的个案，就意味着每次都是解决不同的问题，这样的管理效率很低，只是水平最低的初始级。

如果能够找到不同事情的共同点，就可以在一定程度上重复使用类似的解决方案，这样无疑能够提高效率。

如果能明晰不同类别问题的边界，就可以在分类的基础上定义问题。定义了问题就意味着产生了新的概念。比如，把离开本地临时去外地定义为“出差”；把原材料变成产品定义为“生产”；把产品卖给消费者定义为“销售”；等等。管理由此进入“可定义”层面。

定义了问题，就可以记录过程数据，形成“算法”，即量化分析和研究问题，甚至在定量的范围内预测结果。

在量化分析的基础上，问题、方法和结果之间的关系就越来越清晰，就可以依据结果来优化“定义”或“算法”，这就进入了管理的最高水平。

初始级和重复级是针对“事”的，而后三个层级就是针对“方法”的了。一旦涉及了方法，就必然依据结果，一谈到结果，战略也就因此登场了。就这个意义而言，晓冬同学文中提及的员工的最终转正结果和未来发展的结果就都非常重要了，因为这意味着对企业原有定义和算法优化的评估。

战略管理与升维思考

邵赞慧*

每隔几年公司就会推出新的战略，虽然公司总部的战略显得那么高瞻远瞩，但结合自己的日常工作，有时候会吐槽战略和我有什么关系啊。这次“战略管理”课程学习，虽然不能改变我对公司战略的看法，但是我对战略管理定位的理解有所改变。战略管理不仅仅是公司层面的，部门班组包括个人都可以运用战略管理的方法来达成自己的目标，我认为制定战略的过程中非常重要的思想方法叫作升维思考。

作为职业经理人，每天都会遇到很多问题，这些问题很多时候也会在会议上被提出并讨论，而讨论的时候，在有领导在的场合，往往领导会很快根据经验给出解决方案；而在领导不在的场合，有时同级别的同事之间会为选择哪种方案争得面红耳赤。近期听到一个视频号播放的张泉灵主持的演讲节目《对

* 2019 级 MBA 学员，现为苏州某外资企业制造经理。

白》，让我豁然开朗。一名大学生要毕业了，她询问张泉灵，她马上毕业了，她想去大城市发展，而她男朋友想留在小县城，她该如何选择爱情和事业？一般人可能就会帮助大学生来分析大城市和小县城的利弊了，而张泉灵提出的以审辩型思维解决问题的方法让我耳目一新。她首先提出大学生要解决的问题不是“大城市事业”和“小城市爱情”的问题，真正的问题是她想要什么样的人生，这叫定义问题，是解决问题的第一步。一旦定义清楚了问题，张泉灵认为，答案就不止 A“大城市事业”和 B“小城市爱情”两个答案了，还有 CDEF 等答案。这样的思想和赵老师提出的升维思考不谋而合。

我把张泉灵的对话小视频放到了部门会议上分享讨论，没有奢望一下子改变团队，但我很快发现我的下属受到了很大的启发。近期我让他们改变质量控制方法，他们在讨论时有不同的实施方案，会议中途把我拉进去讨论，目的是和我确认到底要解决什么问题，而之前他们更多的做法是让我决定哪一种方案更好，我感觉到了升维思考对团队的影响。同样我也在影响着老板，我们在讨论如果疫情严重年会被迫取消后的替代方案时，管理层各抒己见，提出各种替代方案，而我提出了一个问题，即“我们开年会的初衷是什么”。这样的升维思考使老板和管理层不再急于抛出方案，而是重新审视我们的初衷，选择更符合初衷的解决方案。

从工作、学习到生活，有时候一地鸡毛，有时我们走着走着就忘了为什么出发，争着争着就忘了为何而争论。如何理顺呢？运用升维思考，回归初心大概是最好的解决之道吧。

【赵征点评】

战略可以与你没有半毛钱关系，不过这也意味着你与老板之间也不可能发生任何关系了。那么，请允许我按照你介绍的方法，试着定义一下问题：你在公司工作的目的是什么呢？

维度，是认知的层级。升维，是指管理者站在更高的维度去看待和思考问题，跳出原有角色，站在系统视角，不断打破原有认知，从而实现思维与心灵的自我突破，以及自我认知的全面升级。

在一个组织当中，任何决策分歧的背后都是排序的差异，而决定每个人的排序的本质是价值观，因此每一次产生决策分歧都意味着个体间价值观发生冲突。解决分歧的路径如下：

首先离开问题本身；

各自分别阐述排序的依据（隐含着对不同价值观的彼此了解）;

接着离开排序理由，回到产生问题的系统层面，反思系统的最终目标;

在系统目标层面达成共识;

带着这个共识目标去重新讨论排序依据，形成价值观的共识;

于是，那个问题就不是问题了。

形成共识的那个价值观，其实就是组织的价值观。问题和分歧，都是组织价值观形成和传递的手段。高质量的决策，其效率正是彰显在其不仅解决当前问题，更能通过解决当前问题，促进组织价值观的传递，降低未来再次发生类似问题的可能性。

组织层面的思维，是每个老板的必备角度，经常把自己“升”到这个层面思考，你可能会经常“碰到”老板。

战略管理与项目管理

晏雄伟*

在“战略管理”课堂上，我记录了不少赵征教授的教诲，比如，发人深省的强调在冲突和对立中寻求突破的“升维”思考模式；以农夫山泉为例阐述的价值供给和价值需求之间的边界定义；以乐队协作为例说明的组织内部和谐统一的重要性……鉴于我当下的工作给我带来的困境和挑战，我选择谈谈战略管理带给我的关于项目管理的思考。

“战略管理强调协同，是分工的反向动作。”赵征教授如是说。在某种程度上，项目管理如出一辙。既然二者的背后逻辑一致，那么战略管理能做到的事情可能也是项目管理所追求的。战略管理主要做三件事儿：选择可行机会（提出价值主张）、集中火力（资源整合）、联动全组织（形成合力）。这恰恰是项目管理的终极追求。

从亚当·斯密开始研究分工，到福特开始用“生产流水线”制造汽车，生产制造和工程建设一直以来都非常强调分工。人们追求把产品的价值实现过程流程化，把工序标准化，把人员专业化，然而，人们发现，在特定环境下，需

* 2019 级 MBA 学员，现为惠生清洁能源科技集团股份有限公司项目经理。

要运用战略管理和项目管理来对分工产生反向作用，确保组织的联动和资源整合。近期我临时受命来到公司的舟山基地，中途接手进度严重滞后的一个项目。对于这个项目，我带领20位专业经理及近1200人的团队开展项目工作。这些经理和他们所领导的子团队，有的负责项目管理链条中的基础设计、详细设计、采购、仓储物流、材料管理、建造管理、费用管理、计划管理等环节；有的负责结构、涂装、保温、管道、内装、电气、仪表、通风等设备的专业制造安装。项目分工复杂而精密，对团队协同性要求很高，然而，诸多部门和专业各自有各自的关键绩效指标（key performance index，KPI），以及各自的预算，甚至有各自的公司/部门汇报对象。专业界面壁垒丛生，员工在工作中互相推诿扯皮。甚至，凡是边界上和合同/工作分工内未清楚定义的工作都需要我出面协调，部署人力和支付费用后才能正常推进项目。

究其缘由，公司一直推行项目管理和部门管理双轨制，而项目管理和部门管理有追求“分工”和强调“协同”的本质区别。作为管理者，不能寄希望于人们的“自觉性”和“职业操守”来实现项目管理和部门管理的融合，而应该建立有效的机制确保项目团队协同作战，通过充分整合资源来实现项目目标。这正如战略管理所追求的那样，找到公司/项目的商业价值，确定商业模式，制定战略目标，打造合理的组织架构，利用评估实现过程控制，利用沟通来实现协同，从而促成成功的商业行为。“天下同归而殊途”，战略管理的内容实实在在地使我对项目管理工作产生了深刻的领悟。

【赵征点评】

亚当·斯密在《国富论》中多次提及分工与效率的关系，马克思则认为分工是社会生产力发展的源泉，分工的深化引起生产关系的变革（如产权形式的演变），进而推动社会的发展，同时，社会的发展又反过来促进分工的进一步深化。在这一过程中，市场和企业等经济组织形式得以产生和演进。

分工的重要性毋庸置疑，但分工的产生必然促使协同的出现，分工的发展也必然要求协同的跟进。社会生产力固然因分工而源起，但分工的效果是通过协同的结果来体现的。

从管理实践角度来看，分工具有较强的自发性。伴随社会发展而来的竞争不断加剧，个体和组织不断寻找“蓝海”和符合自身特征的自我定位，同时又围绕着自我定位不断加强“核心竞争力”，这些行为都不同程度地促使分工精细化程度越来越高。管理实践还呈现出另一个结果，即分工的自发性不可避免地导致系统的无序程度加剧。

协同的目的是推动系统从无序状态发展为有序结构，或从一种有序结构转化为另一种有序结构。

对于协同，首先要寻找系统中的慢变量，即随时间的推移变化较慢的变量，其数目虽少，却控制着系统的演化历程，而复杂系统的性质由慢变量决定。其次要提升个体的系统认知水平和自我认知水平，把关注点从自身转换到系统、组织或团队层面。当然，分工和协同其实还对组织有其他影响，比如，分工是封闭导向的，是基于结果确定的假设；而协同是开放导向的，是基于不确定环境的假设等。

雄伟同学提到了不同管理机制的作用，其实其背后也蕴含着分工和协作理念的制衡。管理，是一种平衡，制衡机制是任何组织都不可或缺的压舱石。

战略管理与提问

张军伟*

对我而言，学习赵征博士的“战略管理”课程最大的收获，不是战略管理的相关知识，而是在课堂中赵老师跟我们分享的他自己的理念、智慧以及启发。

学习到底有什么样的结果？这是老师问我们大家的一个非常重要的问题，我们也在不同的阶段和不同场合思考过、被问过，这个课堂的答案最佳。学习最重要的结果是改变你的思维，让你认同认可的事。如今作为咨询师的我，尤其认可这样的理解，我改变的不是团队，也不是老板，而是老板们自身对某种理念的认可而已。

如何去锻炼自己的思维模式？为了避免自己无法驾驭由自己内心的对立导致的人格分裂，可以尝试着用新的训练方式，比如，同时看不同人写的关于同一主题的书，恰好最近看的北京大学两个教授关于经济学的书，两人观点很不一致。我的困惑是：当我自身所掌握的不完善不深刻的知识体系，还不足以判定主题中哪个观点是对的哪个观点是错的时候，如何通过新的训练方式驾驭

* 2019 级 MBA 学员，现为常州市君策企业管理咨询有限公司总经理。

自己的内心呢？在后面的课程中，我得到了答案：在经历相当长的一个时间阶段后，要尝试着改变一下，进入新的动态平衡。有的时候需要思考一些把自己逼到墙角的问题来锻炼自己，思考更深层次的问题，这本身就是一种思维模式。

如何界定问题本身？赵老师提及思维模式主要有两个因素，一个是概念的界定，另一个是关系。正如在畅销多年的《完美咨询：咨询顾问的圣经》中，彼得·布洛克强调问题本身能否界定清晰，往往是项目成败的关键所在。经过两三轮木屋烧烤案例讨论后才进入正题就是一个很好的课堂佐证。

“祖父把父亲送进了中国科大，父亲把我送到了日本，我又准备把女儿培养成什么样的人？”这句话启发我们站到这样的高度去思考家庭的教育。

赵老师始终用提问的方式启发着我们，课堂教学，案例讨论，也贯穿于《与女儿谈管理》整本书，没有经过思考的知识不是知识。从“战略管理”课程引出问题，通过问题启发思考，问题背后体现的往往是战略、思维模式、价值观及人生观，深入浅出。

不同的人生，不同的经历，不同的阶段，不同的思考，不同的答案。

学会提问。

【赵征点评】

一位老板听了我的课程，介绍了自己的企业，然后向我提出了一个要求：赵老师，能不能帮我的企业做个咨询？

我笑着问他：为什么找我咨询？

他说：我的企业得了“病”，你是个好“大夫”，我想请你来治“病”。

我笑着换了一个话题：有一次我向一位心血管的专家分享我的观点，对于高血压、高血糖这样的慢性病，药物只能控制，只有病人改变生活习惯其身体才有可能好转，因为这些疾病本来就是长期生活习惯的产物。

他有点明白了：你的意思是我企业得的“病”也是慢性病？

我说：大多数企业得的都是慢性病。

他问：慢性病怎么治？

我说：企业的病因往往都是“失衡”。在企业中，满足短期目的的行为会不断被自我加强，时间长了，就必然会失衡。所以，企业要找的不是“医生”，而是“健康顾问”；需要的也不是“药”，而是“平衡”。

提问，不是居高临下地看病，而是俯下身去寻找失衡点。

战略管理与“入场”

张丽红*

在《管理思维跨界创新》一书中，赵老师谈到“知行合一”时说到了五到（道）：知道、学到、悟到、做到、布道。这五个阶段我是这样理解的，“知道”可以是外界受教，亦可以是自己探索，而其他四个阶段强调自身，注重内部转化。如何逐层递进，我想这跟老师提及的“入场”密切相关。只有入场了，进入了角色，才会真正体验到，自身水平得到了提高，内部才能得到升华。入场是基础。

书中提到：培训的目的是希望让员工能够“做到”，但常常只帮助员工“知道”，就误以为他们可以“做到”。培训是培养加训练，我对照比较了一下自己工作中的一些内外部培训，大多数都是以听课为主，只做到了培的层面，没有训练，没有入场。这种培训确实就只是起到让员工“知道”的作用。因此我们

* 2019 级 MBA 学员，现为江苏垶博新材料科技有限公司财务中心副总经理。

在日常培训中不要轻易说“我学到了”，充其量只是“知道了”，更或者说“知道”都达不到，因为可能课后就会忘了。没有入场，没有实际运用，就谈不上“做到”。就 MBA 学习来说，课程设计是理论教学 + 实际案例应用，根据培训分类可以定义为一种培训体系。反思自己这段时间的学习，进行案例讨论与做作业时都“入场”了吗？都“做到”了吗？不管作业是对还是错，案例讨论、三大赛事的结果如何，起码入场参与是非常重要的，不入场就没有发言权，就不会有真正意义上的提高，因此我告诉自己，凡事入场多参与多思考。

来看“经验”这个词，它是一种认识，是在实践中产生的，那这种实践其实不就是一种“入场”吗？MBA 学习的理论知识和案例是范围化的，实际工作中遇到的管理问题是多变复杂的，我们需要深度入场，运用所学去研究、去解决。

面试过程中，面试官除了看应聘者的学历等条件外，还会让其谈谈自己参与的一些项目，想了解一下应聘者的团队协作能力、沟通能力和领导能力等。换种角度来看，参与项目这种经历其实也是一种入场。理论与实际总有差别，只有入场参与了项目，而不管是成功还是失败，才能算得上是真正的经历，才能有一定的认识。

再看对孩子的陪伴与教育，我忙于工作与学习，对孩子的陪伴很少，直至今年才慢慢投入孩子的学习与生活中，这才体会到种种辛苦与欢乐，因为之前入场不深。只有入场了，才知道带孩子是一件比上班还累的工作，教育孩子这个课题比商研作业课题还难。不入场，就不会切身感受到家人带孩子的辛苦，只觉得自己工作辛苦，不会自我反省，便不能更好地理解他人。

综上所述，凡事“入场”是前提，门外汉只能是纸上谈兵。对照五到（道），发现自己要走的路还有很长。今后多多“入场”。

【赵征点评】

丽红同学的入场，是个有意思的话题。

我经常在课程中邀请不同的企业家到课堂上交流，每次交流之后，我总会询问同学们的感受，得到的回答经常是：那个行业不太好做，他的想法挺有意思……都是对人或事的点评，透出浓浓的局外感。这样的习惯也常出现在案例讨论现场，明明是举手提问，拿起了话筒却依旧是点评的内容。很多人都习惯了“场外”，有意识或无意识地从不“入场”。即使偶尔入了场，依然是浅尝辄止，不愿深入。

同学们似乎不太同意我的判断，他们都认为自己已经入场了啊！对此我一直百思不得其解。直到有一天，我突然明白了，出现分歧是因为“姿势”。在我看来，标准的入场姿势应该是“躬身入局”，若是姿势不对，就没有真正入场！

“躬身入局”这个词里有两个动词：“躬”和“入”。一个说的是姿态，另一个说的是方式。

“躬”形象概括了该有的身段。如果直挺挺的，那是断然入不了局的。很多时候，自以为是的高大形象，会看“矮”一切，自然会被阻隔在一扇扇看起来无法进入的“矮门”之外。只有放下身段、放低姿态，“躬”身钻进去之后，才能发现别有洞天。

所谓“入”局，则是找到自己的“角色”，也即找到自身的“定位”。若没有角色，即便入了局，也是个看客。“局”中角色众多，谁都想当主角，当不上主角，却看不上配角，终究还是个看客。即便好不容易找到了角色，也要战战兢兢、如履薄冰、不断提升，否则说不定啥时候就被“出”了局。

始终保持着谦卑的态度去定位自己，无论对于组织还是人生来说，可能都是一种战略的选择。

战略管理与聚焦

张晓星*

久闻赵征老师大名，按照以往学长和师兄们的描述，赵老师是非典型的中国科大人，有别于其他的 MBA 老师。我个人处于创业阶段，因此对“战略管理”这门课非常期待，希望在这门课当中能学到一些干货。

这门课是围绕木屋烧烤案例展开的，我一开始并不理解这个案例和战略到底有什么关系，随着课程的开展和每一轮案例分析过程中赵老师的精彩点评，赵老师将他对战略的理解和思维方式循序渐进地展现给我们。在这里，针对战略管理和聚焦相关的内容说一说我自己的理解。

战略代表着方向，有方向就必须聚焦。在木屋烧烤案例分析过程中，赵老师说大家可能要到第二轮或者第三轮才能走到起点，当时我内心并不这么认为，甚至还有一些质疑。经过一轮轮的案例分析和讨论，大家在各自的思路上越走越远，我们组在第一轮就做了一个大而全的方案，在提问环节遭到了猛烈的“攻击”，最后我们汇总了同学们的提问和赵老师的点评，才发现虽然我们有了名义上的战略方向，但战略仅是存在于我们脑子里的战略，并不具备太强

* 2019 级 MBA 学员，现为合肥微观纪元数字科技有限公司联合创始人。

的可行性。当然，其他的组也大部分都有类似的情况发生，经过两轮的讨论，我们才发现自己好像站到了起点。实际工作中，在创业过程中我们也犯了类似的错误，初期为了生存，各种订单我们都接，最多的时候我们十个人的团队接了十多个项目并且同时在做，这十多个项目的重心在不同的领域，有建筑智能化、人工智能算法、智慧城市、大数据平台等，理所当然的，我们遇到了极大的困境，大家不仅累，也看不到未来增长的爆发点在哪。在遇到困境的时候我们并没有仔细考虑是不是战略出了问题，我们当时认为创业初期我们应该做加法，到一定阶段了再来做减法。现在回头看，这和我们创业初期没有制定明确的战略有密切的关系。幸运的是，2020 年借助疫情这段时间我们沉下心对业务进行了重新梳理，公司未来的发展战略也有了比较明确的方向。

战略也代表了边界，有边界就有了标准。同样是在木屋烧烤的案例中，经过赵老师的点评，我们小组对我们的方案进行了重新审视，在多次讨论明确了战略方向后，对原有的案例进行了大范围的删减和改动。在最终方案制定的过程中，明确边界，并制定了具体的评判标准，对超出边界的方案和实施计划直接进行删除，保证方案沿着核心战略的方向继续深入。

通过赵老师围绕案例的精彩点评和思想的展示，我们深深地领会到战略也是一种思想，是一种初心，现实工作中，不忘初心不是我们想象的那么容易的，只有坚守战略方向，紧守战略的边界，才能将战略的思想落实到实处。

战略管理与剑道修炼

乐荣圣*

个人闲暇之余比较喜欢看一些刀光剑影相关的影视节目，其中印象比较深刻的一部电影叫《宫本武藏》，看完之后对宫本武藏无比敬仰的同时，也会产生一些疑问，为什么他会这么厉害？为什么他要拿两把刀杀敌？

* 2019 级 MBA 学员，现为江苏富士通通信技术有限公司项目部长。

为了寻找答案，我看了朋友推荐的《五轮书》，发现作者的很多观点与赵老师在课上提出的观点不谋而合，战略管理思维让我对剑道修炼有了以下几方面的领悟。

思维升级：宫本武藏提出兵法是武士的法则，修炼剑道者不可只专注修炼剑术。这不正是老师上课讲的思维升级吗？我们平时的剑道练习主要是练习剑术，练习技巧主要在于如何破解对方的招数。当我在思考如何破对方剑招的时候，宫本武藏却在思考如何使用有利地形等身边能利用的一切手段来击败对手。这种思维的差距会导致后续练习的方向和方法存在偏差，经过日积月累的练习，这些小的偏差将会导致产生两种完全不同的实战方法。宫本武藏的这种实战方法一定会比我当前的实战方法离战胜对手更近一步。

物尽其用：在去木屋烧烤做案例的时候，隋总说："木屋的每一个设施都有其用处。"我们练习剑道的时候，通常都是使用一把竹剑，左手发力，右手辅助（主要是负责扶正剑的方向），这样右手在实战的时候，实际能发挥的效果非常有限。要达到物尽其用，就需要手持两把竹剑，这样就会让左右手发挥到极致。虽然单手握剑不太好掌握剑的方向，但是可以找到相应的解决方法。在实战的时候，手持两把剑可攻可守，增大了胜利的机会。物尽其用的原则也给我的剑道未来确定了一个努力的方向——成为一个二刀流剑客。

千日练习称为"锻"，万日练习称为"炼"，我在剑道修炼这条道路上才刚起步，以后还有很长的路要走，战略管理思维帮助我在剑道这条路上越走越远，越走越正。

【赵征点评】

晓星同学结合自己的创业经历谈了对聚焦过程和意义的理解，荣圣同学结合自己学习剑道的经历分享了思维的价值，看起来似乎风马牛不相及，其实这两者之间有着密切关联。

战略聚焦，似乎已经是大家普遍认同的经营原则了，但做起来似乎并不简单。如何才能做到聚焦呢？晓星同学创业伊始采取的"普遍撒网，见鱼就捞"的模式，也许多少是迫于生存压力的无奈，但案例讨论中制定战略过程的"发散"，却是值得反思的，甚至几轮讨论之后，在大家都已悟出了"聚焦"的重要性，都已对"聚焦"足够重视并切实付诸努力的情况下，为什么仍然难以做到"聚焦"呢？

从心理学角度来看，试图凭借注意力使心灵对某一对象事物保持专注，其实是违反心灵的能力的，这样做是困难且危险的。从一个角度来说，世界有太多的诱惑，人的兴趣很容易改变，抵抗诱惑是很困难的；从另一个角度来说，真的百分百专注了，其实是危险的，人之所以焦虑，甚至抑郁，很大程度就是因为纠结于一个事情而无法自拔。健康的心灵其实是一种“稳态”。

冥想的练习让我有了很多感悟。在冥想时，冥想者首先通过呼吸练习逐渐学会稳定自己的注意力，在注意力稳定之后，你突然发现好多念头从你脑海中“冒”了出来，有高兴的、有烦恼的，它们都引诱你偏离“稳定”。其实我们的心绪总是处于杂乱无序的状态，其中充斥着各种噪声和胡思乱想。这时候大多数人的想法肯定是努力要求自己“不去想”，而“不想”本身就是对“想”的加强，越是不让自己去想什么、越是逼着自己去忘记什么，其实就越是在“想”！

这时候最好的选择，就是“旁观”！继续把注意力放在呼吸上，任由念头产生，试着去旁观他们，与这些念头“共生”。正是在看着这些念头（或者叫诱惑）产生和离去的过程中，你把自己从无意识的内心迷茫中解放出来。

当你逐渐通过练习，越来越习惯与“念头”共处的时候，你会发现，其实“诱惑”就是“专注”的组成部分，甚至“诱惑”可以变成“专注”的手段，服务于“专注”。你做不到聚焦，诱惑对你就是诱惑，你凝聚了注意力，诱惑于你而言就成了辅助。

日本文化强调从很多活动中悟道，而其中一个普遍的道理即是，那些最初阻碍你的东西最终都会成为你的力量。日语里有一句话是这样说的：乗り越えた壁は、やがて自分の盾となる。翻译成中文就是：那些你曾经翻越过的高墙，最终都成了你人生的盾牌。

战略管理与家庭教育

黄柏松*

谈及战略管理，人们往往联想到企业经营或社会发展。家庭教育同样需要战略管理的理念。在陪伴孩子成长的过程中，我曾犯了很多习以为常的“家长式”错误，诸如急功近利、目光短浅、随性而为等。在不断检讨和反思中，我深刻认识到战略管理与家庭教育的紧密关联，下面从三个方面简要地谈谈个人的感悟。

一、家庭教育的对象

从战略管理的角度来看，家庭教育首先必须明确对象，明确对象，才是实施家庭教育的根本所在。在现实生活中，我们潜意识里认为家庭教育的对象是孩子，然而在陪伴孩子成长的过程中，我越来越发现，家庭教育的对象不只是

* 2019 级 MPM 学员，现为安徽时代出版发行有限公司副总经理、工会主席。

孩子，还包括与之成长有关的一切人和事，尤其是作为父母的我们。孩子身上的一些毛病，都能从我们做父母的身上找到根源。记得我家孩子读初中时班上有个同学，他父母为了他能到合肥来上学，做出了巨大的努力和牺牲，结果孩子成绩一般。于是，我就留意这位陪读的母亲的思维方式和行为习惯。经过一段时间的深入接触和了解，我发现这位母亲在孩子的生活方面做得无微不至，但是在孩子学习习惯方面，当孩子面对学习困难时容易放弃或者妥协，比如说当她家孩子做作业做到很晚时，她就心疼孩子，并提出让孩子早点休息，作业没有做完她就帮助孩子向老师解释，久而久之，孩子对作业完不完成就无所谓了，造成在没有完成作业的名单上经常“榜上有名”。这养成了孩子的惰性，也让孩子在面对困难或挫折时，缺乏坚持的毅力和信念。所以，从战略管理角度而言，家庭教育过程也是作为家长的我们自身领导力和约束力进化的过程，首先我们不能轻言放弃，而是要分析问题的根源所在，并采取有针对性的解决措施，推动问题从根本上得到解决。其次我们在思维方式上要更加积极正能量，更有责任和担当，在行为习惯上，要更加有规律性、计划性、目标性和自律性，用自身的言行举止为孩子的成长树立榜样，从而引导孩子更健康积极地成长，以实现教育所要达到的目标。

二、家庭教育的目标

家庭教育其次就是要明确目标——我们要培养什么样的孩子。关于这个话题，答案应该不会千篇一律。我在这里表明的观点和立场是大家是不是在紧盯目标并围绕目标而坚定前行。其实，在日常生活中，面对诸如孩子成绩不理想，孩子与别的同学发生矛盾，孩子意外受伤，等等，作为父母，我们有没有歇斯底里地责怪孩子，或者将责任归咎于他人。其实，这一切都是家庭教育向目标迈进路上的风景，也是孩子成长的阶梯。如何做到淡然地面对孩子成长过程中的喜怒哀乐，是检验我们作为父母是否有家庭教育战略目标的关键因素之一。当我们面对孩子出现的问题时，作为父母的我们容易出现急躁情绪，甚至是咆哮、责骂，这样是不是会导致孩子的情绪不稳定或使其产生逆反情绪？相反，这样的“输出”是不是能解决问题？其实，我们要意识到每一个孩子都不是完美的，就像我们作为父母也不是完美的一样，而这些不完美才是我们施以家庭教育的机会所在。在时间的长河中，当前我们回看过往的一些问题时，发现已不是问题，而是美好的回忆。家庭教育不也如此？因此，我们要培养情绪稳定、积极向上的孩子，就不能随性而为，发泄情绪，而是要紧紧盯住目标，施以对策。所以，立足目标，着眼长远，放下眼前，做一位有思想、有主见、有爱心、有目标的平和的父亲或者母亲，是战略管理赋予我们的责任和使命。

三、家庭教育的运营体系

一个家庭也是一个组织，任何一个组织运行得好与坏，与其所处的氛围和机制密切相关，家庭教育也是如此。首先，家庭必须设定一个家主角色，担任家主角色的基本条件是积极正能量，洁身自好，价值观端正，有主见……其次，所有的家庭成员均要尽力维护家主角色的权威，以提升家主在孩子心目中的敬畏和尊重度，从而提升在关键时刻对孩子实施必要管教的效果。同时，需要建立一套围绕目标且行之有效的管控机制以及家庭禁忌，比如说每周要抽出 2 个小时进行户外亲子运动，吃饭时不允许看电视，任何时候都不允许大声喧哗，每周要做家务……在这里要强调一点，我们作为父母亲有必要将孩子看作小大人，以平等的姿态相处，放手或者指示孩子做一些力所能及的家务。通过这些使孩子守规矩、明底线、知敬畏，并不断地围绕目标努力追逐。劳动者最光荣，这是亘古不变的定律。孩子只有通过付出，才会更加珍惜所拥有的一切，懂得珍惜了，就会更加感恩地对待生活。

家庭教育是一项复杂而艰巨的任务。陪伴孩子成长的过程，也是我们作为父母不断修行的过程。在家庭教育的路上，我们所有父母都是学生，我们要感恩孩子给了我们成长的机会和动力。因此，在家庭教育过程中施以战略管理的理论和方法，既让我们在家庭教育的路上，降低犯错误的概率，促使我们和孩子共同成长，也能共构更加和谐的家庭生活氛围，提升家庭的幸福指数和形成更加融洽的亲子关系，享受家庭教育带来的乐趣。

【赵征点评】

柏松同学把战略和育儿联系起来，这是个很有趣的话题。

企业与育儿最大的不同，我个人觉得在于主体与努力者之间的关系。企业的发展，主体当然是企业，努力者则是企业这个“主体”内部的人；育儿，孩子自然是主体，努力者却是孩子这个“主体”外部的各种角色，如家长、老师、学校……

关系不一样，其中的要点自然就有所不同。企业的发展，可能更需要努力者们的一致性。这个一致性，指的是目标的一致；孩子的发展，需要的反倒是努力者们的多样性，教育者的多样性给孩子带去了更大的包容性。

包容和一致，其实也是对立统一的。有了更好的包容，不同的企业才能依据自身特点，形成各自不同的企业文化，并使其与战略目标一致；企业的一致性，其实也正是不同企业之间的差异化，是其在这个多样的世界里生存和竞争的基础。正是在这种企业的不同的一致中，员工个体多样性的价值才能得以更好地体现。

如何实现育儿的多样性呢？也很简单：就是做自己！

有人问我：应该如何给孩子的教育制定目标？是不是应该把小学、中学、大学……都规划好？

我说：你唯一能够制定的目标，其实跟孩子没啥直接关系，而是与你自己的成长相关。

其实不仅是孩子的教育，任何一个组织，任何一件事，无论是什么样的远大目标，或是什么样的辉煌战略，最终都是每个人成长的结果。对于每一个人而言，你能为任何目标所能做到的，就是自己成长、真正地成长。

别再想着把孩子打造成自己的好作品了，为了孩子，把自己打造成好作品吧！

谢谢柏松同学带给我的思考。

战略管理与掼蛋

艾　羚*

在合肥，饭桌上流传着这么一句俗语——“饭前不掼蛋，等于没吃饭”，三五好友相聚，饭前必先“掼蛋”。国家体育总局棋牌运动管理中心于 2017 年正式对外发布了《淮安掼蛋竞赛规则》，为掼蛋走出国门走向世界，提供了国家级的统一规则。细观“掼蛋”的流行之道，其牌势变化多端的乐趣之下，暗含管理之道。

一、信息不对称下的决策

四人打牌，两两一组，每个人只知道自己手上的四分之一牌。在这种情况下，信息是有限的。初学者只顾盯紧自己手中的牌，很难做到有的放矢；而

* 2019 级 MPM 学员，现就职于安徽城市管理职业学院学生处。

优秀的牌手往往眼观六路耳听八方，尽可能地获取、分析、判断竞争对手与合作伙伴的信息，然后根据自己的牌面，结合其他方出牌时传递出来的信号来分析判断牌局，从而主动从容应战。当然，在复杂的牌局当中，难免会混杂着部分噪声，这时候就需要牌手识别有价值信息，从而选择使队友或本人价值最大化的策略。

二、战略适应与动态资源整合

掼蛋需要在拿到牌后就拟订出牌计划及牌路组合，通过预算配置资源以支持战略落地。静态组合的守株待兔式打法是初学者所为，只是固执于手中四分之一牌的资源配置思路，则有可能制约牌局的发展。高手往往会拟订多种组合套路，并且能够根据牌局变化快速调整牌路组合，以应对自家及对家的牌路变化，保持竞争优势。既有静态计划，又有动态资源整合，才是掼蛋的最大魅力。

三、自我实现与组织协同

打牌有的时候也靠运气，并非每把都能抓到好牌。高手在抓到牌之后会快速地进行定位：主攻还是助攻。掼蛋的规则是两个人要有一个成为上游方可升级，如果同伴为二游则可以连升三级，而如果同伴成为末游则只能升一级。当然，当一方手中的牌已经注定无法胜出的情况下，此时的最佳策略则变成一方需要牺牲自我，保全合作伙伴力争上游。因此，在掼蛋时，除了关注自己手中的牌，还需要密切分析合作伙伴的牌势，在必要时刻，甚至需要丢车弃卒，打压上家挤兑下家，以策应对家。双方的默契与互助支持是赢牌的关键。

四、团伙与团队

掼蛋可以将牌组合成为顺子、三连对、三带两等。一手连贯的牌往往比零散的大单牌更有优势。掼蛋中还有一张特别的牌：即当前等级下的红桃 X，这张牌可以替换成大小王之外的任意牌。比如，可以通过组合配牌，形成同花顺、炸弹、顺子之类的，单个红桃 X 并不见得威风，但组合配牌之后，却可以为其提供大显神通的平台。这时候单张牌的大小已经不是最重要的，形成优势组合才是王道，这才是团队的作用。

【赵征点评】

从本质上说，管理学科来自实践，早期的管理学者们大多从事一线的管理工作，在实践中发现管理问题，再把研究结果应用于实践。管理学与生活实践是密不可分的。

管理的发展史与组织规模有密切关系，大规模组织的军队对管理发展的促进作用是毋庸置疑的。不过管理学的真正发展，却伴随着非军事组织规模的不断扩大，由于越来越多的大型企业对管理的需要，管理学得以迅猛发展。

社会实践中的竞争无处不在，但竞争与战争有所不同，战争只有一个胜者，竞争则强调多赢，多赢则意味着存在多个赢家。战场上留下的最后一个叫胜利者，商场中若是只剩下一个商家，那就成了“垄断”，垄断在很多时候是被严格限制甚至禁止的。

游戏的起源大多是为了精神上的追求或展现自身的美和力量。自从有了纪录，无论是赛事纪录、国家纪录还是世界纪录，赛场越来越像“战场”了，所有人的比赛目的就变成了“争胜”。

尽管赛场成了“战场”，但毕竟存在规则，不能不择手段，管理学也就有了用武之地。既然艾羚同学把掼蛋做成了“战略管理”的课程作业，我就点评几句吧。

大部分的竞技项目，获胜都遵循一个原则，就是发挥自身优势。战略管理的关键就是发现和建立优势，掼蛋也不例外。

掼蛋最吸引人之处，在于其反常识：好牌未必赢，差牌未必输。其原因是变化多，不同的变化意味着优劣势的经常反转。掼蛋的优势存在以下三种：

牌型优势，要点在于“组合”。组合不同牌型，多出己方优势牌型，避免出有利于对手的牌型。

先手优势，要点是“炸”。用“炸弹”取得优先出牌权，抑制对手。

团队优势，要点是“配合”。对家配合默契，尽快判断形势并形成最佳结果。

越是变化多，越是要回到自己，看起来是打败了对手，其实真正做的，还是发挥了自己的优势。最大的优势，就是自身的强大。赛场如此，商场更是如此，只有强大自己，最终才能做到“剩者为王”。

战略管理与股票投资

吴经纬*

研究股票投资数年，遵循价值投资的主张，价值投资是一套哲学小宇宙，包括了深度的基本面分析、追求长期投资目标、风险控制与拒绝从众等漫天漫宇的小星星。宇宙浩渺，唯一让我在风雨飘摇中坚持的只有一个原则，即坚信股价是企业成长带来的内在价值增长的外在表现，因此最关键的核心仍然是对企业的基本面深入研究，进而对其未来发展做出判断。

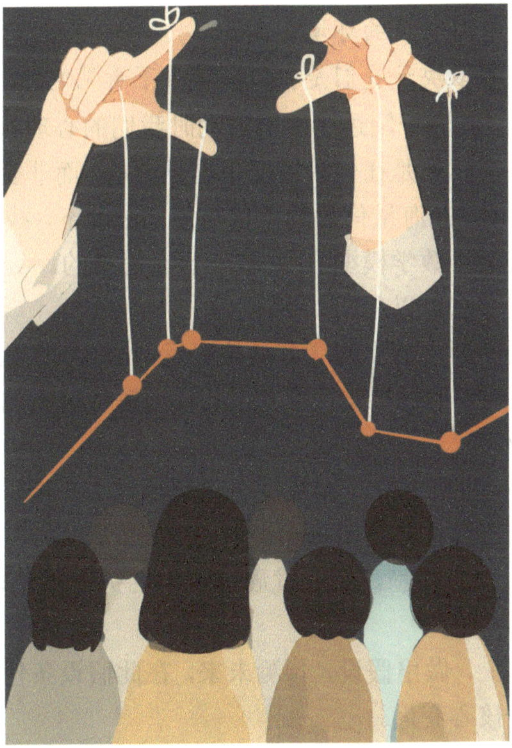

* 2019 级 MBA 学员，现为无锡康明斯涡轮增压技术有限公司高级质量经理。

传统券商研究方法主要涉及行业空间、趋势、公司产品竞争力、商业模式、上下游和财务分析等方面。研究员按图索骥，做出判断。对于专业研究员而言，这些方法或许有效，但是对于我们这种散户而言，由于时间、精力、信息壁垒、成本等因素，这些方法并不一定合适。

传统的研究方法，一直在试图用一个“数学模型”描述所有的问题，然而，牛顿定律的描述必然和电磁的麦克斯韦方程不同。制造业的研究方法应该和消费企业不同。即使是同一类型的企业，如顺丰速运和“四通一达”（申通快递、圆通速递、中通快递、百世汇通、韵达快递），前者是直营，后者是加盟，体现出的特征完全不同。

以下文字摘抄于赵征老师的“战略管理”课程。

在背景中看问题

我们不能期望通过收集海量的信息就能一眼看穿事物内在的意义。有时我们无法看清信息的特征，是因为这个特征无法独立于信息的上下文关系存在。当我们像摘果子一样把信息采集下来放到篮子里时，我们理解它可能更为困难，因为我们将信息与相关的环境分离开了。

我们所见的往往取决于我们是在何种情景下看见它的。

从长周期来看，其充分阐述了股价波动时我们的心理状态及逻辑判断，我们所见的往往取决于我们是在何种情况下看见它的，而非企业的真实面貌，那么，如何穿越长周期，在海量信息的干扰与短期波动下，找出企业的核心成长逻辑，发现其独有的“数学模型”，是我一直在思考的。

我个人的研究方法可以总结如下。

通过一系列循序渐进的提问（苏格拉底反诘法），挖掘到一个公司独有的“数学模型”。挖掘到底的标准是，可以用此模型解释过去的一切，甚至可以去理解其他同行企业。

如此往复循环，直到建立一个模型可以解释过去一切，企业绝大部分的战略决策和选择应该可以按此逻辑推演。

提问是整套体系的精髓。企业发展过程中的关键战略转折点通常是很好的开始点。

在此模型基础上，做出假设，预测未来，在此假设条件下，抽象出并监测企业的一个或几个核心变量。

上述过程可概括为：解释过去→挖掘模型→大胆假设→小心求证→迭代更新。

【赵征点评】

我经常会有一些有趣的念头，如读者看了我的书或听众听了我的课之后，他们会做什么呢？看了经纬的作业，我很确认的是：即使我能够猜出 100 种用途，经纬同学也肯定是第 101 种。

随着年龄的增长，我给自己的设限（不擅长、做不了的领域）越来越多，设限最早的就是炒股。组织是经济社会的基本构成单位，在组织的角色制衡中，拥有股权的股东是不可或缺的重要角色，对组织的存在和发展都起着至关重要的作用，但在我看来，现在的股票二级市场已经完全背离了其最初的逻辑。

我认为存在于组织之外的股票市场的出现的社会意义是向公众传递一个信息：股价是企业未来价值的现值。换言之，如果一个企业未来的价值越高，那么现在也就越值钱。当你发现了这样的企业，你可以把钱交给这家企业，让他去好好发展，而你也可以因此获利。这个场景中，无论是企业主还是股民，目的都是挣未来的钱。

今天的股市，似乎稍微有了一点变化：一个企业包装自己，使自己的未来价值看起来很高，股价就涨了，于是大家趁着高价赶快变现。所有人的目的都变成了赚当下的钱，企业主不再努力运营企业，而是努力做“演员”，股民们也习惯了看“表演”。

人的动机变了就会影响判断，而股价恰恰是由所有参与者的判断形成的。股票市场让全民都变成了投资人，都只会用一个视角看企业，就是能不能尽快拉高股价。在这样的场景中，没有人能够幸免。所以我对企业最大的建议就是在允许的前提下，尽可能地推迟上市，甚至避免上市。

我对经纬同学的文章还有一个小困惑，经纬似乎不赞同那种用一个“数学模型”描述所有问题的“传统的研究方法”，但其目标似乎只是缩小范围，把“所有问题”缩小为“行业所有问题”，也就是用一个模型搞定一个行业？

企业的发展是所有员工努力的结果，股价的波动是所有股民判断的结果，我最大的愿望就是：别让“判断”影响了“努力”！

战略管理与执行

谢虎林*

2020 年 10 月 26 日至 29 日，党的十九届五中全会召开，会议通过了《中共中央关于制定国民经济和社会发展第十四个五年规划和二〇三五年远景目标的建议》，据此起草的《中华人民共和国国民经济和社会发展第十四个五年规划和 2035 年远景目标纲要》（以下简称“十四五”规划纲要），经过全国两会的审查和讨论后，“路线图”就会成为“施工图”，成为中国未来五年甚至更长时期的发展战略。

“十四五”规划纲要的作用是阐明国家战略意图、明确政府工作重点，可以理解为国家层面的战略管理。从党的十九届五中全会我们可以看到战略制定的专业、重要和严谨，但战略的执行落实往往更难。习近平总书记说：“如果不沉下心来抓落实，再好的目标、再好的蓝图，也只是镜中花、水中月。”[①]最高领导人反复强调抓战略落实，可见战略执行的重要性。

战略管理为什么落实难？视而不见、知而不行、行而不达，这是很多组织

---

* 2019 级 MPM 学员，现为科大硅谷服务平台（安徽）有限公司综合管理（战略发展）中心负责人。

① 《习近平总书记关于狠抓落实重要论述摘录（2012 年 11 月—2016 年 7 月）》，http://cpc.people.com.cn/n1/2016/0808/c64094-28618582.html，2025 年 5 月 26 日。

的弱点，其中有很多因素。比如，战略脱离实际，领导者的见识不足，以及对形势的误判，都有可能导致战略脱离实际，最后无法落实执行。又如，战略权威性不足，在一些领导者的潜意识中战略就是规划，就是个本子，有就行了，并没有成为组织上下的一致共识和行动。高端咨询业特别是企业管理咨询在中国往往不像西方那样有市场，也从侧面印证了这一点。再如，战略执行不到位，一些领导者把战略得不到执行归咎于员工的素质不高、认识不到位、执行力低下。此外，在中国影响组织战略的一个重要的因素就是管理层的稳定性，不同的管理者可能有不同的目标和战略。比如，有的企业领导层频繁更换，每一任领导上台后都有自己新的战略，后任领导很可能就把前任领导的战略否定了，最终导致执行层无所适从，坚持原来战略可能会被认为“墨守成规”“抱残守缺”，这样的例子或故事每天都在出现或上演。实际上，部分中国企业注重的是战略的表面文章，根本缺乏的正是战略。有些企业几十年就坚持一个目标，不论换多少任领导，目标始终不会轻易改变，政策能够一直延续下去，企业的前进方向始终保持稳健。

怎样做好战略管理的执行呢？我们可以从国家抓战略的管理上得到不少启示。

其一，抓思想，使战略成为组织共识。思想是行动的先导。每次重要的会议结束后，高规格宣讲团会赴各地宣讲会议精神，各地通过各种形式的学习、贯彻、宣传活动，确保将精神传达到每一个基层组织，也就是保证战略规划从中枢传达到每一个细胞，从而统一思想、形成共识。我们研究发现，一些销售类的公司对他们的业务员的激情调动得非常好，这些员工的学历、资历等基础条件不一定有多高，但通过理念的培训，充分调动他们的激情，结果他们体现出来的那种创造力却是非常惊人的。如此激情是怎么来的？其实就是把企业发展的战略目标变成了个人的梦想，两者有机结合，迸发出了无限的激情。

其二，抓执行，把战略变成具体行动。再好的策略也只有成功执行后才能够显示出其价值。每次国民经济和社会发展五年规划制定后，各行业、各领域、各系统，从中央到省市县乡各级，都会依据中央规划结合实际制定本地或本部门的具体规划，将总目标层层分解，并以具体的项目来支撑规划。执行过程中，通过中央派出巡视组和党中央、国务院开展大督察（包括近年来的环保等专项督察）以及全国人大组织视察等一系列措施，确保中央政策落实到位。作为企业管理者，一方面，要从自身做起，带头落实战略，做到知行合一，而不是朝令夕改。另一方面，在执行的过程中要随时监督、随时纠偏，明确执行的效果如何、执行的困难在哪里、下一步如何调整，对于在执行的过程中暴露出的问题，要善于找到问题的解决方案，明确责任、奖罚分明。

其三，抓队伍，为战略落实提供保障。再好的战略都需要人去落实。各级党委组织部门作为全球最大的HR系统，负责组织的设置、干部的调配和人才的培养，在各个时期为中央政策落实提供坚实的人力资源保障，特别是坚持德才兼备、以德为先的标准选人用人，激励担当作为，建立容错纠错机制等很多经验做法，都值得深入研究和学习。作为企业管理者应该思考的是，人力资源有没有前瞻性的发展规划和合理储备？有没有让合适的人去做合适的事？组织机构是不是复杂化、内耗严重、执行效率低下、执行成本过高？管理授权是不是存在误区？是不是家族意识、圈子文化风行，不能掌控风险？激励考核是不是能够调动员工的积极性，是不是能让员工把个人成长与企业发展融在一起？等等。充分借鉴现代人力资源管理理念，做到人岗相适、人事相宜、人尽其才，为战略的落实打造一支高执行力的队伍。

对企业来说，任何资源、产品、技术、市场上的优势都是动态的，不是一劳永逸、一成不变的，虽然你今天拥有了这些，但是其明天就可能演变成需要被淘汰的能力，甚至成为企业发展的核心障碍。企业的成功永远只是阶段性的成功，成功与失败始终贯穿于企业的战略、管理与执行中，波峰浪谷，荣辱兴衰，都是自然法则。唯有执行力才是迎接无数次成功的利器，才能从根本上把战略落地中的硬伤治愈，以自身的强大来迎接各种风险挑战。

【赵征点评】

在“战略管理”课程中，我请同学们围绕着企业的战略管理，思考了以下问题：

（1）企业的战略制定、战略实施和战略控制，都是战略管理的重要组成部分，哪一个更重要？

（2）企业的战略制定、战略实施和战略控制，这三项工作在战略管理过程中，应该按什么样的次序进行？

对于这两个问题，同学们在课堂上都给出了不同的观点，虎林同学的主题也是对这一思考的延续。其实各种观点的背后，都隐藏着对战略管理的认知和对战略所需不同能力的假设。

认为制定重要的，可能是把预判能力当作了战略管理的首要因素，同时也对制定战略所需信息的全面获得有着较强的自信。

认为实施重要的，可能是把团队协作能力当作了战略管理的首要因素，同时把目标的最终实现作为工作的关键评估指标。

认为控制重要的，可能是把组织的适应和调整能力当作了战略管理的首要因素，同时需要为控制选择一个参照系。

战略的本质是什么？很多企业家认为战略就是一个目标体系，这是对战略的误读。

战略，是实现目标的路径和根本原则（如成本领先、差异化等），战略管理则是为了实现目标、围绕着根本原则、有效整合各方资源的系统运作机制。

战略，主要用来调整竞争关系，战略调整竞争关系的根本思路，并非简单地实现当期目标，也不是消灭竞争对手，而是要强大自己。

消灭对手，关注的是对方的短板；强大自己，关注的则是自己的短板。这两个短板大多时候并不相同。很多企业发展壮大了，却依旧有着思维和行动的惯性，总是盯着别人的短板，总是想着消灭对手，始终没有把注意力转移到自己的发展上来，这可能是这些企业未能真正强大的原因之一。

虎林同学的文章，让我们对战略管理有了更深层的思考，值得推荐。

战略管理与不同阶段企业产品定位

朱　毅*

企业的生存发展是企业家每天都在思考的问题。不同的企业发展阶段需要适合企业所在阶段的产品定位。从企业初创时期各方面资源都极其匮乏到做大以后的“船大难掉头”，选择合适的产品无时无刻不在考验着企业家的决策能力。以下从各个阶段的企业介入点和产品定位进行表述和分析。

（1）初创时期，产品切入点是找企业家喜欢的产品，单点突破，紧盯现金流。首先要清楚行业门槛。行业门槛一般有两个，一个是进入门槛，一个是赚钱门槛。例如，一个早餐店，进入门槛是可以在早上三点起床开始一天的工作，这个门槛可以挡住一大批无法在这个时间早起的人。赚钱门槛是，同样都是三点起床，同样都辛勤劳动，您的店凭什么可以赚钱？是您的早餐味道特别好（产

* 2019 级 MPM 学员，现为重庆效隆神思科技发展有限公司总经理。

品）？还是您的早餐店的位置特别好（流量）？或者是其他原因？切入这个点又关乎您的试错成本。在这个阶段，作为企业决策人首先要选择自己喜欢的（或者不反感的），如果自己不是真的喜欢，很难适应“早上三点起床”为常态的生活。另外，选择单品，要选择距离产生现金流近的产品，如只卖包子。

（2）发展期，必须找到客户的核心痛点，形成解决具体问题的价值。企业一旦渡过生存期，就会由于市场效率不高等原因苟延残喘，陷入暂时死不了但无法好好活的状况。这一时期必须深挖客户痛点。作为早餐店，核心痛点之一是客户对包子肉馅的食品安全有顾忌和怀疑。所以，包子店往往会有两种包子馅作为选择，一是酱肉馅，二是鲜肉馅。通常酱肉馅顾客比鲜肉馅多，是否能不做鲜肉馅只做酱肉馅？结论是肯定不行。因为这有一个发信号的价值，敢卖鲜肉馅包子的店一定对自己肉馅的新鲜度有信心。长期有早餐吃包子习惯的顾客可能可以通过吃到的鲜肉馅的味道评价店内所有包子的食品安全。而且，吃鲜肉馅的顾客往往是更为优质的顾客，购买频率稳定，并对生活质量有要求。优质的鲜肉馅包子就成为早餐店发展的基点，是核心顾客建立的基石。

（3）成熟期，必须以占领客户的心理认知为目标。如果企业有幸存活到成熟期，那产品一定是过硬的。这时候，需要让产品成为纽带。产品不再只是产品，是一群人共享价值的载体。每天的微笑从早餐店开始，产品成为每一位顾客每一天的乐观开始，来店顾客的乐观表情就是店铺氛围。如今，企业家网红化是一个常态。人从古至今关注的都是人，产品只是纽带。人和人的心理关系一旦产生，就成为强黏性关系。这时候的包子就不是包子了，而是乐观，是在无数夜晚遭到打击之后的重新开始，从这里的早餐开始。

天下攘攘，皆为利往。生死，只在呼吸之间。产品为企业的价值体现，愿以产品为核心之企业能以此为价值。

【赵征点评】

朱毅同学最大的课程感悟，似乎与预判相关。不仅包括对企业发展阶段的预判，还包括对客户偏好的预判。这是个有趣的话题。

非常凑巧，前几天听到了一位既是成功人士又曾是超级学霸的一段关于“预判”的感悟：“很多年以后我才明白，很多当年成绩不如我的同学，其实比我更聪明，他们会迅速辨别哪些资讯与自己有关、哪些与自己无关，哪些重要、哪些不重要，从而投入相应的精力资源。取舍判断力是更高等级的智力，当你开始认真去做某些题目的时候，其实你就已经输了，因为你为它忽视了更重要的。”

这位人士的感悟，显然不仅是针对做题，更是对其工作经历的归纳。每个人的时间都是有限的，能够选择更适合自己的题目，确实能够提高效率，但是，真的可以照此办理吗？

我认为预判的核心，就是做任何预判的依据。这个依据首先来自我们的经历，是我们长期知识积累后形成的智慧，之后这个智慧被我们用来选择目标。无论做任何事，首先要有目标，过程中还不能偏离目标，必须确定流程和评估方式来保证目标的达成。其中包含了对自身能力和资源的综合考量，确保目标可实现、可执行、可控制等，但是，我们的智慧其实受限于我们的经验积累。随着社会的发展，专业化分工程度不断加深，每个人的经验积累往往专注在某一个专业领域，时间长了，当我们成为“专家”、具备了“专业眼光”之后，我们与其他领域、与整个系统的距离和关系，也就越来越远、越来越陌生了。

这样的经验积累，对我们的改变还有很多，包括很多我们可能未察觉到的。比如，我参加戈壁挑战赛的一段经历。当时报名之后，按照我的思维方式和一向做事的习惯，我开始为自己设定目标，但与以往不同的是，那次的目标是不断变化的，而且越设越低，从开始的冲击好成绩，到后来的不拖团队后腿，再到后来的能坚持走到终点就行。究其原因，其实是内心对比赛的恐惧，在戈壁滩上徒步行走近130公里，没有路标，没有方向，甚至没有道路，沿途到处是荆棘、沙石、坑洼，以及绵延不绝的戈壁沟壑和永远踩不实的沙漠……绝对是让人心悸的残酷之旅！每一次我设定了目标，就开始对自己的能力产生怀疑，于是下调目标，又产生怀疑……陷入了循环。最后，我甚至开始怀疑自己、反问自己：这个任务对于已过四十的我而言，是不是根本就是一个不可能完成的任务！我根本就是在做一件知其不可而为之的事！

那一刻我突然明白，我早已习惯了的做任何事都设定目标的模式，隐含的其实就是要预先评估这件事的可能性，再根据这个可能性和预期收益，为所有的事排序，排序完成之后，再决定是否做，以及投入什么样的精力和资源来完成目标。

本来，设置目标是为了更好地完成任务，没想到不知不觉中，目标的影响力越来越大，甚至影响了我们对事情的选择，让我们变得急功近利起来，对于有利的目标，我们趋之若鹜；对于存在不确定因素的、暂时看不到价值的目标，我们避之不及。

做一件事，固然需要目标，但驱使你决定做不做这件事的，不应是目标本身。因为你所有的收获，不在于目标，而在于坚持的过程。

这个世界，没有什么是一定该被重视的，也没有什么是可以被忽视的。如果说有什么东西一定是重要的话，那一定就是“坚持”！

战略管理与深度思考

吴　甜*

在赵征老师的“战略管理”这门课上，我学到的并不是具体制定战略的方式方法，而是一种思维，一种称为“战略管理”的思维。最初在课堂上，我并不太理解赵征老师的降维打击方式，而赵老师每一次对每一位同学的“打击”，其实都是一种启发和引导，引导我们纠正自身思考问题的角度，引导我们完善自身的思维方式，从而形成属于自己的“战略管理”思维。在否定后的追问，在追问中的启发，在启发中的总结，总让我们产生一种柳暗花明的获得感，而这种获得感相较于早已习惯了的认同感，更发人深省，令人受益匪浅。

* 2020 级 MBA 学员，现为江苏鱼跃医疗设备股份有限公司法规注册高级经理。

1. 何为深度思考

对于任何问题和任何问题的解决方法，我们都需要经历一个深度思考的过程。在这个碎片化知识大行其道、娱乐至死的时代，深度思考对每个人而言，看上去是一件非常艰难又宝贵的事儿。那到底何为“深度思考”呢？在这里，我觉得将它理解为一种过程比一种能力更恰当，这是一种通过层层追问，抽丝剥茧真正思考出问题本质的行为，是一种不断提升的过程，而不是畏首畏尾、顾此失彼、瞻前顾后的代名词。

2. 为何要深度思考

相较于需要费脑思考的工作，大多数人更愿意做一些重复的无须动脑的事情，这就是人的惰性，如果没有深度思考的过程，将永远处于浅层的思维模型和方式中，不断增加再多的信息量，也只是低水平的重复，对于价值的创造和实质问题的解决毫无益处。

3. 怎样做到深度思考

通过三轮的案例展示，在赵老师不断地追问中，我们学习到了“定义”的重要性。只有明确了问题本身和概念本身的定义，才能真正地思考出问题的答案。

想要深度思考，必须用多元视角来看待问题，我们需要有个巨大的知识库、强大的工具箱，在想要思考出答案的时候可以随时拿来就用，因此知识的积累和管理显得尤为重要。

想要深度思考，必须用系统思维来解决问题，我们只有树立全局观、抓住整体，才不会在错综复杂的问题中迷失方向，才不会在堆积如山的工作中理不清头绪，更不会在制定统筹战略时看不清全局。

只有真正拥有了“战略管理”思维，通过深度思考，对所发生的冲突进行判断，才能做出最终的正确决策。有句话说：“我们懂得了很多道理，却依旧过不好这一生。”真正的深度思考，并非理论上的巨人、行动上的矮子，必须是和行动联系在一起的，深度思考后的行动，才是真正创造价值的所在。

学会做一个深度思考的人，必将会不同凡“想”、豁然开朗！

【赵征点评】

为何要深度思考，吴甜同学在作业中进行了讨论，但似乎仍旧有点模糊。需要再“深度思考”一下。

人的生命过程，就是一个社会化过程，个体经过社会化训练，成为社会成员在社会中生活。社会化也是人类社会运行的前提，是人类文化不断延续和发展的条件。个体社会化有四个基本方面：基本生活技能、社会规范、自我观念、社会角色。

很多人认为社会化是一个模仿和学习过程，我却不太认同。我认为社会化是在模仿和学习基础上的、个人知识生产的过程。

在我看来，每个个体的社会化，其实包含了两个环节，一是和其他个体合作，二是形成自我人格。两者相辅相成。

在每个人的一生中，与其产生实际关联的其他个体数量是有限的，即实际合作者的数量是有限的，而且这些合作者也仅限同时期健在的个体，已经去世的个体显然无法合作。

除此之外，还存在着另一种合作，即知识生产的合作。

首先要说明的是，知识分为显性知识和隐性知识两类。显性知识是能够用语言、文字、肢体等方式表达清楚的知识；而隐性知识则是虽然知道，但却难以表达的知识。比如，无论多少次观看驾驶汽车、飞机，以及骑自行车的文字和视频，如果你不持续尝试，也无法真正学会。无论任何世界冠军传授任何运动技巧，如果你不长期练习，就无法成为高手。无论看多少遍例题，如果你不实际做题，也无法掌握定理。无论你看多少营销理论和成功销售案例，如果你不亲自拜访客户，也无法成为合格的销售员。这个世界的大量知识都是以隐性形式存在的，可显性化的部分较少。隐性化的知识，往往是专属的，只能靠自己生产，这个过程就是“认知”。

隐性知识的生产，建立在已有的、其他个体的显性知识基础之上。运用这些知识来进行自身认知活动，就意味着与这些知识的创造者建立起了一种合作关系。当然，在这种合作关系中，其他创造者经常是缺席的，在场的仅仅是他们的知识。这种合作关系首先表现为模仿和学习，但模仿和学习不是终点（尽管很多人仅满足于应试，并将其当成终点），真正的终点是生产出自己专属的隐性知识。所生产的隐性知识也许是崭新的，也许是已有的，这并不重要，关键是这个隐性知识是生产者自身的。这个生产过程是超越时空的，由在场的生产者和所有不在场的认知者共同合作完成。知识生产既是一种个人性活动，也是一种合作性活动。

生产如何进行呢？生产是建立在对上述合作者知识理解基础上的再加工，理解和加工都是依靠生产者的思考完成的。换句话说，产品（隐性知识）的质量取决于思考的质量，思考程度浅的，生产的隐性知识的质量就差一点；思考程度越深，质量就越高。

质量标准之一，就是所生产知识的真理性。任何生产者都无法确保其知识的真理性，需要与其他生产者通过争论、辩论等方式进行更深程度的思考。即便如此，隐性知识的真理性仍旧可能是暂时的，还要等待实践的检验和证明。因为需要实践证明，显性知识与隐性知识的存在方式也有所不同，如果显性知识大量存在，则往往需要进行学科化分类；而隐性知识的存在，往往是去学科化的，更多是以特定问题、通过深度思考而重新建构的。

希望通过以上深度思考，能够加深同学们对“深度思考”的理解。

战略管理与王者荣耀

蔡　璐*

天下风云出我辈，一入游戏岁月催。随着游戏产业和智能手机的发展，手游的用户数量在飞速增加，王者荣耀作为国内手游的代表，令无数玩家为之着迷，其实其中也是包含战略管理的，游戏不可沉迷，但可借鉴。

玩王者荣耀，首先要确认目标——推掉对方的水晶。这个目标是清晰确定的，也是团队成员的共识。确认目标后，需要组建五人团队，团队的分工十分明确，射手——物理输出、法师——法术输出、辅助——团队增益、上单——肉装抗伤害、打野——游走带节奏，当然这只是统计规律下的阵容，也可以按照成员的特色更改阵容，最终保证实现目标即可。选人时，成员按自己擅长的人物选位，全能选手补位，过程中时刻沟通。因选人是轮替的，所以需以对方

* 2020 级 MPM 学员，现为安徽江淮松芝空调有限公司技术中心主管。

阵容调整己方阵容。选人之后，还需修改上一场所用的技能、铭文及预选装备。待双方阵容确定后，需明白自己要牵制哪个敌人。流程要清晰明了，成员要主动积极。

（1）明确定位。我和对方硬刚，能否刚得过？

（2）明确打法。他的优势是什么？劣势是什么？我要如何利用？

（3）明确组合效果。我 + 打野（辅助）和对方同位置 + 对方打野（辅助）2V2，能否打得过？是否需要游走来增加经济收益和 GANK（抓人）概率？

（4）明确团队效应。团队 PK 时，谁先上？谁绕后？谁输出？谁保护？这些均需团队配合并随时调整。

游戏开始后，成员需好好分析和揣摩心理战略，是绕后 GANK 还是蹲点等对方上前补刀？需控制好等级，一旦出现等级和经济压制，GANK 就很容易失败。需控制关键环节——对整个游戏产生重大影响的 BUFF（增益）。需思考个人能力以及配合情况，团队中会随机应变和换位思考的通常都是带节奏的“大神”，也是团队的精神领袖，“大神”要时刻注意着小地图，何时 GANK 最好先告诉队友，让队友配合“大神”完成 GANK 以提高成功率。在游戏中，面对不同的阵容和局势，需要及时调整人物的出装以及游走路线。顺风局一鼓作气拿下胜利，逆风局耐心等待伺机翻盘。

这不是一人的王者，而是团队的荣耀。

【赵征点评】

蔡璐同学一个女孩子也喜欢打游戏，应该很受欢迎吧？

我小时候没有电脑游戏，喜欢踢足球。踢球前要先“分拨”，即把在场的人分成两队。分拨的方式是两个水平最高者（如甲和乙）进行猜拳（剪刀石头布），如果甲赢了就可以在剩余的人中先挑一个，接着乙也挑一个；然后两人继续猜拳，直至把所有人都挑选完毕，分拨的环节就完成了。

我因为球踢得不错，经常充当猜拳挑人的角色。印象中每一次猜拳的结果都有遗憾，总有一些我特别想要的人却成了对手。等长大后进了校队，经常参加比赛，这种对其他队伍中高手的渴望就愈加强烈，总是想：要是××、××都和我一个队，那就谁也赢不了我们了，那该有多好！

其实，游戏的乐趣就是不确定性，如果真的有了常胜将军，可能其他人就不玩了。竞争的目的也不是输赢，而是在竞争中不断提高个体或团队的水平。这里的“水平”，指的也不仅仅是技艺。就像踢足球，最开始当然要提高球技，但一旦你进入了球队，更需要的往往是团队意识和配合的默契，那些球星满营却败绩累累的球队不胜枚举。大多数时候技艺只是基础，帮助你成功的反倒是对团队的理解。

随着年龄的增长，从最初的球场到了企业的赛场，人生的经历愈加丰富之后，有一天我终于明白：

一场比赛，除了对手，还有队友，更有观众；

一场比赛，除了奖杯，还有队友和观众的口碑。

真正的“王者”，不是技艺高超，而是身怀绝技却甘为“嫁衣”；真正的“王者”，不是把“主角”演好，而是把“配角”演成“主角”。

真正的“荣耀”，不是“水晶”，而是成长！

战略管理与内驱力

陈　曦*

以前我遇到过一些人，由衷欣赏，然而除了他们显而易见令人称颂的亮点外，为什么我总感觉他们有一种我无法言喻的优秀品质，直到战略管理课上赵征老师的一席话让我茅塞顿开：他们是一群有内驱力的人。

有内驱力的人，不是为了别人的赞美，不是为了金钱，不是为了某个团体的荣誉；他们的内驱力不是为了别人，而是为了更充实自己。

通用电气原首席执行官（CEO）杰克·韦尔奇曾说过：一个人是否能够成为领导，就看他是否能够自我激励，能够自我激励的人，就是能够自我驱动的人。我公司的 CEO 和销售总裁，他们有一半以上的时间都在世界各大洲开会、拜访，克服时差已经是相当大的挑战，而他们依旧坚持每日一小时的运动量，

* 2020 级 MBA 学员，现为阿特斯阳光电力集团融资经理。

将自我管理做到极致。我有个朋友，是金融从业者，他作为外行人用大半年时间一次性通过了司法考试，此后他同时从事金融工作、法律咨询工作、面试培训工作并进行 MBA 学习，是高度的内驱力促使他填满自己，通过这些工作、学习广结英才，进一步提升认知，丰富人生阅历。

内驱力强的人，不仅容易帮助组织达成目标，而且他们的信念维持时间长久，因为他们更容易被意义、理想驱动，而不是被短暂的欲望推动。

天赋是优秀者的基本条件之一，难以后天习得。内驱力类似于胜任素质冰山模型中冰山最底部的“个性/动机”，难以评价也同样难以后天习得。冰山模型中越接近底层的潜在特性越能用于区分优秀者和平庸者。同时拥有天赋和内驱力的人，那是不可多得的人才了。

如何在选择人才时短时间内识别有内驱力的人？我个人看法是：对于年轻人，除了考查他证书的含金量，同时可观察证书与他专业的相关程度，相关程度低但含金量高，说明他内驱力高。对于已经成家立业的中年人，询问他业余时间的安排，是考查他内驱力、自我管理能力的有效方式，充实而有意义的业余时间是有内驱力人的日常。

一个有内驱力的人能够影响周围一群人，如果团队中存在有内驱力的人，将是整个团队的幸运。

【赵征点评】

陈曦同学在作业中，谈论了对内驱力型个体的培养和遴选的话题。这个话题恰巧在我 2021 年初写的文章中也有所涉及。

研究表明，生命组织与无生命系统的主要差异，就在于生命组织具有响应外部环境变化的自组织能力。驱动自组织能力发挥作用的，可能有两个因素，一个是外部的，另一个则是内生的。内生的因素，就是内驱力。

内驱力的作用主要有两个：一是产生做某件事的持续动机；二是影响事情的排序。内驱力强的个体，可以在减少甚至完全取消外部激励的情况下，持续从事某项工作，甚至以苦为乐。同时内驱力还会将某些事情的顺序提前，优先处理。

那么，内驱力是上天对某些个体的特别眷顾吗？还是每个个体都可以自生呢？

人存在着与其他动物不同的特征——自我意识。所谓自我意识，即人类能够意识到自身的存在。动物有意识，但人类知道自己有意识；动物存在记忆，但人类知道自己存在记忆；动物对环境有反应，但人类知道自己的反应；动物会死亡，但人类知道自己会死亡……动物的行为是本能，人类则存在对自身行为和状态的思考。甚至，人类还会思考自己的思考。

思考，是对解释的追求。我们从何而来？我们到哪里去？我们是谁？我们为何生存？我们为何延续？我们为何好奇？人类需要对许多问题进行解释，对这些解释的追求，产生了人类对“活着”这件事独有的特殊驱动力：意义。每一个行为，都存在着意义，但对每一个人而言，最重要、最本质的意义一定是“生命的意义是什么”。

我的一位学生向我讲述了他自身的故事，关于他人生两个目标达成后的不同感受。一个目标是公司上市，目标实现后他和团队都非常高兴，可几天的狂欢之后，他突然有了深深的空虚感。与之对应的另一个目标是跑步，他完成了人生第一个“全马”后同样非常高兴，却没有过任何的空虚感。他希望我可以帮他解惑，为什么同样是经过长期努力后达成了自己的愿望，却有着不同的感受。

我的答案是，尽管两件事都很有意义，但公司上市这件事，在长期努力的过程中，受到了过多物质因素的干扰，把上市、赚钱和成功关联得越来越紧密，公司上市的真正意义早已无人关注。当意义被彻底抽离，上市就成了欲望的狂欢，于是空虚就在所难免了。跑步则完全不同，没有任何物质因素的干扰，在每一步的奔跑中，意义不知不觉地潜入了跑者的生命，有了欲望之上的更高追求，空虚自然就无处容身了。

正是因为人的自我意识会思考生命的意义，这个思考同样会延伸到每一件事的意义上面。无论持续做任何事，意义，都是驱动力的首选。很多时候，欲望的驱动往往非常快速有效，诱惑着人们依赖它，但是，欲望虽然同样具有驱动作用，但其却是外在的、短暂的；只有意义，才是内生的、持续的动力源泉。

在“战略管理”的课堂上，有位 2011 级的学员问：尽管我知道生命中有很多事情很重要，如陪伴家人、阅读、运动等，也希望自己去做，但为什么到了和工作冲突的时候，就不由自主地选择了工作？如何才能避免这样的选择呢？

我反问：如果你只有一年的寿命了，你还会做那样的选择吗？

学员回答：那肯定不会，我一定会好好陪伴家人、做喜欢做的事。

我说道：希望你抽出时间经常思考一下生命和死亡，也许你会明白生命的真正意义，也许你会改变排序。

陈曦同学希望与内驱型个体为友，其实无论相交什么样的朋友，最有效的方式就是把自己变成什么样的人。内驱力，每个人都可以有！

战略管理与流程改进

金　淇*

“战略管理”是我在 MBA 课程中最期待的课程。我就职于世界 500 强企业，从事财务工作。我们公司是大型工程机械制造企业，生产工艺、组织关系和跨部门合作相对比较复杂。我们会把这些复杂的工作，切分成简单明了的工作流程。作为财务同样也有很多工作流程，每年的工作目标之一就是流程改进（包括跨部门），从中发现成本节约机会或工作效率提升机会。什么是战略管理？流程改进到底和战略管理存在着什么关联呢？

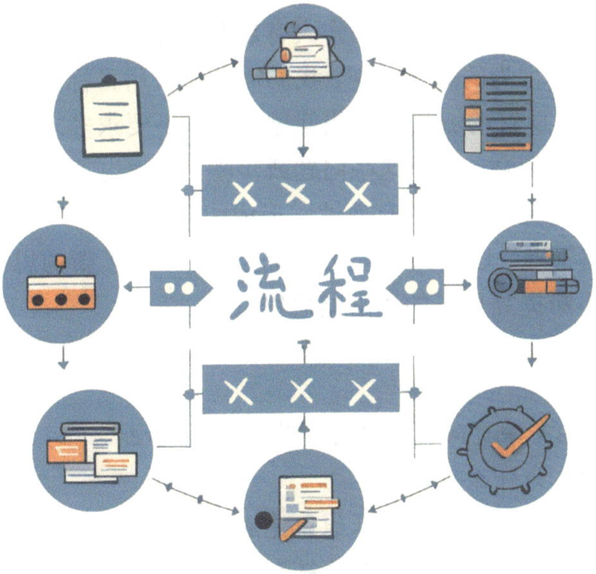

带着这些好奇、疑惑，迎来了“战略管理”课程和赵征老师。我们对战略管理的理解与深入的学习是从木屋烧烤案例开始。赵老师在第一轮案例讨

* 2020 级 MBA 学员，现为卡特彼勒（苏州）有限公司会计经理。

论中就提到我们起码在第二三轮才能到起点。我当时很不理解，提升客户体验，我能想到一堆的方案，有那么难吗？在第一轮展示时，我们组的方案获得了大家一致的认同，取得最佳团队称号。战略是目标，是方向，而且需要聚焦、实施并得到验证。到了第二轮，我们进一步讨论后发现，我们的方案无法实施，我们只能换了第一轮所想的方向及方案。在第二轮展示时，我们被问得哑口无言，我们的回答是无力的。老师和同学们的灵魂拷问让我们回到了原点。我们的目标客户到底是谁？我们想要达到的目标是什么？怎么去验证这个结果？果然，两轮后还没有到达起点。这些尖锐的问题及老师的点评点醒了我们组。我们在最后一轮，回归本原，站在消费者的立场去思考，用最朴实的可执行的方案获得了隋总的认同。隋总认同我们方案的原因是我们从最细小的方面提升客户的用餐体验，而不是一味地追求新颖的、独特的而无法落实的想法。回归到战略，企业还是要更关注战略竞争，让对手无法模仿，取得长期优势。

“战略管理”课程在三轮的案例分析过程中，始终在锻炼、培养我们的战略思维。战略没有制定好，既不是分析方法的问题，也不是制定手段的问题，而是思维高度不够。这些对我的工作大有启发。流程是实现战略目标、完成战略使命的任务或者行为的具体体现，我们需要从公司目标出发，注重每个流程的细节、方向，在现有的流程中聚焦问题步骤，不要求多求大，但要求准，并能与公司的战略相契合。对于这些问题或步骤，制定可执行的改进方案，并不断跟踪改进方案，验证方案的有效性，形成闭环。

学了“战略管理”这门课程，我对自己的工作有了新的思考方向、新的认知。希望我能不断提高自己的“战略思维”。

【赵征点评】

一位 MBA 学员问我：目标是管理的关键吧？

我反问：为什么呢？

学员回答：管理不就是让组织完成既定目标吗？

我继续问：每一个小学生，都希望自己学习成绩好，每门课都考 95 分以上，这算是好的目标吗？

学员回答：当然算。

我再问：既然每个孩子都这样设置目标，为什么到了期末，还是会有成绩差异，到了初中、高中，差距甚至会越来越大呢？

学员：……

目标，对个人重要，对组织则更为重要，原因之一就是确定了方向。一个目标，往往由大量不同工作（事）组成。方向一旦确定，工作集合就大致明确了，需要完成的事就大致清晰了。

光把要做的事情列出来是远远不够的，还需要有做事的方法。就像小学生们的学习结果，目标相似、结果不一的原因，其实就是方法不同。方法得当的，目标就完成得好，效率越来越高，成绩也就越来越突出。方法也不能一成不变，一是要结合自身特点不断改进，找到最适合自己的方法；二是要根据不同工作结果，持续优化迭代，始终保持高效。

对于组织而言，除了个性化改进和优化迭代，方法还需要面对人员众多且频繁流动的挑战。对于个体而言，所有的工作都是自己做的，因此总结方法比较容易，而且一旦学会一个方法，一般也不太会再失去，但组织有很大不同，一是参与工作的人员较多，方法涉及不同人员和岗位，形成一种方法就不太容易。二是组织人员频繁流动，好不容易总结得来的方法，可能会因为个别关键员工的离职得而复失。因此，方法固化本身也成了需要解决的难题。

为了更好地解决这些问题，区别于个人方法，我们把组织的方法起了一个名字，叫作流程。目标既是流程的结果，也是解决流程间冲突的依据和原则。组织通过流程进行岗位分工，便于方法形成和改进；同时通过流程进行员工协同，便于解决分歧、固化方法。

通过流程实现工作目标，这本身就是方法；不同流程的实现，同样也需要方法。一个组织目标，就是一系列方法的嵌套。一个目标能否顺利实现，取决于流程设置是否得当，取决于方法能否奏效。一个组织能否生存发展，取决于不同目标的实现能否始终高效。

好的目标需要流程支撑，而流程则需要从细节着手。我在“战略管理”课程中多次强调以小见大，就是希望“在细节中始终显现目标”。金淇同学所在小组在案例讨论中的成败，正反映了小组同学对目标、流程和细节方法的不同把握。

目标，决定了人希望和世界发生何种关系；方法，则决定了如何发生这个关系。看起来方法是在帮助我们与世界产生关系，其实方法也同时改变着我们自身。流程帮助组织实现每个目标，流程也同时改变着组织自身、改变着每个员工。一个组织，能采用什么样的方法、能采用什么样的组织形式，其实与组织和员工的特征密切相关。

当我把跑步配速提升之后，我给自己买了一双竞速鞋。

教练曾告诉我，没有那个能力，再好的鞋对你也是伤害。

教练还告诉我，跑步从来不是为了撞线，而是为了强大自己！

战略管理与保安师傅

王群峰*

在“战略管理”的课堂上，赵征老师经常提到的一句话是“首先，请你进场！”乍一听好像不难做到，仔细琢磨下好像也不那么容易，尤其在受到客观因素限制的前提下，比如说时间因素。赵老师的课是 8:30 开始，有次赶场直到 8:25 才到西门，一下车就看到了几步之遥的 2 号楼教室，心中窃喜应该不会迟到了，就在这时岗亭里的保安师傅出来把我拦住了。

保安：疫情期间西门封闭，请走北门！

我：我是来上战略管理课的学生！政府不是已经都放开了吗？

保安：疫情期间西门封闭，请走北门！

我：我是来上赵征赵老师的课的，就在旁边的 2 号楼！

保安：疫情期间西门封闭，请走北门！

我：北门咋走……

---

* 2020 级 MPM 学员，现为安徽省农村信用社联合社技术经理。

于是，匆匆忙忙绕道北门，超时进场了。

第二天，不经意间发现一群人在保安师傅的注视下，有说有笑地从西门走了进来。说好的“请走北门呢”！此情此景，让我开始重新审视课堂里的战略管理理论和课堂外的保安师傅的行为，感觉其中有一些被忽略了的东西。

资源永远是稀缺的，如时间、资金、技术、市场和赵老师等各类有形无形的资源。正因为如此，我们需要认真研究怎么样才能在资源有限的前提下把事情做成、做好，或者说如何跟资源方合作共赢，这就是战略。在战略实施过程中会遇到各种已知和未知的问题，所以我们需要战略管理的核心框架支撑决策，用 PEST 分析模型等工具做外部环境分析，预判当前的社会大环境和经济政策等宏观因素可能给我们的事业带来的影响。我们需要思考，如果影响是正面的如何最大化利用，如果是负面的如何规避。同样的，需要通过内部环境分析，找到自身的核心竞争力，结合外部因素充分发挥并不断强化自身优势。

那什么是管理呢？正如赵老师所说，管理就是排序，设置优先级。搞清楚了战略和管理的定义，又学习了模型工具，我已不是我！俗话说：“拿着锤子的人，看什么都像钉子！”遇到问题的时候，我本能地拿出刚学习的战略管理大锤冲上去，甚至报上赵老师的名号，本想化繁为简、凸显优势，结果差点灰飞烟灭。

午后，带着满足的饱腹感在旁边的公园散步，不经意间又至西门。这一次，手中有锤，但心中无锤。和煦的春光下，离得老远我就热情洋溢地跟保安师傅打招呼，路过保安亭还闲聊了几句，具体说什么现在已经忘了，只记得保安师傅最后说“下午要上课吧，2 号楼进去就是，慢走啊”。

慢慢地，我就进场了……

【赵征点评】

群峰同学的作业颇为不同，谈的是小事，写得又轻松。我挺喜欢。

文章说的进场概念，我在课程中提及多次，无论是对案例的讨论，还是与嘉宾交流后谈及感受，同学们的进场意识都略显不足。

谈到进场，就意味着不要置身局外。至于如何进场，我把进场定义为“躬身入局”。这个定义里有两个动词：“躬”和“入”。一个说的是姿态，另一个说的是方式。

“躬”，概括了该有的身段。如果直挺挺的，那是断然入不了局的。很多时候，自以为是的高大，会看“矮”一切，于是自然会被阻隔在一扇扇“矮门”之外。唯有放下身段、放低姿态，“躬”身钻进去之后，才能发现别有洞天。作业中群峰同学通过两次进场，应该颇有感悟。

所谓“入”，则是找到自己的“角色”，也即找到自身的“定位”。若没有角色，即便入了局，也是个看客。“局”中角色众多，谁都想当主角，当不上主角，又看不上配角，终究还是看客。即便好不容易找到了角色，也要战战兢兢、如履薄冰、不断提升，否则说不定啥时候就被“出”了局。

始终保持着谦卑去定位自己，对于组织或人生来说，可能都是一种战略的选择。

战略管理与计划执行

谢提提*

我一直以为自己是个意志不坚定的人，直到最近一个月我发现事情并没有那么简单。

之所以说自己意志不坚定，是因为我每隔一段时间都会重新规划自己的业余时间，制定一个详细的计划表，诸如：

早晨 6:30 起床，

7:00—7:20 运动，

7:30—8:00 吃早饭，

19:00—20:30 打码专业课程，

……

---

* 2020 级 MBA 学员，现为 Arawana Holdings Co.，Ltd.（益海嘉里金龙鱼食品集团股份有限公司）数据中心经理。

第一周，自己会严格按照计划表来执行。第三周会间歇地出现几次意外情况，总有几天计划被耽搁。五周以后这个计划可能就被忘记了，挂在墙上的计划表成了一个装饰品，甚至都不会去看它一眼。这个计划废弃一段时间之后，又感觉自己的时间被浪费，于是再立个目标，再重新制定一个计划表，这个计划表的执行和之前的一样，一段时间之后会无疾而终。不管是过去的学习计划还是现在的生活计划，我发现自己总会出现这样的恶性循环，但是最近我意外地发现，我竟然连续两个月打卡了消消乐（一款休闲游戏）。为什么我可以毫不费力地坚持每天打开游戏，却不能坚持完成自己制定的计划呢？

以前自己没有坐下来静静地想这个到底是为什么，直到在这次战略管理案例分析的过程中，我联想到这个问题：为什么不能每天执行计划，而可以每天打卡游戏？案例的问题是如何提升木屋烧烤的客户体验，在讨论过程中我们小组不断地提出“目标”这个关键词。不同的阶段我们对目标的理解并不一样，针对目标找到标准进行量化就更难了。

第一次的小组方案，是设计后续的讨论方向，我们组经过多次讨论，确定从盲盒和酒水入手。最终方案获得第一名。

第二次是方案汇报，我们全方位考虑目标和因素，制定了详细的方案，但是这次惨遭滑铁卢，方案获得了最后一名。我们听了大家对方案的修改意见，将方案聚焦、与目标结合。

最后一次方案汇报，我们组又获得了第一名。

这个方案的制定和讨论过程对我的影响蛮大的。每个方案的制定都是以目标为导向，经过多方面层层考虑制定下来并推广执行的。其实自己制定计划应该也是如此，回望过去，自己做计划好像就是一瞬间拍脑袋的事情，而没有仔细地想一想自己的这个计划要实现什么目标，要达成什么效果。缺少了目标和衡量目标的标准，那么这个计划的制定就是无效的，当然执行计划也就变得困难，因为没有目标，没有方向，就会没有终点，不知道何时是尽头，计划必然不会长久地执行，也不会持续地迭代更新和提升。

【赵征点评】

经常有学员问我：战略管理到底是什么东西？

我总是回答：战略管理是一种思维能力，战略管理的结果是组织成长。

通常理解的战略管理，是设定一个有效目标并努力实现的过程。

有效目标，指的是根据环境变化趋势和自身状态，再加以一定的想象力，为组织制定出一个专属的、可实现的发展目标。制定有效目标，显然需要一定的思维能力。

组织成长如何实现呢？其与制定的有效目标一致吗？有效目标实现了，是否同时就意味着组织成长了？按照提提同学作业的观点，如何实现量化呢？

其实，组织成长往往是一种“非意图结果”。所谓“非意图结果”，指的并非预先设计的、有意识的结果，而是没有预先想到的、并非原本意图的结果。就好像让一个孩子从小练习跑步，希望他能获得世界冠军，但最终因为天赋不够、运气也不好，他并未获得冠军，但却因为长期锻炼而有了一个好身体，这个好身体就属于“非意图结果”了。古人所说的“失之东隅，收之桑榆”就是“非意图结果”。

提提同学在作业中反思了自身经历，也总结了经验教训：制定目标拍脑袋、缺少考量，还缺少量化标准。

对于提提同学的总结，我却以为不然。过往计划都没有完成，固然需要改进，但缺乏自律，似乎才是关键。即使未来制订计划的能力提升了，但若没有了自律，恐怕再好的计划也是空中楼阁。

对于“战略管理”课程上的案例讨论，我从来没有期望过案例讨论本身的优劣，真正期待的反倒是同学们在案例讨论过程中产生的“非意图结果”！

战略管理与隆中对策的不合理性

许国俊*

关于战略管理（strategic management），比较官方的定义是：对一个企业或组织在一定时期的全局的、长远的发展方向、目标、任务和政策，以及资源调配做出的决策和管理艺术。

赵征老师的一句话概括了大半：战略就是做选择。

不同立场，不同时期的选择决定着未来走向。

从哲学层面来讲，万物都有其发生、发展、衰弱、消亡的过程。

其中如何选择，考验选择者的智慧。

这里我们拿诸葛亮大名鼎鼎的《隆中对》来谈谈战略管理。

因为《隆中对》名气太大，诸葛亮又是智圣化身，所以后世很少有人对这张刘氏集团的战略方针图做过多“非议”。

* 2020 级 MPM 学员，现为中铁八局集团有限公司城市轨道交通分公司华中区域财务管理中心总会计师。

就这篇文字而言，他真的就那么无懈可击吗？

让我们回到1800多年前那个初春，回到那个草庐，用战略管理的思维，来重新“审定”这张战略设计图。

就对策本身而言，其对当时天下形势的分析基本是客观的，联孙抗曹的战略最早是在这里提出来的。

占荆州，取益州，吞汉中，这些策略在后来的实际操作中也都是成功的。

他的失败是从“天下有变，则命一上将将荆州之军以向宛、洛，将军身率益州之众出于秦川”这一句开始的，短短三十个字，却至少存在三大致命错误。

这个战略安排上的失误就是后来蜀汉政权走向万劫不复的根本原因。

第一，时机不成熟——战略分析层面的失误。

刘备坐拥荆州、益州、汉中，三分天下的基本面已经形成，又是大胜之师，可谓之锋芒毕露，势头一时无二。

这个时候，荆州的关羽坐不住了，也可能是考虑到配合刘备在汉中的军事行动，贸然开始北上攻打樊城，但是原来的战略规划是“天下有变，则命一上将将荆州之军以向宛、洛”。此时天下有变吗？有，也没有，曹操在汉中打了败仗，退回了中原，这算是一变。

随后曹操就开始了屯田政策，开始十年的战略休整，而且虽然吃了败仗，但未伤及曹氏集团的根本，所以这又不算一变。

至于孙权集团呢？抱残守缺多年，三世之下似乎更强大了一些。

所以这个时候出兵，完全违背了当年隆中对约定的“天下有变”一说，这是对当时天下形势的错误判定，在错误判定之下又做了错误的行动，这是战略分析上的极大错误。关羽执行力越强，所犯下的错误越严重。

第二，用人失当——战略实施上的失误。

最早驻守荆州的是诸葛亮，后来刘备在川地打得并不顺手，诸葛亮就被调到了川地战场，于是驻守荆州的人就变成了关羽。

关羽是何等人？骄傲却又忠勇无双。这样的人有一个特点，那就是执行力超强。

问题就出在这里！荆州的策略是联孙抗曹，但关羽从来都不是这个战略的拥护者，他更多时候扮演的是这一战略的破坏者。

诸葛亮临离开荆州时与关羽有一番谈话，诸葛亮问关羽，如果曹操来犯，你怎么办？关羽回答，举兵抗之。诸葛亮又问，如果孙权来犯，你怎么办？关羽答，举兵抗之。诸葛亮又说，如果曹、孙同时来犯，你又怎么处理？关羽立即回答，分兵抗之。诸葛亮一声叹息，如果真是这样，则荆州危已。

诸葛亮临走前千叮咛万嘱咐，留下一句：联孙抗曹。

关羽听在耳朵里，却哪里往心里去过？他从来都不是诸葛亮隆中战略的支持者。

他贸然出兵樊城，曹操抵受不住压力，给孙权去了一封信，相约共击关羽，孙权一开始是犹豫的，毕竟孙刘联盟在表面上并没有撕破脸。

于是派了使者到荆州去说亲，让孙权的儿子娶关羽的女儿，两家皆为秦晋之好。这个出使的使者很关键，他是诸葛亮的哥哥诸葛瑾，按理说派这么一个身份暧昧的人出使，已足够表达东吴的诚心了吧？

结果关羽来了一句：我虎女怎肯嫁你鼠子？！

这句话可要了命了，要知道关羽此时在樊城前线正打得火热，这一句话立刻坚定了孙权要联合曹操夺取荆州的决心，这无异于将自己的队友推到敌人那一边。

关羽彻底破坏了诸葛亮设定的“联孙抗曹”战略，这是用人不当的失误，更是战略组织实施上的失误。

而且就我来判断，此时刘备集团内部根本就还没有出现这样一位可以独当一面、从荆州领兵出征的全能型将帅。

所以“则命一上将将荆州之军以向宛、洛”。

这一“上将”是不存在的，这个人至少也应该是“孙刘联盟”的绝对支持者，而关羽绝不是。

至于他身边的谋士则没有一个能劝得动关羽，荆州的班子成员有极大的问题。

第三，千里之遥而二分兵力——战略方案选择的严重失误。

毛泽东主席在一次评点《隆中对》时说：“其始误于隆中对，千里之遥而二分兵力。其终则关羽、刘备、诸葛三分兵力，安得不败。”①

刘备自川中出兵，荆州自南方出兵，相隔千里，首尾不能呼应。

中国的军事战略讲究的是集中优势兵力，各个击破，

更何况曹氏政权的军事力量又更为强大，在这样的强弱对比之下，还要分兵，那不更是鸡蛋碰石头？

《隆中对》以上战略分析、战略实施、战略方案选择层面三大致命错误，

---

① 中共中央文献研究室. 1993. 毛泽东读文史古籍批语集. 北京：中央文献出版社.

直接导致刘备集团丢掉了荆州，从此而后，蜀汉政权被锁在汉中、川蜀的大山里，出兵变得极为困难，大势已去，再难挽回。

可惜！可叹！

【赵征点评】

国俊同学喜欢思考，结合“战略管理”课程的学习，提出了对《隆中对》中诸葛亮对策的不同思考，挺有想法，值得肯定。

国俊同学的作业，也引发了我的思考，对于文中观点我不做评价，简单表达两点思考。

其一是关于时间。

国俊同学文中支撑“隆中对策不合理”观点的论据，似乎是《隆中对》中“天下有变，则命一上将将荆州之军以向宛、洛，将军身率益州之众出于秦川”这个对策的实施效果。依据记载，从 207 年冬天开始，因为徐庶的建议，刘备三次到襄阳隆中拜访诸葛亮，但直到 208 年春天的第三次拜访方得相见，以此推算隆中对大致发生时间是在 208 年。

关羽率荆州之军北伐的时间，是 219 年，但遗憾落败，于当年 12 月命丧东吴之手。据说孙权杀了关羽后，将关羽首级送给曹操，曹操以诸侯之礼厚葬了关羽首级。220 年 3 月，曹操去世。很多人因此感叹，若关羽多撑几个月，或许三国历史就会被改写。

讨论时间想表达的，是关羽的行动发生在隆中对 11 年后，若以此来证明“隆中对策”的不合理，似乎稍显不足。舟已行，欲循刻求剑且不得，况世界已运转十一载乎？

其二是《隆中对》算战略吗？

战略是解决关系的，既包括外部的竞争关系，也包含内部的合作关系。刘备欲创办企业却犹豫不决。隆中一席谈，围绕着外部竞争，诸葛亮为刘备分析了曹操、孙权、刘璋和张鲁等人的特点，提出先取荆州为家再取益州成鼎足之势继而图取中原的构想。同时也提出了存恤民众、延揽智能之士、重信义、修政理、结孙权、和诸戎、抚夷越等处理内部角色关系的策略。因此，《隆中对》确实是诸葛亮为刘备制定的一份战略。

作为战略，当然也包括一些目标和措施，《隆中对》中也有一些暗示，如“此殆天所以资将军，将军岂有意乎”“高祖因之以成帝业”，还有一些可以采纳的具体措施，如“天下有变，则命一上将将荆州之军以向宛、洛，将军身率益州之众出于秦川”。不得不说的是，具体措施往往都是基于约束条件的，如果条件发生了变化，措施就必须予以调整。不仅措施如此，即使是战略本身，也需要依据内外部条件的变化，不断动态调整。

国俊文中有个观点，我倒是非常赞同，就是关于关羽及其团队的，正是因为环境不确定性带来了战略持续迭代，战略才对团队和员工的要求越来越高，如果没有“人”的进步，错误恐怕是很难避免的。

无论是什么样的战略，如果没有了人的基础，恐怕终究是一场空！

战略管理与贾府的兴衰成败

徐婷婷*

在中国小说史上，无论就哪个方面而言，《红楼梦》都是一座难以逾越的高峰。红楼贾府从权倾一时、如日中天到江河日下、日暮穷途，是贾府家族不思进取、荒淫腐朽的大势所趋，也是贾府高层战略失策、管理不善的必然结局。贾母、贾政作为贾府实际当权者，缺乏战略管理的思维，纵前有一个“巡海夜叉”（王熙凤），后有三个“镇山太岁”（李纨、贾探春、薛宝钗），亦难挽“呼啦啦大厦将倾”的败局。

---

* 2020 级 MPM 学员，现为合肥市人民政府国有资产监督管理委员会主任科员。

一、兴——战略合作，建构利益共同体

宁国公、荣国公作为贾府的开创者，戎马半生，极尽荣宠。从宁国公、荣国公开始，贾府历经四代后，虽不似先年那样兴盛，但仍旧是钟鸣鼎食之家，很重要的一个法宝就是：联姻。贾家（公爵）、史家（侯爵）、王家（伯爵）、薛家（皇商）四大家族的强强联合，体现了战略合作的思维，一定程度上保证了贾府的长盛不衰。

从第三代的联姻上看，贾府针对日益没落的现状，做出了思考和调整。宁荣两府后人皆是世袭的官（虚职），无人博取功名，为了培养下一代以及拉拢朝中势力，贾府从第三代开始，有意识地与四大家族之外的家族进行联姻。比如：荣国府长孙贾珠娶的是国子监祭酒的女儿李纨，李家虽不富裕但知书达理；贾敏嫁给了前科探花林如海，正是看中了林如海钦点巡盐御史的身份。贾珠之子贾兰中举，也侧面印证了在联姻上战略转型的正确性。

二、衰——授权过度，损害贾府长远利益

贾府最高掌权者是贾母，但实际管理者是王熙凤。王熙凤在管理上具有一定的可取之处，威重令行，且善于揣摩人心，哄得贾母甚是喜欢。实际上，贾母作为当权者，与作为管理层的王熙凤之间的核心利益并不一致，贾母的利益诉求是贾府的兴盛和延续，而凤姐更多的是“平生最好揽事”——追逐权力，尽管她“机关算尽太聪明”，却不是为了挽大厦于将倾。相反，她喜奉承、重利益、徇私情，对于秦可卿托梦也未曾上心，实际上加速了整个家族的覆灭。

遗憾的是，贾府高层并没有认识到代理冲突，而选择全权委托给王熙凤夫妇代为管理。直到宁国府被查抄、资金短缺，贾政才急得跺脚：“岂知好几年头里，已就寅年用了卯年的，还是这样装好看，竟把世职俸禄当作不打紧的事情，为什么不败呢？”到头来，贾母、贾政作为贾府高层只意识到王熙凤欺上瞒下、管理不善的问题，却并没有认识到问题的根源是当权者安于享乐、不思筹划，贾府内部铺张浪费、矛盾重重，早已埋下覆亡的伏笔。

企业战略管理体系实质是统筹企业的三个核心问题，分别是：企业在哪里？企业去哪里？何时行动？纵观贾府上下，对于贾府在哪里（现状）缺乏清醒的认识，对于贾府去哪里（未来发展）没有明晰的规划，公子、小姐们更是沉迷于奢侈享乐，缺乏行动。虽然后来有“镇山太岁”三人小

组的兴利除弊，开源节流，取得了一定的成效，但始终缺乏战略规划和管理，积重难返，注定了衰败的结局。

【赵征点评】

一个组织，无论是家庭还是企业，其本质到底是什么？依靠什么才能持续存在？这是任何一个组织都必须面对、思考和明确的问题！对这一问题的思考，构成了组织战略的基础。

组织的出现，是为了实现个体无法实现的目标，因此组织的价值在于两点：一是有什么样的目标，二是如何实现。这里围绕着徐婷婷同学的文章，简单谈谈目标。

共同的目标，是组织形成的基础。

因为有着共同的目标，不同的个体组成了不同的组织，一起为目标而努力。“共同”是指在某个组织内部形成共识；而不同组织的目标，往往是有差异的，甚至存在着竞争。

在一个市场里，组织竞争的是客户，而客户的需求往往有限，客户对某个组织“目标”的支持，可能就意味着对其他类似组织“目标”的放弃。

每个市场中的个体，往往有两个视角，一个是作为消费者，通过与不同组织发生的每一次“交易”认知组织；另一个是作为投资人，通过组织的财务结果认知组织。作为消费者，我们希望与之发生关系的组织少赚我们的钱；而作为投资人，我们又希望组织多赚钱。以赚钱为目标，可能会产生矛盾，这种矛盾或是发生在同一个体（既是消费者又是投资人）自身，或是发生在不同个体（消费者和投资人）之间。

由此可见，目标这事，其实不仅是组织形成的基础，更是组织竞争的基础。因此，将“赚钱”和“利益”作为目标往往并非最优选择。

在我看来，组织是一个事业共同体而非一个利益共同体。任何组织，一旦选择将“利益”作为形成共同体的基础（这样的选择非常普遍），把“利益”作为激励成员的手段，那么无论这个组织发展到什么样的“高峰”，“逐利”这个动机，迟早会在某一个时刻使组织彻底分崩离析。《红楼梦》中的贾府不过是一个例子罢了。

战略管理与胜兵先胜而后求战

葛 菲*

“胜兵先胜而后求战，败兵先战而后求胜。”——摘自《孙子兵法·军形篇》。一位好的将帅，在指挥任何一场战役之前，都需要做好充足的规划和准备，并在有十足的胜利把握之后，再寻求敌方开战。这不仅是我的感悟，也是我时刻自省的句子。企业的战略管理在我看来也是如此。在明确战略目标与路径的基础上充分分析和推演，才能增大成功的概率。若没有胜利把握，或者即使胜利概率比较大，也有极大可能成为一种“皮洛士的胜利”，那么这时候就要按兵不动，等待战机。

* 2021 级 MPM 学员，现为安徽新华发行（集团）控股有限公司审计部（法务合规部）副主任。

皮洛士是罗马初期的劲敌——古希腊伊庇鲁斯国王，有一次以极其惨重的代价赢得了对罗马的胜利，国力大损，这个是典型的“杀敌一千，自损八百”的战略，也是从古到今军事界极力避免的。这句话可以回答我们企业经营管理中常见的一个问题，即在执行一项任务时，是先把任务规划好后再开始执行，还是先执行，然后在执行过程中不断优化。

在常规情况下，我们都应该“先规划，后执行”，深入探寻任务的目标和背景，正如我们在设计一个项目时，会先搞清楚对方的需求是什么，然后按照我自己总结的流程设计出活。在紧急情况下，我们则需要采取“先执行，后优化”的策略，但也并不是说没有任何规划，而是在极短的时间内进行快速规划，形成“最小可行性方案”。最小可行性方案并不是空穴来风的，其前提是，不仅需要有强大的专业能力，更需要有足够多的“先规划，后执行”的积累，达到“胸中有万局”，甚至是“肌肉记忆”的境界，这样才能在任何情况下都能应对自如。

同理，市场上的形势千变万化，很多情况下，客户需求和市场竞争态势的发展往往会超出原本的意料与规划，而作为一位成熟的管理者，一方面应该提前准备好营寨的防御措施，另一方面，即使没有任何准备，也需要在竞争来临的第一时间能够乱中取静，冷静组织资源奋勇抗敌，并根据实际的市场格局，选择是战略防御，还是临时性撤退。

什么是有把握？我认为就是胜兵先胜而后求战，败兵先战而后求胜。举一个创业的例子。为什么创业失败的概率那么高呢？是因为那些注定会创业失败的人也去创业，把这个平均概率拉低了。“创业者都是疯子”，这话不假，创业不疯魔不成活，也许只有偏执狂才能生存。问题在于“连疯子都去创业”。这两者是有本质区别的。天时地利人和一样不占，产品技术运营样样都缺，就直接杀入创业圈，不是疯子是什么？疯子创业，失败的概率不是99%，而是100%，注意，99%和100%，是有本质区别的。

确实，这些人里有成功的，而且铺天盖地的宣传和渲染导致大家都产生了幻觉：以为自己也可以那样。历史上也有一些名垂青史的以弱胜强的经典战役，正因为极其少见，所以历史书都会大肆渲说，但这样的比例又有多大呢？一将功成万骨枯，倒在地上的枯骨是不可能站起来告诉后来者他们的失败教训的。如果领悟了《孙子兵法》里“胜兵先胜而后求战”的思想，躁动的创业者就应该把火种燃烧在心底，苦练内功，广结人脉，等待时机，再奋力一战。

【赵征点评】

葛菲同学从“胜兵先胜而后求战，败兵先战而后求胜”中悟出一个道理，必须“有十足的胜利把握之后，再寻求敌方开战”。不过我有两个疑问：判断者是谁？如何判断？

判断者似乎应该是统领作战的双方领导者。大家似乎有个未经证实的认知，那些自认为必胜的统帅，往往铩羽而归；反倒是那些没有退路、被逼得破釜沉舟的将领，最后却“哀兵必胜”，甚至“以少胜多”了。这样的例子历史上确实不少。即使是那些最终失败的创业者们，在最初上场前，也都是信心满满的，认为自己是那位拯救世界的时势英雄呢。为何经常出现判断失误的情况呢？是因为对战双方的目光只放在了对方和自身上面，忽略了更大的外部环境因素。

《孙子兵法》中“军形篇”“兵势篇”讲战争胜负的两种基本因素：“形”偏向于客观因素，如战斗力的强弱、战争的物质准备；“势”偏向主观因素，如兵力的配置、士气的勇怯等。我对“形”和“势”的理解是找到或创造对自己最有利的“战场”。

这恰与战略管理思想不谋而合，寻找只属于你的垄断“领域”。

战略管理与“小题大做”

李　贝*

时间来到2022年10月，MPM的课堂学习已接近尾声。

战略管理作为收官之课，开讲前就已收获许多流量。毕竟单只“战略”二字，就足够吸引人了。鲜衣怒马，策定乾坤，每个人心中都有过一个逐鹿中原的沙盘吧，忽然就点燃了脑补过的烽火狼烟。

但好像，和想象中的也不太一样。燃了又仿佛没燃……

“燃”来自课堂头脑风暴的趣味，即兴讨论激发了许多灵感的火花。“没燃”则是因为对一些脑补画面的破除，学习视角由沙盘聚焦到了“沙”。

由此想到取快递的经历。

小区有三个快递代收点：蓝色店、紫色店和橙色店。蓝色店取件快，整洁，不出错。紫色店和橙色店取件慢，凌乱拥挤，有时出错。大家都愿意把快递包裹存放到蓝色店。

---

* 2021级MPM学员，现就职于合肥市发展和改革委员会调控处。

蓝色店吞吐量最大，但店员小哥闲暇时间最多。橙色店有三位员工，却总是一直忙碌。问蓝色店小哥秘诀何在，他说，胜在包裹编码。

代收点要给快递包裹赋码，进行入库（投递）与出库（取件）管理。目前有几种通用格式，蓝色店用的是“4 位数日期—4 位自由编码”，紫色店是“货架号—4 位手机尾号”，橙色店是“货架号—4 位运单尾号”。紫色店、橙色店不用编码，入库更快，但出库时却要逐一查找、核对，难免看错，顾客也要挤在店内等候，取件体验不佳。

那编码是怎样让蓝色店实现取件快、整洁、不出错的呢？

店员小哥说，后 4 位自由码的编码方式是：首位按包裹形状编码，后 3 位按照在货架上的摆放序号编码。这样，结合前 4 位日期码，他靠赋码实际上实现了四重定位：送达时间、包裹外形、摆放区域、具体位置。这种编码方式的特点是把数字从一元的信息记录功能，扩展到二元的视觉映射领域，取件匹配快。这一模式至少能形成 3 项优势，一是按形状分区一目了然，不用查看包裹面单就能发现摆放区域，缩短初步检索时间；二是按形状归类更易摆放整齐，提高门店空间利用率；三是出库时可以结合手机尾号或运单号进行二次验证，降低出错率。于是整个流程的效率和质量提升了，风险与成本也降低了，顾客体验变得更好，最终获得了竞争优势。别看文章仅做在几个数字上，又何尝不是流程优化的成功策略呢？

这一问，便理解了为何赵老师点拨我们聚焦细节，注重可行性。提起改进方案，我们可能习惯性强调重建体制机制，往往忽略细节和终端，然而在一个庞大的体系或成熟的模式中，疏通经络说不定比伤筋动骨的阻力更小、效果更好。

“一沙一世界”，细微之处也有无穷的宇宙。聚焦于一粒沙，懂得如何“小题大做”，说不定能开拓更广阔的视野，取得更理想的成效。

【赵征点评】

正和女儿聊天，恰巧李贝同学发来了作业。

我看完随手发给女儿，提了个要求：“蓝色店还能如何优化？”

过了十分钟，女儿回复：“如果不同外形包裹数量可以大致预估的话，可以考虑把包裹外形编码和货架的首位编码合并，即货架尺寸按照包裹外形适当调整。”

“这样做有什么好处？”我追问。

“可以减少一位编码，降低出错率；货架改造后还可以增加包裹吞吐量。”女儿回答。

“如果目前都是标准货架，不想大改呢？”我继续追问。

女儿犹豫了一会，“就分为大、中、小三个类别吧，在进门口的墙角设置大型包裹区域；把部分标准货架中间加一层，作为小型包裹放置区。”

“大型包裹为何要放在门口？”我问了个细节。

“直接把货卸在门口分拣，大的包裹就不用再搬了”，女儿解释道，“另外，在墙上划一道线，高过线的就算大型包裹，这样比较省事”。

其实，编码对于蓝色店、紫色店和橙色店这三个代收点来说，属于经验问题，但我和女儿的对话所讨论的，不是经验问题，而是形式问题。这是两类不同性质的问题，前者靠的是经验观察能力，后者靠的则是逻辑推演能力。

逻辑推演之后，必须落到实践，在这个过程中肯定还会遇到抉择问题，即有多个选项时选择什么，抉择的本质则是价值判断。依据不同的价值标准完成选择。

最后，为了解决抉择问题，我们不得不引入超验问题，比如“效率是什么”“发展是什么”“责任是什么”。超验问题会帮助我们思考不同的标准。

战略的本质是抉择，一方面通过抉择指导实践，另一方面通过大量的抉择过程，形成独有的价值观和文化。

战略管理与无知的我

路明明*

万事开头难，同样地，文章的难从题目开始。思量许久的我，脑海中浮现出不少于十个“战略管理与××”。没有一个能让我感知到灵魂的冲击，或许是因为任何一个我都觉得对，因为我缺少的实在太多。“无知的我”，涌上心头。似乎这是此时我对自己最好的形容，也是战略管理给我的最好警示。

在上战略管理课之前，我总是会为自己在某个时段，甚至某一课题上的所谓“成功”，甚至小有成就而欣喜不已，偶尔还会被别人口里所谓的“专家”以及自我陶醉的优越感充斥。似乎我已经明白了这个事物的本质，或者精髓。

* 2021 级 MBA 学员，现为江苏统联科技股份有限公司董事长助理。

可是赵老师时刻在提醒我们你们真的知道“××的定义了吗？”“动车组是什么意思？”即便疫情当下也时常乘坐动车的我竟无言以对；“如何定义民宿？”虽然喜欢旅游的我，经常居住民宿，可是仍然无法准确回答；“物理和化学的本质区别是什么？”物理是研究物质的运动，化学是研究运动的物质。一次次被直击问题本质的我，逐渐意识到原来我不知道的有那么多，原来我所谓的知道只是浮于表面、流于形式，原来定义是那么的重要。

由简入繁难，从小到大，我便坚信丰富自我知识、充实自我能力极为重要。如果凡事都只满足于浮于表面的肤浅认知与沾沾自喜的小成就，那么“无知”的我必然将渐行渐远，落后于社会，逆水行舟。

正当我以为，自己彻悟何为战略，准备狠命充实自己，拼命恶补所缺时，当头棒喝再次直击，战略真的是膨胀所学，盲目扩充边界吗？

案例讨论不断深入，一次次被赵老师的“不屑一顾”与“冷眼相对”打击。以为领悟到大“战略”的我又错了。战略不是空想空谈，更不是一味地扩充边界，战略需要在可行的有效边界内，脚踏实地，追求极致的细节与缜密的行动。

隋总的讲座“‘变’——活下去的唯一机会”让我的心灵再次受到洗礼。木屋烧烤在20年的蓬勃发展后，竟然选择了将店面缩小50%，客单价降低50%的双减政策。这一战略的目的是什么？意义在哪里？仔细品来，疫情当下，木屋烧烤选择由大变精，深挖细分赛道，苦修内功，“降价不降质，从修饰美到内在美”。“高品质的产品才会低价”赵老师的灵魂旁白，正是隋总新战略下的最佳解释。

由简入繁难，由繁入简更难。战略不分大小，但求用心。

【赵征点评】

很多人的“战略”直觉，似乎就是“强”“大”之路。

很多人的“定位”目的，似乎就是寻找可以不断放大、无限扩张的圆心和锚点。

战略，并非如此。

恰恰相反，战略是对自己设限，设限的关键是定位和边界。

定位，是非你莫属；边界，是能力极限。定位和边界，其实都是定义自己，定义自己的差异和能力。

公司发展需要新战略时，正是最应该清醒之时。很多企业没有意识到这一点，新战略不仅没让自己回归理性，反倒让自己义无反顾地直奔疯狂。

定义自己的关键，是清醒，而非自命不凡。

做到清醒，并不容易，并不是靠提醒就能做到的。清醒来自对自身“无知”或“无能”的认知。能力的边界，正是从无知的世界反推而来的，发现了无知，只好后退缩小边界，不断退缩最终才能找到真正的边界。

强大，其实就是不断认知自身渺小的过程。

明明发现了无知，又何必再担心前行无路？

战略管理与“大我”“小我”

马慧简*

当我们听到“战略”会想到什么？国家的、集团的、企业的战略，但这些“强而大”的战略，落实到细微，其实与我们每一个“小我”都息息相关。

在关于木屋烧烤的三轮讨论中，作为“小我”，我深切感受到一次战略决策层层递进，逐渐从面回归到点的过程。犹记得第一次讨论时，习惯了“挥斥方遒”的我们想在菜品、环境以及会员三方面提升客户体验。赵老师的点评让我们幡然醒悟，认识到自己的自大以及盲目，因为宏观的战略再大，无法落实到细微也是空想。从第一轮的沾沾自喜，第二轮的战战兢兢，到第三轮的缜密推敲，我认识到唯有结合木屋烧烤的实际与优势，聚焦重点，回归餐饮的本质，才能真正设计出有价值的战略。

在我们组一次次熬到夜半的讨论过程中，“去做好这件事”的目标感驱使了组内每一个同学的行动力。见微知著，如何有效发挥每一个“小我”的能动性及行动力，制定一个每一位成员都认可的目标才是战略能够有效施行的关

* 2021 级 MBA 学员，现为中国银行常州分行合规经理。

键。我们组拥有最强销售、最佳会计、最棒采购、最优运营，在战略制定时听取每一个微小却重要的建议，充分构建个人与组织的联系，便能凝聚共识，发挥团队合力。

我们组有清晰的战略目标、清楚的职责分工，但如何做好战略控制却是我们在木屋案例中忽视的一点。运用适时的总结，采用有效激励。评估与激励，其实是战略这块画布上尤为重要的一笔。战略实施的过程中每一件事都应有评估的指标，每一次评估结果也将对战略的进行产生影响。那些我们忽视的盲点，也就成了这一次战略规划的弱点。

等到三轮讨论结束，我再次去回溯我们方案的本质是什么，我想是又一次战略的“初心”回归。疫情当下，面对迭代更替的特点，我们该怎么做？我们的小组有销售、会计、采购、运营，我们在头脑风暴中踌躇满志时，却忘了看一下我们的优势和木屋烧烤固有的特征结合会产生怎样奇妙的变化。当我看到之前两届的优秀创意，无一不抵达餐饮的“初心”，即口味时，我脑海中浮现出赵老师在开课之初便提过的话：“当我们看一家企业时，看到的战略问题是什么？——是如何持续存在。”确实，战略能力首先是一种认知能力，觉知到企业的能力，并通过一次次战略去发挥这样的能力，才能创造出只属于我们自己的“垄断”市场。

【赵征点评】

课堂上，经常有人问起商业竞争的话题。我便举了一个例子，是金庸先生《射雕英雄传》中的一个情节。洪七公带着徒弟郭靖、欧阳锋带着侄子欧阳克一起到桃花岛求亲，黄药师制定了比赛规则：三局两胜，胜者就许配黄蓉。结果各位都已知晓，郭靖最终获胜（《射雕英雄传》第 18 回《三道试题》）。

这个案例有两点值得说明，一是商业竞争就似这场比赛，竞争不是你死我活，而是抱得美人归。在桃花岛上郭靖抱得黄蓉归；在商场上，赢家则获得客户和市场份额。二者相同的是，竞争的目的不是消灭对手，而是赢得观众的心。甚至很多时候，比赛结果看似败了，但其实“赢”了。第二局比赛恰好说明了这个道理。

第二局是郭靖输的唯一一场。比赛内容是品鉴音乐，比赛方式是黄药师吹曲，两位选手打拍子，看谁节拍找得准。郭靖不懂音律，每一拍都打在两拍之间，反而把黄药师带偏了节奏，逼得黄药师加上内力，音律比拼演变成了定力比拼，结果是郭靖输了音律，赢了定力，被欧阳克赢了一局，这一局连欧阳锋都暗觉侥幸。

其实第二局郭靖赢了，在场的人（包括黄药师）心里都明白这一点。其实第二局真正比的是“节奏”，郭靖“赢”的正是“节奏”。节奏不仅是音乐的核心，也是生活中的一切的核心，没有了节奏的音乐就不是音乐，没有了节奏的生活也就不是生活了，任何事情一旦节奏乱了，往往离失败就不远了。失败，败的原因就是自己节奏乱了；胜利，胜的原因就是合上了自己的节奏。节奏的重要性，是这个案例我想说明的第二点。

“战略管理”课程中的案例讨论，竞争的关键全在“节奏”。理解的节奏、沟通的节奏、协同的节奏、特点的节奏……哪个小组最快找到了节奏，就占得先机，就有了取胜，甚至持续取胜的机会。如果说战胜对手的关键就是带乱其节奏，那从另一个维度来看，战略的关键，就是找到自己的“节奏”、保持自己的“节奏”、不断强化自己的“节奏”……

还有一点，可能《射雕英雄传》的很多读者未必留意，就是比赛组织者黄药师始终能够逼出选手的潜力，逼得两位选手不得不全力以赴。把选手逼出全力，让黄蓉旁观，又何尝不是做父亲的良苦用心呢？但能把选手逼得竭尽全力，其实并不容易，作为一个管理者，能够调动员工的积极性，也需要很强的功力。对选手而言，付出越多，收益就越大，因为竭尽全力之后的回顾，才是这场赛事带来的真正收获，且每多一次回顾，就多一轮收获。

希望慧简同学找到自己的节奏，保持好自己的节奏。

战略管理与过程的力量

韦莉莉*

“战略管理”课程的知识体系是全局和系统性的，赵老师通过案例的方式，让我们多次进行小组讨论、多次汇报，在汇报中提出尖锐问题，同学们都经历了不得不调整、推翻、再深入，从而对战略提出到有效落地有了一定体验，感悟战略管理取势、明道、优术这样的过程。

最后一次汇报时，每组汇报结束后赵老师都会问：如果再有下一次，你们会怎么做？对于木屋烧烤方案，我们小组有多次意见的融合，有好想法的采纳，更有一些意见的放弃，最终达成了团队一致的认知。如果有下一次，我相信反

* 2021 级 MBA 学员，现为苏州敏芯微电子技术股份有限公司信息技术（IT）经理。

复讨论带来组织协同本身，是我们形成的能力，或许也是新的能力增长的起点。收获，不只在于外在的结果，更在于实现过程中的获得，不能忽视的是付出越多收获越多，对于这种收获我理解为自我完善意义上的获得，认知成长，预测能力增强。

仅靠过程的努力并不能实现战略思维提升，从我们小组讨论过程中得到的切身感受是：如果延续不求甚解的思维模式，对耳熟能详的概念也难给出较为清晰的定义，模糊判断很难建立正确选择，所以需要对专门知识进行再深入一些的理解和学习。我们可能有被点燃的热情，如果不认真界定价值意义，就会容易忘记初心，在竞争力形成的过程中自我怀疑。如果缺少对他人的了解，没有对组织状态和环境变化认真分析和评估，就要面对事实出现的落差。没有更多地进行自我了解，就会持有自己经验性的固执，不能和组织一起到达一个阶段性的终点。有时经历了一些过程，才会碰撞到自己的局限性，或者因此学会放弃对一些对错无意义的事实的关注和消耗，找到更有意义的核心。

过程如何发挥力量？为了目标不断进行信息获取和思辨，寻求差异化设计的时候，我们就将自己置身于一个认知和思维变化的过程。我们会推翻原有目标中的问题部分，建立更为理性和合理的选择；为了目标，我们大胆假设并给自己提出了很多问题，试图突破旧的框架桎梏，最后输出我们自己的创新点。长期性的目标，可能会出现在我们拥有了新的判断之后，出现在我们有经验和能力聚焦的地方。

课程上赵老师给我们带来麦德盈华和木屋烧烤企业一把手的分享，他们都强调和追求企业生存的长久价值，如果能够认识到盛极必衰、否极泰来是大规律，那么做好自己能做的也就无谓恐惧，更谈不上其他不必的担忧、焦虑；长期主义会看到意义，不会轻易想到变换赛道，而是寻找更多精进的空间去形成组织竞争力，在熟知基础上去建立创新优势。

支撑一个规模企业稳定运转并形成品牌生命力，需要有很强的组织合力，如此才能够完成复杂的战略制定并实施控制，控制成本获得更多的生存空间。在长久打磨组织经验、企业能力，甚至解决企业生死问题的过程中，两位企业一把手也获得了应对环境变化、面对未来不确定性的个人平和和开阔的格局。

有足够的过程，转变和提升思维模式，就会形成更高的认知。在认知能力提升上，没有终点，我们在哪里并不重要，只要我们在前进的道路上。

【赵征点评】

课堂上经常被问到的就是：对于过程和目标而言，战术和战略有什么区别？

我这样回答：对于战术而言，过程是为了目标；而对于战略来说，过程本身就是目标。

金庸先生的《倚天屠龙记》中有段现场教学和比武的情节，张三丰现场先教太极拳再授太极剑，张无忌随即战胜赵敏手下两大高手。让人印象深刻的是对战过程中，张三丰见张无忌尽管已颇得太极之味，但因原来武功太强，拳招中棱角分明，且求胜心切，未能体会太极拳那圆转不断之意，于是点拨道："用意不用力，太极圆转，无使断绝……一招一式，务须节节贯串，如长江大河，滔滔不绝。"（《倚天屠龙记》二十四《太极初传柔克刚》）

连续，是制胜的关键。过程，就是无使断绝、连续贯串。实现连续，最重要的就是忘记结果，专注过程。

无论是组织还是个体，其实结果都早已注定，都是走向"死亡"！唯一可以努力的，不过是延续过程和荣耀过程；延续的最佳方式，就是把每一次的阶段结果，尽快转为新阶段的起点。每轮案例讨论结束时，我对每组"下一次怎么做"的追问，就是对大家尽快忘记结果、始终"身在过程"的提醒。

莉莉同学在思考过程的力量，我觉得如果"过程力量"存在的话，这个"力量"可能来自习惯，坚持的习惯！坚持不为结果，坚持就是结果。

【韦莉莉4年后反馈】

赵老师的"战略管理"是我在MBA阶段印象最深刻的课程，转眼4年过去，木屋烧烤课题带来的思考效用还在继续。

时而回顾木屋隋总分享的对企业的生存局势的认识，世界和环境是变化的，一个企业很少有机会能够长久存在，对于外部环境，战略需要企业谋求改变，较早预见并改变规划，这样企业才可能会渡过一个个难以预测到的风险。

企业的内环境同样充满挑战，系统性建设的目标是发现规律，管理者能够尊重专职专攻，充分信任有体系化能力的人，去引入，去学习，去组织人员进行制度化流程化的设计，不盲目追求空的绩效，不断创新解决方法，降低成本提高效率，才能带领普通人赢得不平凡的市场。

我目前在一个普通部门管理岗，琐事颇多难以实现系统性计划性改变，早些年在外企中经历过职业化专业化培训，感受到民营企业各岗位广泛缺失专职性经验性，还有共享协作能力不足，深感国内企业的信息化建设规划和执行之难，同时也更加认识到我们需要更多发展转变的过程，仍然相信过程的力量在看似不变中改变公司的方向，也无形中改变自己认知的能力。

战略管理与迷茫

潘　晨*

上赵老师的课很“头疼”，得打起超过 100%的精神头去上课。为啥呢？因为赵老师爱提问题，爱提问题还不是关键，关键是不断地提问题，针对学生的回答提问题。所以每次回答赵老师的问题就得去思考，我该怎么回答？我回答的是什么？我为什么这么回答？

另外，上完赵老师的课，我意外地知道了原来迷茫是可以分类的。

根据自己的情况，我把迷茫分为：无知的迷茫、已知的迷茫和未知的迷茫。

第一，无知的迷茫。我是一名普通的工程师，工作年份比较久，混了个专家级别。从事自动驾驶行业，薪水还算可观。有房、有车、有老婆、有孩子，

* 2021 级 MBA 学员，现为麦格纳汽车电子（上海）有限公司产品经理。

生活还算幸福，但是每当人多的时候我就“不开心”。同事一起开会的时候，资历浅的已经混上管理层，我还在为技术上那点原则和别人争得面红耳赤，值得吗？朋友一起聚会的时候，他们总是能在自己不专注、不涉及的领域侃侃而谈，房地产、股票、经济、政治，我为啥不行？一起上课的时候，同学考虑问题有全面性，回答问题有逻辑性，而我自己表现得无知，真可悲！夜深人静时，我时常问自己“我是谁”？

第二，已知的迷茫。战略管理是一门很有意思的学科，理论与实践结合，不断地、不同层次地去打磨你的认知能力，使你提高逻辑思维，扩大认知的边界。非常有意思的是，上完这门课，我买了很多书。缺的知识太多了，得补，不能被人随随便便按在认知的边界处摩擦。“战略谋改变”，改变背后的目标是什么？我知道自己丢失的东西太多了，但是我不知道当我捡起这些东西的时候，我该“走到哪里去”。

第三，未知的迷茫。我不知道该走到哪里去，也不清楚怎么走到那里。上完战略管理课，陷入沉思的次数多了，每次沉思的时间也更长了。有些人迷茫了一时，有些人迷茫了一辈子。我会迷茫多久？我能迷茫多久？

迷茫或许不在了。战略管理课的最后一节公开课上，木屋烧烤创始人隋总说：“怀念、抱怨、焦虑都不能解决问题；成长、拼搏、改变自己该改变的事物是我们该干的和唯一能做的。”是啊，在本该意气风发、鲜衣怒马、拼搏和奋斗的年纪，想得太多，做得太少，何以为继！快速找到一个目标，制订出合适的计划，定期反思、考量，得以一箭中靶心，是我当下该做的。“取势、明道、优术。”

【赵征点评】

战略，是解决竞争关系的。

要解决竞争关系，就需要了解竞争对手。

表面的对手是别人，真正的对手是自己。

与别人竞争，关注的是别人的短板。针对别人的短板加强自己，是打败别人的最佳方式。

与自己竞争，关注的则是自己的短板，补足自身短板，才会强大。

别人的短板和自己的短板，往往并不相同。习惯了只关注别人，就很难再回到自身。总盯着别人的短板，总想着消灭别人，这样的企业往往难以真正强大，甚至常陷入迷茫。

战略管理，看起来是思考“去哪里”，但必须先弄清“我是谁”“从哪里来”。战略管理是一种自我管理。目光从外转向内，了解“我”的目的，明晰“我”的优势，补齐“我”的短板，才能走出迷茫，才是战略和竞争的本质。

对了，“头疼”是病，得治！哈哈哈。

战略管理与“白日梦”咖啡馆

汪 洁*

我感觉这学期的战略管理课基本上每节课都上得惊心动魄、面红耳赤，原因有两个：一是汗颜自己知识储备量的匮乏以及赞叹老师的口若悬河；二是3次木屋烧烤案例4组PK，唇枪舌剑的场面让我这个资深社恐感觉相当刺激。战略管理到底是什么呢？课程结束得有点让人意犹未尽，不过还好可以通过文字来表达一下这门课对我的一些启发。

现在来说说这个“白日梦”咖啡馆吧，这个咖啡馆与战略管理有什么关系呢？本来是没有的，因为我从小到大一直想开间属于自己的咖啡馆，但这么多

* 2021级MPM学员，现为中国科学技术大学附属第一医院感染病院区财务科科长。

年来就只是想，“白日梦”因此得名，说实话我虽然有这个梦想但我真的从来没有想过到底要怎么去开。通过战略管理课的学习以及课程中的案例分析，我开始思考这个问题了，于是这个咖啡馆终于有了它的名字！

小咖啡馆虽然不是大公司但也要有自己的定位啊，我没有大志向，就开一间小小的（10 平方米）社区咖啡馆吧，以满足社区邻里的口腹之欲为己任。

俗话说兵马未动粮草先行，开店的必备资金我想至少应该包括：初期规划费用，店面租赁费用，设计装修施工费用，开店必备物品、设备采购费用，广宣费用，运营资金，周转资金，等等，预计 20 万元左右。

如果说资金充足，店面风格很受大众欢迎（所以说是白日梦嘛），那么我还要想到底由谁来管理这家店，鉴于我舍不得现在的“五斗米”，大概率是请人看店，然后自己休息时去店里做咖啡（会做一点咖啡）。因为是社区店，只计划招聘 1 名专职咖啡师和 1 名兼职收银跑堂。

至于菜单和定价，小店的目标是服务社区人群，所以后期可选择空间大。最后就是咖啡馆的选址了，计划在合肥工业大学老校区附近找门面（离我家近，学生多，老师多，同时兼顾社区人群）。

如此天马行空地畅想“白日梦”如何落地完全得益于对战略管理课的学习，我记得在最后一堂课上赵老师讲了“初心”，其实这个词我们经常听，也经常说，但我们经常在琐事中忘了自己的初心。做好喝又不贵的咖啡给身边的人喝是我的初心，呃！这个好像不开咖啡馆也能实现。

【赵征点评】

战略是解决竞争关系的，这是我在商业本质中强调的重要关系。战略的终极目标，则是寻找只属于你的垄断“领域”，这是我在课程中的定义。

每个人都需要战略吗？答案是肯定的，因为人与人之间存在竞争。每个企业都需要战略吗？答案也是肯定的，因为企业之间也存在着竞争。

人或企业对于战略的需要程度如何界定呢？这取决于竞争的激烈程度。假如你已经具有了垄断“领域”，战略的必要性就会下降。比如，家庭中的独生子女，或孤岛上唯一的咖啡馆，因为缺乏竞争，战略的必要性也就没那么强了。

如果你从家庭中来到社会中，或是把咖啡馆开到了城市里，竞争就立刻成为你不得不面对的挑战。

汪洁同学在作业中讨论了自己咖啡馆的商业计划，看起来考虑得非常充分，但似乎遗漏了最重要的一点，即可能的竞争和竞品，汪洁同学丝毫没提到，其他咖啡馆无疑是你的对手，茶饮店、桌游店等休闲场所也是你潜在的竞争者。你如何解决竞争的关系，是你战略思考的第一步。

即使你打败了现有的对手，你还要面对未来随时可能出现的新对手。这些尚未出现的风险又该如何处理呢？或许你可以选择发现并不断加强自身的优势和能力，于是你开始把目光从竞争者身上转回自身。无论是开始的与对手的竞争，还是之后的自身提升，都意味着资源配置的选择和调整。

以上所有的竞争思路和资源配置选择，就构成了我们所提及的战略。战略是让你找到自己，发展自己。从这个角度来说，战略对每个人都非常重要。

如果用解决竞争关系这个战略原则去评价汪洁同学的商业计划，我最想给予的建议，恐怕要先从改名开始，因为我实在担心按这样的计划做下去，最终的结果不幸“名副其实”了呢。

感谢汪洁同学的作业，让我有了给大家再次强化战略概念的机会。

【汪洁同学2年后“白日梦”咖啡馆的后续】

在回忆战略管理课的内容后，结合自己2年前关于“白日梦”咖啡馆商业计划的作业以及现在的视角，我对战略管理又有了一些新的感悟。

战略不是静态的计划或蓝图，而是一个持续迭代和适应的过程。市场环境、技术革新、消费者行为等都在不断变化，因此战略需要保持灵活性，能够迅速响应这些变化。我们要培育战略思维，鼓励持续学习、快速试错和灵活调整。

一、战略动态性

1. 产品与服务的创新

（1）定期更新菜单。咖啡馆可以定期更新菜单，引入季节性或节日限定咖啡和饮品，以满足消费者对新鲜事物的好奇心和追求。

（2）定制化服务。提供个性化的咖啡定制服务，可根据顾客的口味偏好调整咖啡的浓淡、甜度等，提升顾客的满意度和忠诚度。

2. 营销策略的灵活多变

可以运用线上线下结合的方式进行营销。线上，可以通过社交媒体平台（如微信、小红书、抖音等）进行品牌宣传、活动预告和与顾客互动；线下，则可以举办咖啡品鉴会、手冲咖啡课程、主题派对等活动，吸引顾客参与并提升品牌影响力。

推出限时优惠活动和会员制度，如打折促销活动、积分兑换活动等，以刺激消费者的购买欲望并提升复购率。

3. 应对市场变化的快速响应

需要密切关注市场趋势和消费者需求的变化，及时调整产品和服务以满足市场需求。

在面对市场挑战时，咖啡馆能够灵活调整经营策略，如调整营业时间、增加外送服务、开发新的盈利点等，以应对市场变化带来的冲击。

二、战略适应性

1. 适应不同顾客群体的需求

咖啡馆可以针对不同顾客群体的需求提供多元化的服务。例如，针对学生群体可以提供经济实惠的套餐；针对上班族可以提供快速便捷的外送服务；针对家庭顾客则可以提供舒适的亲子活动空间等。

2. 应对竞争对手的策略调整

在竞争对手众多的情况下，“白日梦”咖啡馆可以通过差异化竞争来突出自己的特色。例如，在咖啡品质、服务体验、文化氛围等方面做到与众不同，以吸引消费者的关注和喜爱。还可以与周边商家或品牌进行合作，共同举办活动或推出联名产品，以提升品牌影响力和扩大市场份额。

3. 借助新技术提升运营效率

在数字化转型的当下，引入智能管理系统来提升运营效率和服务质量。例如，使用智能咖啡机来降低人工操作成本并缩短时间；使用在线预订系统来优化顾客排队等待体验；使用数据分析工具来做顾客画像和模拟市场趋势等。

战略管理课还教会了我们一种重要的思维方式——战略思维。这种思维方式强调全局性、前瞻性和系统性，能够帮助我们更好地分析问题、制定决策和应对挑战。无论是在职场还是在生活中，战略思维都是一笔宝贵的财富。

最后，关于赵征教授在我的作业点评中提到的“改名”建议，我虽然觉得“白日梦”这个名字非常富有诗意和梦想，但确实给人一种不够务实或难以落地的印象。可以考虑将名字改为更加具象、易于记忆和传播的名称，以更好地体现咖啡馆的社区定位和亲民氛围。

战略管理与平衡谦虚和自信

卢加声*

在赵老师的战略管理课上的木屋烧烤案例赛中，我们学到了如何进行有效的战略规划以及如何正确地展示战略决策的成果。在三轮案例讨论过程中，我们还面临着一个重要的挑战：如何在自信和谦虚之间找到平衡。

首先，谦虚表现在我们愿意听取和考虑所有不同来源的信息和意见，包括那些可能与我们当前的战略相冲突的意见。孔颖达在《旧唐书·孔颖达传》中说道："圣人设教，欲人谦光。己虽有能，不自矜大，仍就不能之人求访能事。己之才艺虽多，犹以为少，仍就寡少之人更求所益。"

同时，我们需要拥有自信来执行我们的决策，这种自信可以帮助我们面对内心的恐惧，保持冷静，并相信我们做出的决策是正确的。即使在面对很多困难和挑战时，我们也需要坚定不移地坚持下去，这是内心强大信念精神的具体体现。

过度自信可能会导致盲目决策和忽视他人意见，而过于谦虚则可能会导致

* 2022 级 MBA 学员，现为富卫信息科技（广州）有限公司资深系统分析师。

犹豫不决和缺乏安全感。那么，如何在这两者之间找到平衡呢？在得到赵老师的启发后，或许我们可以思考以下几种方法。

积极接受反馈：不管是好评还是批评，我们都应该乐于接受。这既可以增强我们的自信心，也可以帮助我们保持谦虚，我们可以通过反馈不断优化和改进自己的战略决策。

持续学习：在任何情况下，我们都需要保持开放的心态，不断学习新知识和新技能，这样我们既能提升自己的决策能力，验证我们的战略方案，也能保持一颗谦虚的心，始终认识到我们仍有需要学习的地方。

明智的承诺：我们需要为自己的决策做出承诺，并且愿意为其接受可能的后果。这既需要自信也需要谦虚，我们需要相信自己的决策是正确和有效的，但也应该承认自己的决策可能是错误的，并且准备好接受其结果。

在战略管理中，自信和谦虚都是非常重要的品质，我们需要同时拥有它们，并且学会在牵强和过火之间找到平衡。这种平衡对于领导者和决策者来说是至关重要的，它不仅可以帮助我们提高工作效率，还能帮助我们在人际交往中建立良好的关系，提升我们的社会地位和影响力。

【赵征点评】

加声同学文中的“平衡”是一个动词，我认为使用得很准确。其实生活中失衡是常态，平衡则是对失衡的动态调整过程。

失衡是一种复杂体系，就像加声文中提及的自信和谦虚，不自信是否就意味着谦虚了？或者不谦虚是否就意味着自信了？似乎也没那么简单。失衡其实是一种结构的不平衡，平衡则是洞察结构关键点之后的试错过程。因此平衡的本质是关键点的洞察，这种洞察能力就是认知能力。

所有的战略，无不是以洞察“不平衡”为前提，以“不对称”为方法，以“突破”为手段，以“再平衡”为旨归，从“不平衡”到“新平衡”，再从“新平衡”到“新的不平衡”的“螺旋式”上升的循环往复。

“不对称”首先是认知的不对称，如果认知是对称的，那么你知道的对手也知道，你清楚的对手也清楚，因此不但谈不上什么洞察力，而且作为弱者你永远都不会有战胜对手的机会。只有在认知上比对手想得大、想得远、想得高、想得深、想得不同，才能创造出第一层“不对称”。在实现了认知“不对称”后，你才能通过资源调配，在你定义的系统（细分市场）内形成力量的“不对称”，从而获得成功。

仅有不平衡、不对称，是不够的，对手也会调整自己，努力使自己平衡，而我们自己也会因形势的发展和自身指导的错误，陷入新的失衡状态，因此要在不断地使对手失衡的同时，努力使自己实现再平衡和新平衡。

不平衡—再平衡—新的不平衡，就像在不停地走钢丝，确保战略“走好钢丝”、不坠入“万丈深渊”的关键，是把握“战略节奏”。“节奏”是不同“不平衡”中间的那个“平衡”。正如高空“走钢丝”的杂技高手，他手里拥有一根“平衡杆”，每一步都在利用手中的“平衡杆”。那根“平衡杆”，就是战略思维中的“战略节奏”。

希望加声同学找到自己的“平衡杆”。

战略管理与创业“照不照”

张　进*

赵老师著有《管理思维跨界创新》一书，最近成为我的枕边书，睡前我会认真拜读，饶有兴趣。

书中内容思维跳跃，发人深省。其中一篇讲到如何评估一个团队创业成功的可能性。赵老师认为两点最为重要：一是团队的后续持续能力，二是资源调度能力。

我自身经历过两次创业，目前又在做一个服务于小微创业的商业平台，所以平时也会接触一些创业项目并对其进行评估，虽然是以商业领域为主，但是道理都是共通的，我把我评估创业“照不照”的几个因素分享如下。

一是人的因素。首先，需要创始人是一个信念坚定的人，一个长期主义的人，我一直认为太聪明的人大概率不会创业成功，因为他太灵活了，太会趋利避害了。其次，创业是一件身心都很煎熬的差事，身上没有一点拙朴的劲很难坚持下来，所以钝感也很重要，它能保证你该吃吃该睡睡，从而有余力应付挫折。最后，创始人要有“忽悠”的能力，既要能画饼也要能喂饼，要能网罗一批人才心甘情愿在其周边以供驱使，绝不是靠纯利益驱动的那种。

* 2023 级 MBA 学员，苏州蜗牛商业管理服务有限公司创始人、CEO。

二是商业模式。我一直认为“太阳底下无新鲜事”，你的商业模式需要有对标的头部公司或杀手级应用，业务的对标或者成功路径的对标都可以，不要天天讲马斯克的第一性原理，天才的模式不适合你。成功概率最高的创业模式是“乾坤大挪移”，首先，时间上，发达国家或地区的成功模式在落后地区重演一遍，大概率会成功，相当于未卜先知。其次，空间上，比如换个地区，换个城市，复制落地也不是难事。当然，前提是不能完全生搬硬套，要有微创新，要在新领域做适应性、本土化改造。运用这种方法的成功案例不胜枚举，早期的互联网项目都是美国案例的本土化，生物医药行业也是如此。

三是现金为王意识。创业的本质就是为了盈利，我所说的盈利不是销售获利，而是一种变现能力，不管你是早早进行产品销售造血回血，还是进行连续多轮融资，一定要学会“地主家留有余粮”的做法，太多创业者拿了融资就大方起来，过于理想化了，认为只要自己攻克了技术难关就万事大吉了，往往都死在了黎明前的黑暗。创业不是请客吃饭，竞争是流血牺牲！资本永远都是锦上添花，不会是雪中送炭。

创业的成功是多维的有利因素的叠加态，甚至有运气的成分。所以预测创业成功概率的命中概率也很低。

【赵征点评】

《管理思维跨界创新》出版于2016年1月，内容大多写于2014—2015年，已经过去10年了。我对很多事物的思考，也发生了不少变化。

讨论创业评估，我觉得首先要讨论的其实是一个预设：到底是什么样的人针对什么样的项目选择创业。先搞清楚这个预设，才能讨论如何评估创业。

“创新创业”是我们经常使用的措辞。“创新”的定义有很多，我比较接受的定义是“技术商业化”。熊彼特把创新定义为“建立一种新的生产函数”，“把一种从来没有过的关于生产要素和生产条件的‘新组合’引入生产体系”。换言之，仅有新的生产要素或生产条件是不够的，必须要建立新的生产函数并引入生产体系，即必须要产生商业结果。创新谈的不是技术发明创造，而是技术的商业化结果，技术的迭代算不上创新，能产生商业化结果才被称为创新。

技术商业化的路径有两种：一种是被既有产业消化吸收；另一种则为创业。相对而言，前者成本较低、风险较小、见效较快；只有那些拥有无法被既有产业消化吸收的新技术的人，才会不得不选择“创业”这种成本较高、风险较大、见效较慢的技术商业化路径。

如何提升既有产业的消化吸收能力，这是一个大话题，既与既有产业的技术理解能力（生产要素和生产函数的内在逻辑）、发展驱动动机（是简单抄袭还是自主研发）、考核机制、社会角色等有关，又和技术提供方（大学和科研机构）的研究动机、考核机制、社会角色有关，在此不再赘述。

对于那些不得不选择创业的技术商业化项目而言，大致上有两种结果，一种是经过努力，得到了既有产业的认可（也可能是既有产业自身意识到了），最终还是被消化吸收；另一种则是打败既有产业，全部或部分替代既有产业（如埃隆·马斯克的火箭项目）。

以上就是我对创业预设的思考。很多时候，或许只有我们明白了工作的特点和目标，才能找到评估的手段。

战略管理与底层逻辑

张书阁*

感谢赵老师为我们精心安排的战略管理课程，这不仅是我首次有机会与优秀企业的创始人在课堂上交流，更是我学术生涯中一次宝贵的学习体验。赵老师的那句“你真的听懂他在说什么吗？”也让我意识到解决问题的关键——底层逻辑。

古希腊哲学家芝诺曾言：“人的知识犹如一个圆圈，圆内是已知的，圆外是未知的。我们所知越多，圆圈就越大，未知也就越显广阔。”人的认知是有限的，知识是无际的，知道得越多越觉得自己不知道的越多，但是对于知识，很多人都会陷入“自我圆满的状态”，在面对问题时，往往自以为已经洞察一切，不假思索便给出答案，却常常答非所问。这种情况在我们参与案例讨论时

* 2023 级 MBA 学员，现就职于中国太平洋财产保险股份有限公司苏州分公司核保管理岗。

尤为明显。面对其他组提出的疑问，有的演讲者急于表达自己的观点，甚至没有顺着提问者的思路去反思自己的案例，所以对于问题的回答有时不那么准确。因此，赵老师总是适时引导我们思考：“问这个问题的人究竟想知道什么？”我也突然意识到：在过去与人交流时，我真的理解对方的话语，并且准确表达自己的意思了吗？或许并没有。

人的认知很难在瞬间提高，思考方式在解决问题时的作用更显重大，或许底层逻辑就是那把打开答案的钥匙。课后，我立刻就去搜寻底层逻辑的相关书籍，并且计划通过长期观察、思考和总结，以期能真正掌握这一概念。目前，我仅能分享一些简单的感悟。

想要了解别人到底想表达什么，那就要求我们去剖析他们的问题。在案例展示环节，遇到最多的问题就是“这个方案投入了这么多，你有想过能带来多少客流量，增长多少销售额吗？”尽管对于此疑问的表达五花八门，但背后想知道的无非就是“投入产出比”。当我们明确知道对方真正的疑问过后，回答自然更加精准且简洁有力。在复盘我们组展示的关于“老板请客”的方案时，我发现，基于目前的策略，只要尝试将方案落实具体化，思路框架就更加清晰，结果也更能满足预期。这可能就是深度思考过后，对于其底层逻辑的浅显认识。

底层逻辑指的是事物间的共同点，是不同之中的相同之处、变化背后不变的东西。底层逻辑越坚固，解决问题的能力也就越强。一旦学会了这个思考方式，就可以不断地学以致用。正如巴菲特所说的，“想要彻底了解这个世界，有一个好办法：先把本领域的事情研究透，挖出其中的底层逻辑，只要你能做到这一步，就很容易搞定其他领域的事。”

只有搭好地基框架才能更好地去建造高楼，摸清底层逻辑才能更好去制定企业的战略。希望在未来的学习和生活中，我能持续深入学习思考底层逻辑，提升自己的认知水平和解决问题的能力。

【赵征点评】

前几天一位人力资源经理分享了一个新举措，希望我给予一些建议。

为了更好地帮助新员工尽快融入企业，他们设置了“新人导师”这个角色，安排部分管理者和老员工担任新人导师，通过关心指导新员工日常生活的方式，一对一传递企业价值观。因为之前发生过担任导师的管理者不尽职而导致员工离职的现象，为了更好地督促新人导师，企业设计了打分表，让新员工定期评估导师。

听完了描述，我问了一个问题：新员工会怎么理解让他们评价导师的这种安排？会不会简单地理解为公司并不信任自己安排的“导师”？这会不会成为新员工最快学习到的“企业文化”和“价值观”？

这个案例中存在两层逻辑，一方面是帮助新员工理解价值观，使其尽快融入企业；另一方面则是任何行为中其实都蕴含着价值观。对新员工来说，先复制行为、再理解价值观的“学习”方式可能更快。这种逻辑更“底层”，是潜移默化的无意识学习，因此更快。

底层逻辑，是构成复杂系统的基本元素和它们之间的相互作用，这些元素和作用定义了系统的行为和特性。

探讨底层逻辑的目的有两个，一是试图探究现状的由来，二是试图判断未来的变化。

当我们谈论底层逻辑的时候，往往意味着存在着以下预设：首先，存在某个系统，任何现象都需要上升到某个系统维度来看待，不同的认知决定了系统的差异。认知的维度越高，系统的维度也相应更高。其次，系统是不断演化的，由于系统元素的相互作用，系统会不断演化迭代，就像自然界不断演化一样。再次，演化是存在一定规律的，这个规律就是被我们常常称作“科学”的东西。最后，也是最容易被忽略的，即相互作用不仅在改变系统，同时也在改变元素自身。这样的改变往往不是初衷，但这种改变却是必然产生的，且在社会系统中，这种改变往往缺乏恒定不变的规律。

真正的底层，或许就在这类变化之中。

战略管理与截拳道

潘　雪*

前几天看到一则新闻，李安的新片《李小龙》即将开拍。李小龙是 20 世纪最具影响力的武术家和电影明星之一，他所创立的截拳道是一种融合了多种武术流派精华的综合性武术体系。思考之后发觉战略管理和截拳道之间存在一些共通之处，在此分享几点感悟。

一、目标明确

截拳道以在实战中击倒对方为唯一目标，摒弃一切花哨动作，简洁明了。企业的战略目标亦应如此。唯有战略目标明确，策略的制定和资源的配置才有方向。在资源有限的情况下，企业需要围绕明确的战略目标来确定核心业务、目标市场和竞争策略，从而高效利用资源，获取竞争优势。

* 2023 级 MBA 学员，现为林斯特龙（苏州）企业服务有限公司派送服务经理。

截拳道的目标是击倒对手，不是通过花哨动作博人眼球。同样，企业的战略目标不仅需要明确，更加需要正确。制定正确的战略，是每个企业管理者不可推卸的责任。小米的创始人雷军说："永远不要用战术上的勤奋来掩盖战略上的懒惰。"

二、方法灵活

"以无法为有法，以无限为有限"是截拳道的纲领和要义，倡导搏击的高度自由，反对派别之分和任何固定的形式。

李小龙在一次采访中讲过一段广为流传的心得："清空你的头脑，如水一般，无形无相。将水倒入杯中，它变成杯的形状；将水倒入瓶中，它变成瓶的形状；将水倒入茶壶中，它变成茶壶的形状。水可流淌，亦可冲击。像水一样吧，我的朋友！"

这种抛弃一切思维定式，因地制宜、因势利导的思想，正如战略管理适应变化、持续创新的要求。企业内外部环境瞬息万变，需要快速响应、灵活调整企业战略。更为高明的企业甚至能够突破现有框架，去创造全新的产品、工艺、服务和商业模式。

三、"道"的境界

在更高层次上，截拳道和战略管理都体现出对"道"的不懈追求。李小龙说："与其说截拳道是一种功夫，不如说它是一种哲学，是一种思想，是一种心灵的升华。"截拳道追寻的是武术之道，战略管理探索的是企业经营之道。企业管理者需要超越具体的策略和手段，站在行业、社会乃至全球的宏观视角，去探索和领悟复杂多变的商业表象之下的恒定法则。

战略管理和截拳道虽分属不同领域，但在目标、方法、道法等方面有着异曲同工之妙。企业在复杂变幻的市场环境中面对激烈的竞争，就如同截拳道高手在擂台上迎战强大的对手。

电影《一代宗师》里叶问说："功夫，两个字，一横一竖。错的，躺下咯，站着的才有资格讲话。"企业间的博弈并非只有胜负之分，其结果可以是双赢、多赢，乃至整体社会效益提高。这应该是二者最大的不同之处。

MBA 的学习至此，课程部分已接近尾声。在众多的课程当中，赵老师的"战略管理"可谓独树一帜。课程中既有课堂教学，又有企业参访，更是给出一家真实企业作为实际案例，让同学们"躬身入局"。同学们通过一轮一轮的思考和碰撞，将一系列可行或不可行的改进方案提交到企业创始人面前，经历一番又一番的“灵魂拷问”。

同学们的方案大多并不会被采纳，战略管理的精髓也难以在简短的课程中领悟，然而，凡是“躬身入局”者，一定能够享受到思维碰撞所带来的独特快感，以及全新观点乍现时的强烈冲击。凡是经历者，也都将成为这门“永不下课的管理课”的“我辈中人”。

【赵征点评】

潘雪在文中比较了截拳道和战略的相似之处，最后在文末提及了两者的不同之处：企业间博弈的结果可以是双赢、多赢。那么，双赢或多赢是如何产生的呢？

李小龙著名弟子丹尼·伊诺山度曾回忆 1967 年初的一天，他和李小龙两人一边开车一边谈论着西洋剑术。李小龙说：“西洋剑术中，最精湛的技巧，就是它的‘阻击’(stop-hit)。一次成功的‘阻击’，意味着对手进攻你时，你不仅要防御对手的攻击，而且还要在截住对方剑招的同时顺势反击，防守与反击同步，一气呵成，这样你的搏击‘效率’将大大提高”。然后李小龙又说道：“我们应把我们的技击方法称作截拳道，意思就是将一般习惯打法上的防守(格挡)与反击分成两步的做法合二为一，防守与反击同时进行，一气呵成。”

截拳道是一种变幻无穷的技击术，强调紧紧抓住对手使用招式的漏洞和缺陷，随机应变形成一种“攻击＋反击”招式去反击对方，以攻克攻，以防克攻，目的是缩短攻击距离。

确实，战胜对手最具效率的做法，就是提升自己打击对手缺点的能力。及时发现对手弱点，有针对性地攻击，甚至提前进行有针对性的训练，这对于战胜对手而言非常有效。

尽管“商场如战场”这句话被很多企业家认同，但商业竞争并不是简单地战胜对手。商业竞争的目的是企业获得消费者或客户的青睐，让消费者选择你的产品，并持续选择你的产品。为了得到消费者，企业就要进行商业竞争，但这个竞争不是战争，不是你死我活，更不能不择手段、没有底线。就像两个男孩子同时喜欢一个女孩儿。于是，两个男生各自展示自身优势，让女生通过了解进行比较，最后做出选择，然后开始相处、恋爱，甚至结婚。

商业竞争往往不是要打败别人，而是战胜自己。要想战胜自己，就不能只关注别人的短板，而要关注自身的长处和短板。既要强化自身长处，也要弥补自己的薄弱环节。无论是对于个人还是组织而言，从长远来看，均衡发展才是长久健康的基础。如果从战胜对手出发，只关注别人的短板，针对别人的短板强化自己，很可能在战胜对手的同时，使得自己更加不均衡，为未来发展埋下隐患。

战略管理最关注的，是只属于自己的“垄断”，是围绕着自身特点，聚焦到最擅长的领域，在利基市场上强化自身，发展自己。

战略管理与如何思考

周 芳*

企业与班级有什么区别？
本科与研究生的学习能力有什么不同？
高铁的地面标识与车厢一一对应有多难？
一个企业为什么需要战略管理？
木屋烧烤为什么要提高客户服务体验？

* 2023 级 MBA 学员，现为中国建筑第三工程局有限公司城投策划经理。

在赵老师的课堂上，经常会被问到“为什么”“你怎么看”“你想到了什么”。确实，在生活中，我们对很多现象已经习以为常，思考能力逐渐被弱化。在赵老师的课堂上，被逐步引导思考问题，寻求信息及知识的过程中，自己领悟到人与人之间的认知差距主要体现在个人对事物的看法和理解上，这种差距会导致每个人在面对问题时采取不同的思维方式和解决策略。归根结底，每个人都在为自己的认知买单。

以木屋烧烤案例演练为例，分享下个人在案例中的思考与学习过程。

案例课题为：提高木屋烧烤客户服务体验。第一次演练中我把此次案例当成一个常规的作业模式进行开展，习以为常地着手分析基础数据、提出问题、提出宏观的解决方案等。“你是谁”“客户是谁”“数据是否需要筛选”“要花多少钱”“方案是否具备执行性”等一系列赵老师的灵魂提问让我们意识到，战略课程的案例研究不是固化思维的作业模式，只有让自己真正代入场景后，方能实践出真知。这是我在课程中思考的第一点：学习的过程比结果重要。

为了真正做到场景代入，我们小组实地体验了一把木屋烧烤，略带“考察者”视角进行审判。确切地说，我们是去“挑刺”的，然后提出一揽子优化方案。“木屋的客户关心什么”“木屋提供拍照服务，那不想要的客户怎么办，能标准化吗”“目的是什么”。这是我的第二点思考，站位不对，思维方式不对，解决策略就不可能对。作为案例研究者，需要代入管理者/经营者的角色。

第三轮，我们提出了“酒局闹钟计划”，我们的目的是让客户爽一把，在木屋烧烤释放情绪，但是方法过于简单粗暴，忽略了客户体验的深层次需求——“认可与归属感”，需要搭建一个圈子社群，同步满足客户的味蕾及精神需求。这是我的第三点思考，战略起源于人的价值观、人生观。

持续思考，是一种接近“正确”答案的方式；持续思考，是一种深度的上瘾；持续思考，是一个终身的过程。

有幸，在一次战略管理课程中，学到了两种能力：思考与如何思考。

【赵征点评】

学习的目的就是思考，思考的目的在于提升问题维度。

经常有企业家跟我感慨：老师，我每天都在不停地解决各种问题，如果哪一天我的企业能没有问题了，那就好了。

面对这样的问题，我一般都笑着回答：死了就没有问题了。无论是你死了，还是你的企业破产了，问题就都彻底没有了。玩笑背后我想传递的事实是：企业也好，个体也罢，面对问题和解决问题，其实都是常态。

企业天天都需要解决问题，但解决什么样的问题，却表明了企业的发展状况。换言之，一家企业主要面对的是什么类型的问题。一位企业家对自身企业问题的提法，决定了企业家的层级，也决定了这个企业的层级。

关于问题的维度，我认为存在六类：重复维度、经验维度、形式维度、预测维度、抉择维度、超验维度。

如果你把每一天每一个个案都作为不同的问题，那就意味着每一个问题对你而言都是新问题，毫无疑问你的效率会很低，你的企业处在最初始层级，问题也处于重复维度。

如果你能概括出不同事情的共同点，那么你在一定程度上可以重复利用某些解决问题的经验，提高处理问题的效率。这个维度称为经验维度。

如果你能把问题抽象出来，采用逻辑演绎的方式分析和研究，那么你就迈入了形式维度。形式维度的关键就是“定义”问题类别。看到一个具体问题，就知道其属于何类问题，从而采用不同经验解决。

定义了问题，就可以把经验有针对性地归纳为不同“算法”。于是可以围绕着问题的特征，去评估有效算法。算法可以帮我们看到趋势、推知未来，进入预测维度。

预测必然产生新的问题维度：抉择。尽管预测和抉择都面对未来，但前者面对的是认识论意义上的未来，后者面对的是价值论意义上的未来。

既然要讨论价值，那就必然引发标准所涉及的超验维度。“效率是什么”“发展是什么”“公平是什么”“善是什么”诸如此类问题，同前述几类问题大不相同。

让我们以“效率是什么”为例进行阐述。必须注意，它与“什么是有效的”这一问题在性质上不同。“什么是有效的”这一问题是一个经验维度，涉及的是效率经验。日常生活中，我们能够区分有效和无效，所以，这是每一个有判断能力的人都可以轻易回答的普通问题。

不过，能回答此问题的人经常会就同一件事在有效性判断上发生分歧，此人认为有效，彼人未必认为有效，如果意见分歧很大，引起了争论，他们往往会各执己见，相持不下。假如经过一番争论，争论双方发现关键问题在于各自心中各有不同的效率之标准、有效之尺度，“什么是有效的”这一问题中的主宾关系就会倒转，由询问“什么是有效的”转变成追问“效率是什么”。超验问题由此产生。

既然存在着不同的问题类型，就意味着解决问题的方法同样存在差异。管理，其实指的正是“问题”和“方法”之间的关系，目的是不断提高解决问题的效率。明晰了“问题”和“方法”之间的关系，就可以依据“管理”的结果，来优化方法，或者更新“问题”的“定义”，不断提升管理的水平。

知识管理篇

知识管理与保姆涨薪

姜珊晴*

我母亲患有阿尔茨海默病，医生叮嘱靠鼻饲防止呛咳引发吸入性肺炎。鼻饲讲究间隔时间、温度、量、前后注水，技术含量不大但要有耐心，于是我经常给保姆加工资，期望她耐心些。

有段时间我感觉母亲变瘦营养不够，要加点蔬菜、水果、鸡汤补充。这需要有料理技术加耐心才行，我和姐姐商量又给保姆加工资；母亲需要定期翻身避免肌肉萎缩、防止褥疮，靠 82 岁的父亲和单薄的姐姐是不行的，需要阿姨搭把手，于是我又给她涨薪。

每次涨薪后我都电话联系姐姐，她每次的回应都是很好，视频里看母亲确实比住院时好得多。可等我回家却发现从喂食到翻身、从按摩到擦洗、从清理尿裤到食料制作，都是姐姐亲自在干，保姆要么在旁边静观，要么在厨房洗碗。我护理时有意识让保姆操作，并手把手教她，告知下一顿你来打食，可她却说等你姐来吧，她要自己搞。

* 2019 级 EMBA 学员，现为欧普康视医院联盟医疗支持部负责人、合肥康视眼科医院医务部主任。

我很气愤，质问姐姐，她却回答："是啊！我不放心。"

"如果这样我就没必要加工资。现在是她涨了工资，活都是你干？！"

"保姆的作用是个平衡，我不在时打点水，其他需要做的即使形式上达标，质量上难以保证。"

"既然发工资，我们就可以评价啊，她要是做得不好，我们指出来，下次她就会改。"

"两小时一次，保姆这次做得不好你看到了，但总有你疏忽看不到的时候，也许那一次的疏忽对妈妈就是致命的。我不想做实验，所以我亲力亲为。"

"那我们涨工资的意义在哪里？她比以前更轻松了？"

"加薪是给爸爸减轻负担，她晚上可以睡在妈妈身边，现在是最好的状态，家平衡了。"

姐姐两次说到平衡。我以往认为多劳多得，因为预估你要多劳，所以给你增加薪酬，激励你更敬业。我考虑的是激励了保姆，妈妈就会受益。姐姐考虑的却是这个激励是为了让组织平衡，她个体付出更多，保姆无须付出更多劳动就获得了更高薪酬，妈妈也会更加受益。这个打破了我的思维定式。我注重管人而非管事。我给阿姨加薪某种逻辑上就是我认为我加薪她就会好好护理，我妈就会得到好的照护。赵老师在知识管理课上谈到管理通过管事而管人。规章制度都从如何制约人出发，既没有解决如何做事，更没有真正地实现管人，最终导致事和人都没管好。我在意阿姨（个人）的绩效而非家庭（组织）的绩效。个人价值的发挥没有带来组织绩效的倍数增长，我们就需要反思个人价值的发挥是否正确。我认为保姆稳定的思维程序是"涨薪—稳定—护理好"，所以为护理好而涨薪，但我忽视了"涨薪必护理好"这个逻辑前提，事实上完全会存在姐姐说的形式达质量不达的问题，如打水过快，这个无法用计时器精准给她掐表，这个是人性的问题，而人性最不可量化和估值。赵老师说过，"拿钱买不来优秀的人""把自己变成优秀的人，用优秀价值观吸引"。姐姐用自己的人性影响保姆，我用加薪稳定保姆，关于目前家里实现平衡到底是哪种做法的作用更大的争辩意义不大，重要的是母亲病情稳定，父亲生活规律，姐姐很有成就感。家事蕴含知识管理！

【赵征点评】

记不清我在哪一次的课堂上，和一位学员谈到了做寿司的话题。我问学员："一个人打算学做寿司，有两种路径，其中一种方法是可以在网上寻找视频，网上有很多教做寿司的视频，大约花上个把小时，就可以学会；不过若在日本想做一个寿司师傅的话，需要学习8年才能出师，你觉得应该选哪种路径呢？”

学员毫不犹豫地回答：“当然去网上找视频了！既然1个小时就能够解决的问题，何必要花8年呢？”

我笑着追问：“那你有没有考虑这两种路径的区别是什么呢？”

学员半天没有说话。

我说道：“做寿司首先是一种技能，不过既然1个小时就能学会这种技能，那么对一名寿司师傅的培养而言，剩下7年多时间的训练，除了技能的熟练之外，看来还应该存在着别的东西。这个东西是什么呢？为什么要花上数倍，甚至数十倍的时间去训练呢？”

珊晴同学在文中提到了组织绩效和个体绩效的话题。我在课程上的观点是管理通过管事而管人，这个观点如果体现在两个层面的绩效上，组织的目的是基业长青。那么，对于组织绩效而言，短期看是目标（侧重事）的实现，长期看是团队的成长。团队成长涉及两个层面，一是团队的协同效率，二是团队的文化和价值观。相对应的个体绩效则是成长，短期看是个体的技能，长期看是个体的认知，认知体现为职业素养和责任意识。

个体技能提升是为认知提升服务的，但技能提升并不当然带来认知提升。很多时候物质激励带来的技能提升，往往与最初期望的认知提升呈负相关关系。现实生活中，我们经常发现物质激励不一定能让员工（包括高层管理者）有更多的责任担当，他们反而更多地表现出投机取巧和偷奸耍滑。为钱作战的雇佣兵即使战斗能力再强，也往往很难把自己的行为与责任和正义联系起来。

不同的行业和职业对技能与认知的要求有所不同，有的对两者的要求都很高，如医生、教师；也有的对技能要求更高。比较特殊的职业对技能要求一般，却对认知要求很高，换句话说，就是工作的技术含量一般，但对责任要求很高。这种类型的职业数量不多，但保姆恰巧就属于这一类。我在日本和我国台湾考察养老行业时发现这个行业有大量的义工，不求报酬义务照顾老人，当时觉得很奇怪，后来才明白义工都是对看护这一职业有着较高认知的群体，恰是老人看护岗位的首选。

现在越来越多的企业家意识到员工的责任意识匮乏，但员工认知的提升单纯依靠企业是难以实现的，很多的企业家学员拿这个问题请教于我，我也颇有束手无策之感。突然意识到，现在大家经常提到“内卷”，而“内卷”，可能就是在技能提升上无限迭代，却在认知提升上停滞不前吧?

谢谢珊晴的案例，给我带来的思考，还有些许的无奈。

知识管理与守业

袁立杰*

畴昔，余有三憾而非悔之事。

余尝报考中国科大少年班而未成，此为一憾也。

后余从军旅而矢志报国，然因不虞①伤而息梦。此为二憾也。

余家贫，故出军旅而未从官授事②，转从电力业而从市事③。后与吾伴创业于杭，务④研、产电力配套之物⑤，然志虽明而业败，此为三憾也。

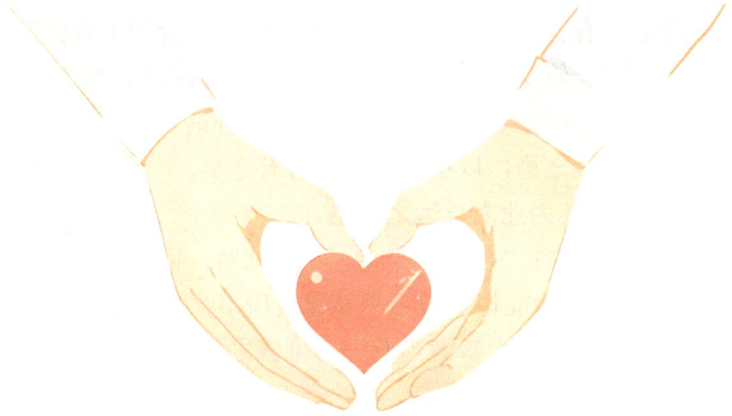

经三憾，余自谓宜静以思己之道也，且余曾立鸿志再入中国科大。苦心天不负矣，后吾如愿复入黉⑥，此行是为解己惑、是为擢自⑦、是为矢志为民而树德矣，诚如庚子冬月，吾诗所道：

《念科大一载光阴有感》之一

一载光阴承一巡，

红专拜师非缘貪。

意坚叱驭四海志，

---

* 2019 级 EMBA 学员，现为安徽省升翊能源科技有限公司董事长。

无惧苦旅怕沉沦。

《念科大一载光阴有感》之二

高賛教诲如甘霖，

师恩浩荡似海深。

家国天下胸中意，

上下求索为初心。

吾之创业败于初创之时，概因不善守业，是故初创须善守业也。从业数载，吾观诸企业而长存者，盖无不因守业之良。初创而守业不善者，盖不得久也。非幸，吾之创业，为后者矣！

初创之企业家，余谓之为“守业者”，吾以为其当守正而明边界、当守纲理而立于世、当守学而后勃发、当守志以恒久、当守初心而育未来。

幸哉，前时，得吾师赵征先生“知识管理”之授，若有所悟，今记之，旨为抒吾胸内个中论[8]矣。是故，吾欲引“知识管理”之教义，合[9]吾创业之败，粗鄙成论，愿为他初创企业供鉴。以下数说愿与诸守业者同勉。

《礼记·中庸》有言，“凡为天下国家有九经”;《管子·牧民》又言，“守国之度，在饰四维”。修身则道立，尊贤则不惑，饬四维而明边界。观今守业者，当修身、遵法、立德以至守边界，前数者，吾谓其为立世之本也。

子瞻曾言：“百世之患，以小利而不顾者有之矣。”[10]是故，守业者当目远而非贪小利，此吾谓其为业之长远之本也。

《列子·说符》曾言：“故治国之难，在于知贤，而不在自贤。”是故守业者当能知人而善任之、当能掘员工之长而置其所事;《管子·形势》有言，“独王之国，劳而多祸”，是故主事者当有运筹帷幄之力，而非亲指[11];《荀子·解蔽》言：“知贤之谓明，辅贤之谓能，勉之强之，其福必长。”是故守业者当不以爱憎匿善，不以亲疏失才；守业者宜尽放权，而使下自兴[12]。前数者，吾谓其为业之博大[13]之本也。

庄子曾言：“人莫鉴于流水，而鉴于止水，唯止能止众止。”[14]，《荀子·劝学》言：“不登高山，不知天之高也。”是故学为恒长之源，守业者当养下属以积学之能。然“不日新者必日退，未有不进而不退者”[15]，是故企业当育创新之习、拓自新之路。且自新之路，当遵精准之道、踏精益之途当！前数者，吾谓其为业之持续成长之本也。

去岁，与友笑谈，友问：“守业多苦、多歧路，志[16]何以至乎？”

答曰，卿岂不闻三藏乎？三藏多舛，风餐露宿，披荆斩棘而终成正果、遂得九九[17]，终佛列而尊于西天。概因志明故，其乃为真经也、为修行也，其乃学者[18]也！吾辈之志，虽不及功德佛巨，亦修行也。亦复如是[19]，志之于吾辈，如真经之于三藏也。吾辈之“取经”之途，岂惧歧路乎？吾辈守业者如能守初心、而后福于世，岂非功德乎？

呜呼，守业亦为修志、修行，不可步困于心也。夫惟愁绪？何愁乎？何臆想乎？岂待老将至而奋乎？

上为吾之论，虽粗鄙，然承吾区区[20]肺腑之言，愿为他初创企业供鉴。

注：

①不虞：意外；

②授事：指转业之后安排的工作；

③市事：指市场工作；

④务：致力于；

⑤物：指产品；

⑥黉：指高等学校，这里指中国科大；

⑦擢自：提升自己；

⑧论：观点、看法；

⑨合：结合；

⑩“百世之患，以小利而不顾者有之矣。”引自苏轼《思治论》，苏轼，字子瞻；

⑪亲指：指指点点，指手画脚；

⑫自兴：自动自发；

⑬博大：发展壮大；

⑭“人莫鉴于流水，而鉴于止水，唯止能止众止。”引自《庄子·德充符》，比喻自省和学习；

⑮“不日新者必日退，未有不进而不退者。”引自北宋程颢、程颐《二程集·河南程氏遗书》。意思是不天天有进步就一定会天天退步，从来没有既不进步又不退步的事情；

⑯志：梦想；

⑰九九：九九归真；

⑱学者：求学的人；

⑲亦复如是：也如这样；

⑳区区：诚恳。

【赵征点评】

该文读后，我与立杰同学在微信上做了交流，征求了立杰的同意后，我将我们的对话作为点评内容，也许更加“原汁原味”。

生：老师，这是我的作业。

师：不会吧，我限制的字数少，就把你逼得写文言文了？

生：是的，之前白话文写着写着就多了。

师：我看了文章，文字不错。不过，你在文章中为何要把企业家称为守业者呢？

生：因为禅宗的守与破。我认为企业家做到极致，应是“怀众”，即胸怀天下的、应有佛心的。人生有界，功业可无涯，我心目中的终极企业家，应能做到“自度度人、自觉觉他”，能为天地立命、能承社会之担、能济家国所需。

师：“是故，吾欲引‘知识管理’之教义，合吾创业之败，粗鄙成论，愿为他初创企业供鉴。‘企业家’，吾谓之为‘守业者’”（注：此系原文，现文是修改稿）。你这句话是文眼所在，你通篇都在说守业，而论述守业的原因，是你把企业家定义为守业者。这个逻辑与常识不太相符，容易让人费解。你这个定义属于比较重要的，为了避免理解分歧，希望你对文章稍作修改，详细解释一下吧。

生：好的，感谢赵老师。其实我的另一个观点是：守好方能有破。我写了几点：立世之本、长远之本、业之博大之本以及持续成长之本，实为欲与诸守业者共勉之项。

师：所谓守破，我觉得是一体两面，而非先后顺序，守即是破，破也是守，但破不是守的目的，你所说的“守好方能有破”，这个观点我个人不太认同，守不是为了破，守也没那么功利的！

生：靖居和尚曾提出“守、破、离，谓之‘得之于守、用之以破、创之于离’”，应是递进关系。

师：对一个匠人而言，他自己觉得一辈子都是在守，甚至他都不知道什么是“守”，自己觉得不过就是按照师傅的要求不断坚持而已。可在别人的眼里，他也许早已破了、离了！反倒是那些心里总想着破、离的，最终一事无成。

生：所以我觉得守好才是最难的。

师：守，没有好坏，只有真假！没有守好或守坏，只有真守和假守！好坏是别人眼里的，真假才是自己心里的！

生：我明明白了，真守者不忘初心，假守者或只为逐利。

师：明白了就好。

【袁立杰2年后反馈】

遥记赵征先生面授“知识管理”课程之景，清晰如昨。先生之教义，今对我在日常工作中指导甚大。

例如，先生所述：“管理核心——公司拥有的知识和掌握这些知识的知识工作者。”这使得我在甄选合作伙伴以及储备干部时，着重选择及培养他们的持续学习的能力，以及总结归纳、提炼收集知识的能力。

再如，先生所言：“企业要借助知识提高竞争能力。”即利用知识解决问题，实现与顾客共享知识，进而维持成长态势。这一点在我们对产品及客户的精准度的选择上，指导意义非凡。相信将来，在新业务拓展以及重构方面，我们也会以新老知识为核心进行。

再如，先生所警：“自我管理需要先了解自己，才能自我管理。”这时时刻刻提醒着我和我的合伙人，务必先识己再管己，只有做到自己不封闭，才能更好地进行团队管理。

知识管理与未见先明

陈治光*

2020 年五一节后开门红，微信朋友圈充斥着各类金属原材料价格疯长的刷屏信息：钢铜铝等大宗商品期货行情一飞冲天，直上云霄。

建筑行业、家电行业、电力行业，全产业链都在怨声载道，多少企业主夜不能寐，辗转反侧？

到底是关门止损，还是咬牙挺过？这道选择题如梦魇环绕于心。

也有心态好的戏称：往后余生，一心向“铝”，道不“铜”，不相为谋。

蓦然想起身边一件小事。

2019 年老板发愿在公司所在的某县级市，修建一座寺庙，供奉观音神灵（对于此类善举，江浙沪的民间资本很是活跃）。特聘请一位北京知名研究机构的灯光设计资深专家，就寺庙灯光布置对接交流，我当时负责接待。

* 2019 级 EMBA 学员，现为常熟风范电力设备股份有限公司国际部总经理。

欢迎宴上，此君三杯开怀，才思横溢，纵论古今。席间发问：华夏文明，源远流长，有诸子百家，有儒释道，修行法门多样，但问，如今我们谈读书，搞科研，学管理，究竟为何目的？

我本想回一句高大上的：所为修身治国平天下。

结果此君自问自答，谦逊而言：依鄙人拙见，但求四字——未见先明。

席间哑然，均是一脸迷惘，不知所云。

此君继续：通俗地说，某人将要翻过一座山，此山是否郁郁葱葱，山前是否有路，曲径是否通幽处，均在眼前，一览无余。难的是，怎么在没有翻过此山的时候，预见山后的景观，预先知晓山后的风俗。

席间有人喃喃自语：这怎么可能呢，是未卜先知吗？

此君再酌一杯，神采奕奕：怎么不能？可查地理编志，可问山间牛童，可观气象，可参皇历。所谓读书明智，明的是心智。就拿这大雄宝殿的佛光而言，我毕生所学是为科技，是为光学原理，但现在心中所求，是佛前的一道宁静之光，是佛前虔诚膜拜的芸芸众生，抬头仰视，眼中的一道信仰之光。我佛慈悲，光未有，可它已在我心中照亮。

他的一番话，给我留下了极深的印象，以至于每每回忆起来，都口有余香。

回到正题，此轮钢铜铝大宗商品价格大幅上涨的原因是何？背后逻辑是什么？

有言疫情后全球经济复苏，制造业复工复产，市场需求量增加；有言美联储量化宽松政策使美元放水严重；也有言智利疫情肆虐导致铜矿封锁，中澳贸易争端直接导致原料进口短缺……一时众说纷纭。

至于钢铜铝等大宗商品的下一步走势如何，价格能否继续上涨，无人说清，存在太多的不确定性，唯一能确定的恐怕就是不确定性本身。

试问，材料价格上涨趋势从 2019 年 10 月凸显，早有业内人士指出：“原材料涨价，意味着公司的成本增加，如果公司不能通过涨价把成本转嫁出去，那势必会侵蚀其毛利率。”当下苦苦经营挣扎的企业主们，抱怨的不正是涨价困难，消费者对此不买单吗？说白了，市场定价权并不掌握在自己手中。这样的企业，科技含量低，研发能力弱，生产工艺简单，毫无核心竞争力。你不入地狱，谁入地狱？

半山春雨半生忧，一杯清茶难入喉，山后本是清净地，奈何俗人一身愁。“忧”和“愁”并不在“山”“雨”本身，而在人心。市场竞争瞬息变幻，原料价格跌宕起伏，这本应该是我们管理企业面对的常态，如何保持平常心，优化管理，创新学习，修炼内功，以做到未卜先知，当是一门终身必修的课程。

【赵征点评】

发我文章时治光还附了一段话：

赵老师好！我是 EMBA1901 陈治光。

我所在的企业是一家生产电力铁塔的制造型龙头企业，是劳动密集型的，科技附加值低，产值 30 多亿元。2019 年末开始，钢铁价格急剧增长，订单执行亏损，搞得我们老板头大，我是负责海外口销售的，加上运费几倍增长，我也是茫然若失，心焦如火。

知识管理课程给了我很多的启发和思考，课后和同学多有讨论，很多课程案例对我们的企业管理很有帮助。非常幸运能听到您的课。

这次的作业，我是坐在办公室里，泡了一杯茶，认认真真原创完成的。

发您审阅，如能百忙中指点一二，更为感激。

顺祝商祺！

宗教建筑从出现那一刻起，就离不开“光”。

美国建筑大师路易斯康说：“光是人与神对话的语言。”光在宗教建筑空间中呈现出明暗、层次、扬抑、韵律等特点，不仅使建筑显得神圣和庄严，其营造的空灵幽静氛围更使人内心清净，产生归属感并得到精神上的升华。

文中研究光的专家问起了关于“目的”的问题，读书，搞科研，学管理，究竟为何目的？对此，治光同学也有自己心中的答案：修身治国平天下。

治光的答案源自《礼记·大学》，不过在“修身治国平天下”之前，还有几个概念需要理解：格物、致知、意诚、心正。那么，如何理解这几个概念呢？

我觉得其实涉及两个过程，首先从“见”到“知”，继而再由“知”而“明”。见，是感知万物；知，是洞察本质；明，是安放自我。通过这两个过程，从客观世界回到主观世界，从对自然界的感知回到自我的修行。有了自我的修行，才有了适应和改造世界的可能。

治光同学从行业的不确定性中，悟出了回归增强企业自身“体质”的道理，也称得上是一次由“知”到“明”的旅程呢！

知识管理与选择、坚持和放弃的边界

梁　轩*

在两天的“知识管理”课程中，我有幸向赵老师提出了一个我在课堂上一直思考的问题：对于每个人来说，坚持和放弃的边界究竟应该是什么？赵老师告诉我，当你不确定的时候，就试着放弃，不要吝啬放弃。放弃了之后就会明白是应该坚持还是应该放弃，也就自然明白了其中的边界。

长久以来，这个问题时常影响我的思维和判断，不论是遇到临界点时，还是在做出决策之后，常常患得患失而又为顾此失彼难以平复。从小到大，我们学习过太多的知识，也在随时随地运用我们的知识，但面对赵征老师的一个个“简单”的问题时，比如，什么是设计？什么是管理？什么是商业？我在脑海里飞速地搜索着多年来积累的词汇和自己的职业行为，却又无法准确地表达内心似是而非的想法。在信息爆炸的时代，我们每天都在通过各种渠道获取海量信息，无时无刻不在碎片化地获取、识别，但是却从没有系统性地组织、共享

* 2020 级 EMBA 学员，现为维谛技术有限公司行业服务销售部高级经理。

过，没有真正想过如何进行知识管理，没有意识到知识管理的核心是得到知识和运用知识的手段与方法，而运用知识又是一种可以应用在任何领域的思维能力，更不用说升华到知识创新的高度。同时，逻辑又引导着思维，逻辑思维能力，本质上就是解决问题的能力，这正是我们所在的社会环境和管理岗位的基本要求。

回到我的问题，我们要思考为什么要选择、坚持，又为何要放弃。在这个过程中，我们希望得到什么，又害怕失去什么？坚持也好，放弃也罢，既是一种选择，也是一种思维。思维能力，是需要我们通过知识管理来不断锻炼和提升的。在生活中，对待工作问题，需要自我学习，从知道、学到到悟到；对待子女教育问题，更多的是做到和布道。只有这样，我们才算是真正地“学会”。学会面对选择、坚持和放弃，学会面对事业和家庭，面对自己的初心，面对生活中我们必须面对的无奈，同时也要在回顾过去时，可以欣然面对所有，并坦然接受所失。“知识管理”这门课，不仅告诉我们如何提升管理水平，也让我们思考应该如何面对当下和未来。

一个优秀的导师，一门精彩的课程，犹如一杯奇香异韵的好茶，沁人心脾，味轻醍醐；又如一个闪烁的精灵，羽衣蹁跹，翩翩起舞。感谢赵老师提醒我们不忘初心，又鼓舞我们不断学习，思考与学习同行，工作与生活并进，学会选择、坚持和放弃，去追求每个人心中的“成功”和自我实现！

【赵征点评】

管理就是排序，排序则依赖价值判断。

同一场景中，面对复杂现象时，不同人的选择可能存在着差异，这是个体价值判断体系带来的排序差异。

个体的价值判断体系是动态变化的，而排序和判断体系之间也相互存在着影响。当前的判断体系决定了当前的排序，而当前的排序结果也影响着价值判断体系的未来迭代结果。

人之所以坚持一件事，肯定是因为有价值。坚持分为两种，一种是为别人坚持的，一种则是为自己坚持的。为别人坚持的，是采用别人的价值判断体系产生的结果。你觉得别人会认为有价值，所以你选择坚持；为自己坚持的，则是采用自己的价值判断体系产生的结果。你自己认为有价值，所以选择坚持。为别人坚持的，别人的价值判断变了，你的坚持或许会因之动摇或放弃。为自己坚持的，同样也会因自己的价值判断的变化而随之发生变化。

我认为“坚持”，其实是一次次“放弃”后重新选择的结果，每一次变化的背后，都是价值判断体系的迭代。正是因为“放弃”后的重新“拾回”，才有了“坚持”这个东西；而伴随这一过程的另一个结果，是“自我价值判断体系”的坚定。

很多时候，表面上是坚持了一件事，其实是坚持了“自我”。

知识管理与认知重构

孙皖宁*

短短两天的思维爆炸后，赵征老师在知识管理课上说的很多词依然在我的脑中不停地回旋，如升维、降维、管理的边界、设计的意义等。在苏格拉底式的引导和灵魂拷问下，我实现了思维跃迁。结构、因果、概念、关联这些藏在大脑中的思维碎片开始再现、碰撞和重组。民宿、木屋烧烤的案例，引发了我对创新、管理、战略乃至人生的重新思考。赵老师说，每个人都要通过获得、遴选、思索，从而建立自己的认知体系，这个别人给不了。

2020 年，我由美的冰箱海外销售转岗至战略管理，这是个我很陌生的领域，整个冰箱外销业务也没有成熟的战略体系和评价标准，全靠自己摸索，我曾一度陷入焦虑。一年里有一半的时间在熟悉其他市场的业务和产品，一半时间萦绕在 PEST、SWOT、波士顿矩阵、波特五力模型、产品生命周期的理论研究以及与价值链团队间歇性的头脑风暴中。虽形成过战略规划的雏形，但总要不停地推翻、修正、再讨论，因为它一直没解决我心中关于市场定位和竞争

* 2020 级 EMBA 学员，现为阳光电源股份有限公司渠道策略经理。

策略的疑问。我们什么产品都有，每个品类却都称不上第一，尽管市占前三，但在海外布局、产品设计上依然没有摆脱追随的魔咒，总是晚一步。我们应该成为谁？与 TOP2 以何竞争，能否超越？赵老师说："战略是为竞争设计的，企业的使命是告诉消费者为什么你比别人更值得存在；企业的愿景是你想成为谁？"这句话令我茅塞顿开。集团的使命是"联动人与万物，启迪美的世界"，业务由家电向科技转型；冰箱是大家电的核心，它可以成为厨房家电"联动"用户的载体，由曾经的功能性产品竞争跨入家居场景的新领域竞争，而家电团体冠军的地位和近十年的数字化、智能化布局能成就冰箱的先发优势，打造海外冰箱智能品牌的龙头。那么懂得消费者，让消费者受益，就是我们未来进行产品设计、市场竞争、营销和海外布局的底层逻辑。这种认知上的突变为我的工作打开了很多新思路，当然在落地和执行上，我仍然需要更进一步地思考，但这种思考是快乐的、愉悦的、方向明确的。

此外，体检的炸弹让我开始怀疑生命的大河，也许生命没有想象的那样长，恐惧如影随形。师说：冥想，专注于呼吸，可以忘"我"，旁观自己。我还没学会真正地冥想，但有一刹那的领悟，如果"我"不是这具躯体限定之下的"我"，而是一具灵魂、一缕栖息在肉体之上的意识，来世间体验生老病死、体会乐忧惧痴，它最终还将会有别的载体，一代又一代，或者分散或者凝聚；那么所有的波折、挑战和肉体的磨难，都是生命的不同体验，"我"的每一点努力和为理想所做的抗争，未尝不是生命带来的美好价值。于是我不再焦虑问题本身，选择平和地接受，并花更多的时间在喜爱的运动和对每个"第一次"的探索上，享受它们给我带来的身体变化和愉悦感。

想说的有很多，但也明白知道、学到只是开始，还要悟到、做到。也希望有一天，足够的积累让我可以开始布道。

【赵征点评】

战略，是解决竞争关系的。

要解决竞争关系，就需要了解竞争对手。

竞争对手只有两个，一个是别人，一个是自己。不同的对手，关注点不同。

与别人竞争，关注点是别人的短板。打败别人的最佳切入点就是其短板，因此，针对别人的短板加强自己，则是最有效的方式。

与自己竞争，关注点就成了自己的短板，只有自己的短板被补足了，自己的能力才会增强。

对企业而言，不断发展的结果，往往是别人越来越少，最后竞争对手变成了自己。

很多时候，别人的短板和自己的短板，并不是同一样东西。习惯了把关注点放在别人身上的时候，再想放回自身就变得很难。

对任何人来说，短板是无限的。短板和补短板的排序，往往既取决于目的，也取决于要加强什么优势。同样的体重，对体操运动员而言可能是短板，对相扑运动员而言反倒是优势了。

了解“我”的目的，明晰“我”的优势，补足“我”的短板，也许才是战略和竞争的本质。

皖宁同学文中谈及的企业战略和“我”，其实是一回事。

知识管理与教育的本质

黄　娟*

在2021年最后一个月中，很有幸听了赵征老师讲授的“知识管理”课程，我受益匪浅。

与其他课程“老师讲学生听”的授课方式不同，“知识管理”课程很多时候都是老师和学生的发言与讨论，让师生之间形成思想的碰撞，从而产生智慧的火花。课程中让我产生思考的是不同维度所阐述的设计本质、管理本质和商业本质等内容。“本质”这个词也因此牢牢地印刻在我的脑中，让我对以前的思维方式产生了新的认知。

* 2021级EMBA学员，现为安徽省服装进出口股份有限公司事业部总经理。

我是一个初中生的妈妈，在以前的教育中，我长期处于一个比较焦虑的状态。为了避免孩子在学习和成长的道路上出错，我总是喜欢手把手、亲力亲为地教孩子应该这样做、不应该那样做，时刻关注着孩子的分数，对孩子的不足和缺点缺乏耐心，时常还会伴随着冷漠、急躁、武断的态度，严重影响了亲子关系。在“知识管理”课程中，赵老师经常使用教育的案例，帮助大家理解课程内容。他的几个观点让我茅塞顿开。家长应该是孩子最好的教练，我们要为自己的孩子量身定做一套适合他的体系，培养孩子的能力，关注孩子的成长过程，而不是最后的结果。

听完赵老师的课程，我不仅对知识管理有了进一步的认识，而且似乎对教育的本质和初衷也有了更多的了解。孩子的成长和花草、蝴蝶一样，有自己的周期和规律，他们的成长也是知识积累的过程。所以在教育中，耐心地发现孩子的优点和长处，给孩子新的体验和启发，让孩子看见自己的智慧、证明自己的价值，难道不正是教育本身最快乐和值得骄傲的事情吗？真正爱一朵花，不应只在意看到开花的结果，而应享受和花朵共同经历的整个漫长的成长过程。陪伴着那朵小花，经历风霜雨雪，付出爱和耐心，坚持下去，等待那个百花盛开的烂漫季节。真正的知识，不仅体现在成绩上，更体现在过程中。

我真正懂得了：教育，是一场爱与被爱的修行！真正的教育，不是逼孩子学知识、练技能，而是激发孩子生命的潜能，补充孩子心灵的营养，帮助孩子健康地成长，让每个孩子都成长为最好的自己。所以，作为家长我们真正应该做到的，是陪伴着孩子，把他所有低迷的时刻变成有意义的时刻，用成长性思维模式点亮孩子的人生。

【赵征点评】

组织管理和育儿管理，这是个有趣的对比话题。

组织与育儿最大的不同，我个人觉得在于主体与努力者之间的关系。对于组织的发展而言，主体当然是组织自身，努力者则是组织这个“主体”所有内部的人，即管理者和员工；对于育儿而言，孩子自然是主体，努力者却是孩子这个“主体”外部的各种角色，如家长、老师、学校……

关系不一样，其中的要点自然就有所不同。组织的发展，可能更需要努力者们的一致性。这个一致性，指的是目标的一致；孩子的发展，需要的反倒是努力者们目标的多样性，教育者目标的多样性给孩子带去了更多的包容性。

包容和一致，其实也是对立的统一。有了更好的包容，才能在不同的组织中形成一致；同样，有了更好的多样性，才能带来一致性的不断迭代进化。

尽管组织需要一致性，但不同的组织所表现出的一致性也不尽相同，这也正是不同组织的差异化所在，是其在这个多样的世界里生存和竞争的基础。也正是在这种不同的一致中，员工个体的多样性的价值才得以更好地体现。

一致性和多样性，也许是组织发展和孩子成长都需要注意的吧！

知识管理与“我的戈壁商学院”

黄士奇*

“知识管理”这个词，只要在企业中有过经历的人多多少少都接触过它或有所领悟。知识管理，我的理解是由个人的生活经历的积累转化的经验，是企业运行中的文化延续，更是国家文明传承的一种表现。老师在课堂一开始就探讨了数据、信息、知识、智慧这几个概念，就是将生活中的细节转成能够延续文明的一种智慧，是一种有系统的知识管理。

就我个人来说，跑步运动对过去的我来说是一种兴趣，一种舒压的方式，它就是一个抬起腿往前迈进的运动，而我就这样跑了十多年，它让我常保笑容，精神抖擞，身体指数正常，而这样的想法就在我的人生中存续了十多年。

* 2021 级 EMBA 学员，现为深圳市昇維旭技术有限公司机台自动化课经理。

上了中国科大后参加了一个戈壁挑战赛的活动（上中国科大之前就听说过），初期的想法就是 4 天要挑战 120 多公里，多么哇塞，一定要体验下。后来被选拔为 A 队队员后，跟着团队持续锻炼了一年左右，开启了我多年跑步的新思维——“原来跑步也是有科学理论支持的”。

科学跑步，调整跑姿，让我们不易受伤，周二间歇拉心肺让我们的心率在高频区坚持，周三心率跑让我们的心脏在低频区稳定输出，周五核心训练让我们的身体强度提升，周六轻松跑，周日长距离慢跑（long slow distance，LSD）拉练让我们适应并突破距离的障碍，每月一次的 3 天连续拉练让我们感受真正赛道的距离以及身体的总承受能力。

日复一日，从不定期出现某个队员受伤的情况到后来三天跑完就只是肌肉酸痛以及肚子饿之外，大伙儿没有其他不适感。我们都明显感觉心率下降了，速度提升了，距离变长了，身材变好了，跑姿正确了，这些变化慢慢变成我脑海中跑步训练该有的样子。

以往跟朋友讨论跑步时，无法说出具体的东西，但现在跟朋友讨论时能有系统地告诉他跑步带来的问题以及好处，还有就是应该怎么跑，我认为这就是知识管理的一部分，这种知识除了融入了下意识的肢体动作，也提升了我对跑步的认知，更让我看到了老戈们在跑步之外服务奉献的态度，这些都是影响我深远且会传承延续下去的知识。

【赵征点评】

与之前相比，士奇同学上中国科大后跑步的变化，一是关注的几乎都是细节，二是和朋友再聊起跑步时，内容也更系统。

经常有人说“细节决定成败”。其实这里“细节”决定的，并非细节自身的成败，而是细节所属系统的成败。“细节”是相对“系统”而言的，系统越复杂，细节就越多。

细节决定成败，但细节却不止一个，不同的细节之间更存在着差异。比如，肌肉是跑步的细节，心率也是跑步的细节；配速是细节，步频也是细节；个人最好成绩（personal best，PB）是细节，团队完赛也是细节……有的细节是细节，有的细节本身就是一个小系统。更有甚者，有些细节相互促进，有些细节却彼此冲突。

年轻时，跑步只是抬腿向前，很简单；长大后，跑步不断与生活和生命相关联，变得复杂无比。对跑步理解愈深，其愈不可知。就像每个人都渴望拥有知识，但知识多了，却反而无从下手了。

细节是一种特殊知识，无法轻易获得，而且难以言说。对于这类知识，需要亲身实践，还需总结提炼，且因人而异各不相同。对细节知之较多，似乎不仅会影响系统的成败，还会影响系统特征，甚至彻底改变系统。

也许，学习知识的目的，本就不是知识堆积，而是在“知识管理”的过程中，完成“自我改变”的非意图结果吧？

知识管理与思维方式

李 蕊*

作为来自江苏南通的学生，由于疫情的原因，之前两次集中上课，都是在线上远程参加的，很庆幸自己这次选择到合肥来聆听赵征老师的“知识管理”这门课。赵老师的课程逻辑清晰，案例丰富，通过提问来引导我们思考，在思考的过程中体会和学习知识管理的思维方式。2 天 16 学时的课上完，甚有意犹未尽之感，故在课程结束后的第一时间翻阅了赵老师的 PPT 讲义和《管理思维跨界创新》，记录下自己最有启发和正在思考的几点，请老师指教。

在一定时间内基于公司的现有技术，寻找到商业应用场景，形成核心产品的过程，其实是把客户需要转换成客户需求的过程。我们这样处于创业初期的

* 2021 级 EMBA 学员，现为江苏鑫玉安传感技术有限公司总经理。

企业，正处在这个过程中，就是基于现有的技术，寻找商业应用场景，准确定位客户的需要，并通过公司的技术，把客户需要转化成客户需求。这个看似容易的转化过程，也许需要一年、两年，甚至要更久的时间来实现，需要在做技术服务的过程中，慢慢去实现。这个过程也是隐性学习的过程，需要通过公司员工的知识积累和持续向客户学习，找到商业价值，形成商业模式。未来我们更需要思考，使用哪些方法或者方式去实现转化和学习的过程，了解公司隐性学习的过程并记录，形成核心价值。

老师在课堂上提到了评估，目前企业管理所涉及的大量工作就是评估。评估是什么？评估标准是什么？评估目标是什么？评估对象又是什么呢？评估涵盖我们商业活动的各个阶段。当然我们这里的问题就如老师所说的，都是开放的，都不是绝对的真理，所以没有标准答案。通过这样的思考，我反省了自己40年来在生活和工作中的各种评估，发现评估一个人是很难的，所以，我们在招聘员工和开展员工年度评价的过程中都更要去考虑，我们评估的目标到底是什么？我们设计的访谈形式和问卷是否和这个阶段的员工相匹配，是否还有需要调整的地方呢？带着这次赵老师引导我们思考的模式，把知识管理的思考方法应用到我们实际的工作中。

未来的路很长，所知所学有限，希望能有机会多请教一些创业过程中的问题。

【赵征点评】

李蕊同学结合自己的创业实战，讨论了知识管理与实际工作的应用话题。我倒是建议先别想着应用，最好先跳出应用，重新理解一下原有的概念。

在拙作《管理思维跨界创新》中，我把管理分为五个不同的层级：初始级、重复级、定义级、算法级、优化级。

如果你把管理每件事都当作一个个不同的个案，就意味着每次都是解决不同的问题，这样的管理效率很低，只是初始级。

重复级就是能够找到不同事情的共同点，因此在一定程度上类似的解决方案就可被重复使用，效率得以提高。

如果能明晰不同类别问题的边界，就可以在分类的基础上定义问题。定义了问题就意味着产生了新的概念。比如，把离开本地临时去外地定义为“出差”；把原材料变成产品定义为“生产”；把产品卖给消费者定义为“销售”；等等。管理由此进入“可定义”层面。

定义了问题，就可以记录过程数据，形成“算法”，即量化分析和研究问题，甚至在定量的范围内预测结果。

在量化分析的基础上，问题、方法和结果之间的关系就越来越清晰，就可以依据结果来优化“定义”或“算法”，这就进入了管理的最高水平。

初始级和重复级是针对“事”的，而后三个层级就是针对“方法”的了。一旦涉及了方法，就必然依据结果，一谈到结果，战略也就因此登场了。战略是什么？表面上是知识的增长，本质上是知识载体（人）的成长。

知识，不仅能用来牟利，更能用来滋养。我在课程中不断强调“人的成长”，需要成长的绝不只是片面的“商业人”，而必须是完整的“人”。

【李蕊2年后反馈】

如今回首“知识管理”课程，愈发感受到其深远的影响力和价值。在课程中所汲取的知识管理思维方式，已然成为我职业生涯中的关键指引。当初关于将公司技术转化为商业应用场景和核心产品的探讨，让我在创业的漫漫长路上始终保持敏锐的市场洞察力，持续挖掘技术与客户需求的契合点。历经多年实践，深刻体会到隐性学习过程对企业成长的重要性，那些年员工们在技术服务中积累的点滴经验，逐步汇聚成独特的企业知识资产，助力企业在竞争中脱颖而出，成功塑造了具有竞争力的商业模式。

课程中关于评估的思考，更是贯穿于企业管理的方方面面。从人员招聘到团队组建，从绩效评估到人才培养，当年那些开放而深刻的问题促使我不断反思和优化管理方法。不再局限于单一的评价标准，而是更加注重从多个维度、动态地去认识和发展员工，这使得团队的凝聚力和创造力得到了极大提升，为企业的稳定发展奠定了坚实基础。

“知识管理”课程不仅是对知识的传授，更是对思维的启迪。它让我明白，知识管理是一个持续进化的过程，需要在实践中不断摸索、总结和应用。如今，这些理念已深深融入企业的文化与运营之中，成为推动企业不断前行的内在动力，也让我在多年后的今天，依然对那堂精彩的课程心怀感恩与敬意。

知识管理与“美”的赋能

吕泽梅*

企业的本质是什么？设计的本质是什么？商业的本质是什么？管理的本质是什么？在一系列直达内核的拷问下，我们结束了两天的知识管理课，赵老师独特的上课风格让我们的大脑高速运转，绝对算是思维上的“虐”，这种“虐”就像长跑，过程很不轻松，但足以让你酣畅淋漓。

课程对我解决一个困扰我许久的问题有很大启发，这个问题就是：在知识大爆炸的今天，古人的真知灼见为什么没有湮没在历史的长河里，到现在还是熠熠生辉、依然有很多引导意义？理解了知识和智慧的区别，就能立马明白古人传承下来的更多的是智慧，而不是知识，知识会在时代变迁中演化更替，智慧不太会受时代的影响，更像是钻石一样永流传。没有知识不一定

* 2021 级 EMBA 学员，现为泽邦文创总经理。

没有智慧，像禅宗六祖慧能，他不认识字，可以说没有知识的积累，但他是个有大智慧之人。

最触动我的是“设计的本质是什么？”。这里的设计是广义的设计，设计是洞察需求的创意，其本质是意义，在设计过程中要弱化功能性，找到意义所在，听到这些可以说是醍醐灌顶。之前去看其他公司的很多文创产品，感慨没看到有创意的产品，关注点主要还是其功能性，没有思考其背后设计的意义，其实产品种类不会跳出我们目前的认知范围，对于文创产品开发来说更是要找到触动消费者内心的那个意义。我们公司的标语（slogan）是“烟雨江南里的文创人”，假如设计一款可书写的笔记本，它是关于烟雨江南二十四节气的，消费者购买它更在乎的不是书写的文具，而是带给他的美好的感受和对古代传统文化的欣赏。现在经济和商业的发展，离不开资本赋能、科技赋能，更离不开美的赋能。当被美好赋能，商品本身就充满了温度和情感，会被用户深深地记住，也会为企业塑造出最柔性和不可替代的竞争力。

不管是身体的“虐”还是思维上的“虐”总要有一个在路上，会让你的身体更强壮，让你的思维更有深度。

【赵征点评】

今天，技术进步使人们日常生活中的物质生活水平不断提升，精神生活则受到了压制。当代社会人们的物质欲望被空前激发，而精神生活在遭遇物质层面空前压制的同时，又面临着文化商业化和时尚化的挑战。当人们沉醉于标准不断攀升的衣食住行和工作环境时，便淡忘和冷落了自己的精神需求，忘却了滋养精神，忽视了培养自己的审美能力。

日常生活与艺术有所不同。首先，日常生活常常是“拜物的”，无条件接受既成物质；艺术则不同，它追究事物的起源。艺术的这种探索和批判性超越了日常生活的局限性和偏狭性。其次，日常生活受制于直接需要；艺术虽然生发于日常需要，但会自发逐渐脱离这种需要，不再与直接利益相关联。艺术因此获得了自律性，在逐渐摆脱日常生活的功利限制和要求基础上，进而实现超越。因此，艺术是超越功利和实用主义的，给人带来审美愉悦。再次，日常生活往往是刻板和重复的，艺术却常常充满了变化和激情。最后，艺术可以改变我们和世界的关系，培养出有教养的欣赏者。艺术既可以使人超然于日常生活的琐屑局限之上，进入一个更高的精神境界；又可以使人重返现实世界，以更高的美学视野来重塑现实世界，提升个体和群体的生存体验。

艺术在现代社会中常常扮演复杂的“反派”角色，似乎更带有反抗日常生活消极性的动能。比如，唯美主义就是对日益平庸无聊生活方式的偏激反叛，追求一种超然的美的生存。这么来看，很多年轻人追求新奇怪异也就不足为奇了。在他们看来，不是艺术模仿生活，而是生活模仿艺术。艺术具有振聋发聩的提示功能和对抗消极的瓦解力量，这种提示和对抗力量，也是一种艺术对日常生活不可或缺的“虐”。

知识，不仅能用来牟利，更能用来滋养。我在课程中不断强调“人的成长”，需要成长的绝不只是片面的“商业人”，而必须是完整的“人”。泽梅同学提出“美”的赋能，对知识管理的学习赋予了新的意义。

【吕泽梅2年后反馈】

时光如梭，结课至今已悄然过去两年，对赵征老师的知识管理课印象不可谓不深刻，全程大脑高速运转生怕错过哪个精彩瞬间。直到现在还比较怀念大家激烈讨论的场景，各种观点的碰撞激发出新的思考，同学们在课程结束时还有点意犹未尽。

闲暇时，我常思索这两年多的学习生涯给我自己的管理工作和公司发展带来了哪些改变，好像没有明显的改变，又好像改变了很多，学习的管理知识用来优化原来的公司管理模式，内化为管理思维的一部分，在工作当中不知不觉运用所学管理知识进行思考与决策。公司从原来低头赶路的状态转换为抬头看路，我们重新思考了公司的发展方向，确定了清晰的公司战略目标。公司已经创建了自己的终端品牌、多个知识产权（intellectual property，IP）形象、100多存货单位（stock keeping unit，SKU），开发的文创产品在多个城市上架销售。现在回头看，公司已然往前迈出一大步，之前所学的管理知识加速了公司成长。

在国家鼓励文创行业的大环境下，建立全新文创品牌之路依旧充满艰辛，想要成功打通C端文创品牌的道路绝非易事。前期对市场大量调研和对消费者精准画像乃是文创产品开发的关键；对供应链进行有效的管理是文创产品保质保量落地的前提；最后，销售渠道作为距离消费者最近的一环，也是最核心的一环。文创开发、生产管理和销售渠道三者有序进行，小到产品定价大到未来战略制定，每个节点都需要管理知识的参与。

在 EMBA 课堂上各科老师讲授的管理知识和中国科大“红专并进、理实交融”理念相结合，学以致用，相对从容地应对公司管理，每一步走得更为踏实稳健，这无疑是学习带给我最宝贵的收获。

知识管理与庖丁解牛

尹　坚*

在两天的“知识管理”课程上，赵老师结合亲自指导、参与过的多个案例，连环发问，直击“痛点”，激发同学们不断地进行更深入的思考，从而抽丝剥茧，透过盘根错节的表象，发掘问题背后的本质。

坦白说，这个过程有些痛苦，而伴随着不断碰撞、思考、再碰撞、再思考的过程，课堂上刮起了头脑风暴，赵老师持续引导同学们探究案例背后的动因和规律，促使同学们逐步建立对事物的自我思考判断，从而实实在在地沉淀和提升，这不就是 EMBA 课堂带给我们的重要意义之一吗？这不就是知识的分享、总结、改进、创造和增强的过程吗？这不也是知识管理的一次重要实践吗？

那么知识管理的本质是什么呢？结合课堂上赵老师深入浅出所说到的，我认为知识管理的本质体现于层层递进的 3 个方面：隐性化的知识显性化；显性

* 2021 级 EMBA 学员，现为湖南闪电价科技有限公司执行总经理。

化的知识结构化；结构化的知识体系化。那么如何理解呢？这里我们先讲一个老故事。

有个名叫丁的厨师给文惠君宰牛。他的刀子刺进牛体，发出霍霍的声音，在牛的身体各部位穿梭，犹如行云流水，不大会功夫一头牛就宰割完成了。他宰牛的刀 19 年未曾换过，锋利如初。文惠君不禁问道："嘿，你的技术怎么高明到这种地步呢？"

庖丁放下屠刀，回答道："我解牛之初，所看见的是浑然一牛；三年之后，就未尝见全牛了，而是对牛生理上的天然结构、筋骨相连的间隙、骨节之间的窍穴皆了如指掌。现在我是凭内在精神去体验牛体，顺应自然，择隙而进，劈开筋肉间隙，导向骨节空处，按照牛的自然结构进行。"

庖丁解牛表面上说的是熟能生巧，实则不全然。如果庖丁不用心钻研牛的内部肌理、生理结构，不加以总结认知，并努力实践构成自己的"解牛"技能，即使宰再多的牛，也可能还是一名普通的屠夫罢了。

回到眼前，我们公司作为一个初创期的折扣零售企业，身处日益复杂多变的后疫情时代，如何生存？如何持续发展？建立符合自身需要的知识体系，就显得十分迫切和重要了。像庖丁一样，企业需要从一个个业务模块的信息导入开始，到整理加工、建立体系，最终实现应用和输出，从而增强内功、提高应对内外部环境变化的能力，在逆境中求得生存和发展！

【赵征点评】

我想请尹坚同学思考一个问题：这个世界好屠夫很多，为何只有庖丁的故事流传至今呢？显然，并非庖丁"拆解"牛的能力最强。

解剖是一个数据的结构化过程，动物的身体组织里，蕴含着大自然的无穷数据。解剖学通过对动物生命组织运行原理的研究，将这些数据结构化，并分别命名为"心""肺""胃""肠""骨头"……供人类理解和使用。

成为一位屠夫，首先需要学习解构：辨认牛的各个器官；了解各器官在牛身体里所处的位置；弄清器官的"支撑"（骨、肉和筋）和"连接"（管道）。通过解构，将一头牛从整体"拆解"成部分，不过，这一步大多是通过理论学习（学习前人经验）完成的。

对牛的各部分充分了解之后，就需要练习"拆解"技能了，练习方式就是亲自动手屠宰。可想而知，实践和理论肯定存在差异，每个牛的情况都可能存在个体差异，庖丁必须不断结合实践，“印证”和“校对”原有理论。只有这样，才能“熟能生巧”。到这个地步，庖丁算是一个好屠夫了，但其技艺想要流传还不够。

想要流传，庖丁必须建立独有体系，即重新建构。重新建构，指的是建立能够更有效处理大自然生命组织数据的庖丁独有结构。重新建构的结果，或是修正原来器官的概念定义，或是修正原来不同器官之间的关系定义。

这样的建构还不足以支撑流传，因为这个建构只是屠宰行业的知识迭代，对于屠夫群体的技能提高是有价值的，但仍无法“跨行”流传，按如今时髦的说法是：必须“出圈”。显然庖丁实现了“出圈”，出圈的原因很简单，就在故事的原文中：“顺应自然”。“顺应自然”是一种更高维度的“建构”，这个高维度建构，让更多人重新认知了“屠宰”，也知道了庖丁。

知识管理，看起来是研究“知识”，似乎关注“解构”；其实不然，解构只是基础，“管理”则是“建构”！不同维度的“建构”！

【尹堃2年后的实践感悟】

江河奔腾，时光荏苒，“知识管理”结课已两年有余，但课堂上激烈讨论的景象仍清晰地浮现在眼前。记得赵征老师课后与同学们探讨庖丁解牛，分析数据和知识结构时，专门剖析了这一典故的核心：庖丁看似是在“解构”牛的生理架构，实则是在“构建”，且有三次不同层次的构建。第一次，在脑海中构建牛的模样；第二次，构建解牛的方法策略；第三次，构建独树一帜的思维体系，从普通屠夫蜕变成了独一无二的“庖丁”。真是字字珠玑，其中所蕴含的深意，让我们不禁赞叹思维之美，学海之浩瀚！

在中国科大和管理学院，还有许多像赵教授这样的老师。他们在专业领域成就斐然，或是科研项目的带头人，攻克技术难题；或是发表大量高水平学术论文，推动学科发展；或是荣获各种荣誉奖项，成为行业标杆。在课堂上，他们却质朴无华，毫无架子，以平实的言辞和认真的态度传道授业，用真知灼见开拓我们的思维，让我们有全新认知，如明灯照亮我们前行的道路，使我们在学习工作中有方向、有底气。

过去两年多，处于创业发展期的我们和众多零售企业一样，既面临诸多挑战，也迎来新的机遇。后疫情时代加上电商冲击，消费者购物习惯发生改变，线下客流量减少，租金与人力成本上升。体验式消费需求增长、折扣零售发展、线上线下融合加快、数字化转型加速，加之社区化与本地化趋势，为我们这家专注于社区折扣零售的企业带来了新契机。我们努力将所学应用于日常经营管理，逐步构建并持续完善企业的发展战略、营销策略、财务管理和知识管理体系，在降本增效方面渐显成效。其中，自然离不开赵教授等诸多老师给予的启发和指导。

在中国科大 EMBA 专业学习，我们收获的绝非仅有专业知识，更有全新的思维模式。它极大地拓宽了我们的视野，助力我们构建起商业知识体系，帮助我们培育战略、创新以及领导力思维；同时，还让我们结识了许多优秀的同学与老师。身为中国科大人，我们将持续学以致用，为践行中国科大“红专并进、理实交融”的理念，尽一份微薄之力。

知识管理与核心竞争力

张方文*

2022 年春节后第一次线下上课就有幸听到了赵征老师的知识管理课。想象中，知识管理应该是以理论学习为主，可能也就是介绍一下公司知识产权、经验文档、知识积累等，没想到此次课程给了我们大大的惊喜，老师带给大家的是深度思考和思维的碰撞，听完觉得醍醐灌顶、酣畅淋漓。

在课堂上讨论什么是企业核心竞争力时，由于身处半导体行业，我脑海中首先浮现出来的是企业掌握的资源（包括供应链上下游、专利、产品、渠道、客户）、技术能力、流程体系、管理能力等。看起来每一个都是核心竞争力，但是总感觉这些只是企业运行过程中产生的结果或过程产物，并没有触及在课堂上反复提到的问题本质。因为有很多很优秀的企业并不具备所有的这些核心竞争力，但并不影响其在市场上取得成功。直到老师给出他的见解：核心竞争力是组织知识和知识挖掘能力的合称。深入想想，可不是嘛，企业掌握的资源、

* 2021 级 EMBA 学员，现为苏州纳芯微电子股份有限公司产品线总监。

技术能力、流程体系、管理能力等一个个的独立能力，不正是在不断组织知识和挖掘知识过程中生产的，组织和利用知识的能力才是企业的核心竞争力。

如果我们再深入分析一层，不同发展阶段的企业，核心竞争力是有区别的。知识的主体必须是人或组织，而不同发展阶段的企业以及人和组织的结构是截然不同的。在企业发展初期，组织和挖掘知识的主体主要是创始人或团队，因此评估一个初创企业的核心竞争力首先需要看的是创始人或团队的经验和能力。在企业的快速发展期，组织和挖掘知识的主体是中高层管理团队，此时更应关注团队的组成，以及企业过往形成的核心竞争力构成等；而在企业成熟期，我认为组织和挖掘知识的主体是体系，这个体系下的人依靠流程和积累来扩充增强核心竞争力的要素。

【赵征点评】

核心竞争力来自组织知识和知识挖掘能力，方文同学讨论了组织不同阶段的知识来源，从早期的创始人到快速发展期的中高层管理团队，再到成熟期的体系。

其实，知识来源在不同发展阶段的最大区别，是知识产生过程与组织的关系。组织创办和早期组织提高竞争力所需的大多数知识来自组织之外，来自创始团队和管理团队人员的过往知识积累，这些知识在加入组织之前已经产生，因此不得不根据组织发展需要，对知识拥有者进行“挖掘”。组织成立超过一定时间之后，就逐渐成为知识生产的载体，组织运营过程就是组织知识的持续产生过程。大部分组织竞争力所需知识的产生过程转移到了组织内部。知识“挖掘”的对象也随之发生变化，从原来的知识拥有者变为知识产生过程。

原来是个体知识先产生，再挖掘产生组织知识；现在是同步进行，既促使员工个体生产知识，又促使组织形成知识。核心变化是组织成为知识生产的责任人和组织者，避免了知识多次转换可能产生的“损耗”，同时从最初员工生产知识时，就建立员工个体和组织的知识关联，提升个体和组织之间的成长黏性。

抓住了过程，才能保证知识的“产权”。

知识管理与创业旅程

张泽国*

2022年冬月，有幸听到赵老师的知识管理课，犹如求索旅程的一束光、创业路上的一扇窗，激起我思想深处的旋涡，让我重新思考“这一路为何出发，又想去何处!”。

十二年前，我选择来合肥发展，期待的是在这个城市能有一处属于自己的居所；五年前，我选择离开原单位，期待的是能找到实现自己科技追求的一方晴空；知识管理课结束后，我想我应该带领团队，通过商业组织形成一处产业风景，通过创业淬炼留下一段梦想旅程。

设计的本质是什么？管理的本质是什么？商业的本质是什么？一轮一轮的本质追问，激发我们透过表象去思考本质；定制名校辅导关注成长过程，木

* 2021级EMBA学员，现为安徽润安思变能源技术有限公司董事长。

屋烧烤的意义是“干杯”，用无意识行为的价值指导产品开发，把远大目标分步实现，这种思维方式激发我们从自己日常工作、生活中感悟理论之外的世界。

创业的本质是什么？这是摆在每一个创业者面前的关键问题。个体选择创业，或由于自我能力实现，或由于经济反馈，或由于挑战自我边界；而创业本身又是一个团队组织行为，组织的目标是产生有竞争力的产品或服务、产出商业利润价值、产生行业或社会影响力、回馈创业个体等。我想创业的本质应该是个体或组织需求实现的一个追求过程。

如何能走向创业的价值落点？结合润安思变的创业过程，其关键要素是企业定位、人才团队、技术实现、市场落地、指标评价、发展规划、资源协同。处于“双碳”（碳达峰、碳中和）这场深刻的社会变革之中，有技术、人才、市场及管理经验的积累，润安思变定位于能源核心基础零部件及工业节能系统智能算法两个抓手助力国家实现“双碳”目标；统筹国内国外行业精英形成一流团队；通过卓越团队进行核心技术开发验证；通过价值场景应用实现市场落地；通过管理水平提升优化指标评价；依据技术水平、市场反馈、组织决策协同资本、市场、行业资源，促使发展规划优化并一步一步实现。

产业价值实现的过程、淬炼追梦的旅程，相信已让我们陶醉于“为何出发”；产出过亿、上市成功、个体与组织价值的目标实现似乎也不是归处，在追求价值落点的旅程中无意识地形成价值本身，推动社会经济与文明进程。

创业是个持续动态寻优的系统工程，创业亦是启动后便只能一路向北“撞穿”一道道南墙的过程，创始人最了解自己内心的方向与现实状态的距离，需要不断地综合输入的信息做组织迭代与自我进化。视每天的创业过程如吃饭喝水般稀松平常，视每一个里程碑是自然而然的奋斗回馈，心如止水无旁骛，不为今天的进步而起波澜；志如磐石般笃定，不为明天的未知而忧虑，奇迹便悄然在发生！

【赵征点评】

创业的本质是什么？泽国同学提出了知识管理课的延伸思考，在作业中他也给出了他的观点，泽国同学认为“创业的本质应该是个体或组织需求实现的一个追求过程”。

顾名思义，创业就是创办一家企业。那“企业”又是什么呢？尼古拉·福斯教授认为，企业是企业家判断的组织化。

这里的判断，指的是企业家自认为发现了一种消费者亟待满足的偏好，或是发现了一种可以用于满足消费者偏好的资源使用方式。显而易见的是，企业家的这些判断（即自认为的发现）都只能算是一种“推断”。这些推断都是主观的、个人的、不可共享和完全传达的，因而也不可能与他人缔约，更无法交易。

企业家有了判断，却无法通过出售自己的“判断”来获利，就只能选择创办企业这种“组织”的方式，来证明和实现自己的“判断”，同时从“判断”中获取回报。因此，“企业”是企业家“判断”的组织化结果，也是企业家获取“判断”收益的手段。

企业家，指的就是那些既具备产生“判断”的能力、又愿意亲力亲为去实现“判断”的个体。

清晰了企业、创业和企业家的关系，我们发现就只剩一个关键点了，就是“判断”如何产生？

偏好如何发现？可被观察到的只是市场上的普通行为，而“偏好”是无法从行为观察中直接得出的。企业家判断出的偏好，是从不同人的不同“选择”中推断而来的，而这种推断，需要对不同主体选择的背后逻辑和动机进行理解与思考。

同理，“机会”，其实也并不存在，更无法在事前“抓住”，它只能在事后根据市场行为加以推断：因为企业家的某个行动产生了利润，我们才能知晓这一企业家的“判断”，其实是把握住了某一个“机会”。

判断，指的是发现了未被其他市场参与者意识到的东西。这种判断并不是如何在既定条件下求“极值”的问题，其来源于具有他人所不具备的知识和洞见的企业家；不是企业家观察到了什么特殊现象，而是企业家对所有人都能观察到的普遍现象，进行了“特殊处理”。

这样的“特殊处理”，可能需要的就是“知识”和对“知识”的管理。

创业，在我看来，就是不断产生判断和实现判断的过程。尽管这个过程的结果失败居多，但伴随这个过程而来的，是创业者知识积累及运用的能力提升和智慧提升。

知识管理与管理知识

祖　武*

看到这个题目，肯定会有人想，这是要干吗？讲相声吗？这个题目到底是啥意思？各位看官，且听我慢慢道来。

在我第一次看到“知识管理”这门课程的名字的时候，我的第一反应是迷茫，这门课是啥意思？是要讲点啥？是要告诉我们如何管理自己已经学到的知识，还是告诉我们如何选择自己将要学哪些知识？带着这个困惑我进入了“知识管理”课堂。

在被赵老师所向披靡地“怼”了我们两天的同时，我对“知识管理”这门课程也有了自己的理解。在我看来，知识管理本质上介绍的是如何对所掌握的知识进行合理的应用和组合，从而让知识发挥出最大的效能，让知识的经济价值和社会价值最大化。

* 2021 级 EMBA 学员，上海颐皓企业管理咨询有限公司创始合伙人。

我是一名从销售转岗过来的营销管理咨询顾问，“知识管理”这门课程让我对咨询工作中重要的培训环节，有了新的理解和认识。在我之前的认知里，培训工作最重要的目的就是将正确的做人、做事的方法教授给学员，在培训现场让学员通过不断地重复演练和分组讨论得以领会，培训后通过反复地跟踪辅导和技能强化让学员得以贯通，从而达到使学员能力提升的目的。

换个角度去想，如果能提前了解受训学员现有的知识结构和内容，从提升受训学员对已掌握知识使用熟练度角度去开展培训工作，应该会让受训学员更容易提升自己的专业能力。在正确的时间用正确的知识，就是做正确的事。在错误的时间用正确的知识，可能就是错误的事。接下来我会尝试换个思路去做培训工作。

再来谈一下标题“知识管理与管理知识”，一位成功的职场人士，对其已获得的知识的管理和运用应该已经到了至臻完美的程度了，这体现出这位人士的知识管理能力很强。我认为接下来如果要继续进步，提升自己的工作能力，就需要另外一个能力——“管理知识”，这里的“管理知识”是指选择对自己有利、有帮助的知识进行吸收和转化，这样才能让自己获得对自己有益的知识和能力的速度得到最大程度的提升。我想职场的高阶成功人士，应该对“管理知识”的技能运用得更加纯熟吧。

【赵征点评】

“知识管理”与“管理知识”这两个表述之间存在着差异。尽管“管理知识”是一个动宾结构，并未显现主体，但这个表述方式强调了“知识”的一种特殊属性，即这个“知识”是存在着所有者的，意味着管理的是某个“主体”（组织或个体）的“私有”（隐性）知识。“知识管理”则不同，这里的“知识”不强调属于某个“主体”，因此既包括“私有”知识也包括“公有”（显性）知识。

这就可以解释祖武同学文中的一个有趣的提法了：正确的知识。他在文中说道：“在正确的时间用正确的知识，就是做正确的事。在错误的时间用正确的知识，可能就是错误的事。”这句话使用了四次“正确”和两次“错误”。

知识是中性的，没有正确和错误之分。只有具体到某个个体，才可以有“正误”的判断。所谓“正确的知识”，首先祖武同学的意思应该是它是指“完成某项工作或解决某个问题所需的知识，不是唯一的，存在着最合适的知识”。这里的正确，可能是对实现某个目标最有效的解决方案，或是指最符合行业共识的解决方案。培训其实就是一种行业最佳范例的推广形式，但培训并非使知识“迁移”，而是培训学员使其“生产”新知识。祖武同学谈及的“管理知识”是指“选择对自己有利、有帮助的知识进行吸收和转化”，其实也并非“管理”知识，而是“生产”知识，“吸收和转化”实质上是个体“隐性”知识的生产。

祖武同学围绕自身职业特点，就培训中个体知识管理进行了颇多思考，颇有新意。

知识管理与一点感悟

胡　鹏*

原本就对知识管理一知半解，庆幸听了赵征老师的课，终于有了一些认识，个人目前理解有限，仍然有待进一步精进，所以只谈一点自己的感悟。

一听赵征老师的课，就感觉不一样了，精神高度紧张，注意力高度集中，课堂互动极强，思维碰撞火花四溅。当时我在想，这个老师就是传说中的“怼怼怼”老师么，那为什么这么“怼”的老师，课堂氛围这么好呢，值得思考。

看了一下野中郁次郎和绀野登的《知识创造管理》，野中郁次郎以波兰尼的知识两分法为基础，从“显性知识”和“隐性知识”的关系入手，认为知识管理的一个很重要的目标就是挖掘隐性知识，即不仅要对客观信息进行简单的

---

* 2021 级 EMBA 学员，现为安徽鹏颢企业管理有限公司总经理。

“加工处理”，还要发掘头脑中潜在的想法、直觉和灵感。隐性知识就是主观的、无法用语言表达的知识，是基于多年经验和直觉形成的知识。现在想一想，我认为赵征老师的课就是运用知识管理的方法呀，创造了一个临时互动的场，让我们的课堂氛围这么好，也挖掘了我们的隐性知识。

回想一下自己的经历，2019 年底暴发的新冠疫情，对我们做职业教育的是个不小的打击，后来我们通过开发新产品“鲲鹏在线网校系统”，渡过了难关。现在想一想，这大环境不也是一个“场”吗？不也在挖掘我们的隐性知识吗？当时很多同行说把课程搬到线上不就行了，但把课程搬到线上真的那么容易吗？首先需要开发系统，只搭建服务器就难倒很多人了，而很多人都喜欢易学、易用、易懂的流行品种，那我们能不能做一个服务同行的网校 SaaS 系统，只需要简单地上传合作机构的 logo 就可以搭建属于他们自己的网校，也正是这个思路让我们渡过了疫情的难关。

感谢赵征老师开阔了我的视野，使我收获丰富，让我更加感受到了知识管理的魅力，挖掘隐性知识从而创造知识，而创造知识的能力是企业在不确定环境下保持创新的关键。这就是我的一点感悟。

知识管理与数据管理

吴桂兰*

我们所处的时代已经是数据化时代，数据化的普及应用，给整个社会都带来了巨大的改变，在经济全球化的时代背景下，只有加强数据管理，简化管理过程，提高企业效率，才能促进企业的快速发展，保证企业的可持续发展。我将试着根据赵老师在课堂上讲解的知识管理内容以及教材，简单阐述一下与之相关的数据管理。

当我们面对数据管理的时候会思考这样一个问题：为什么当下我们谈论的是“数据”而不是管理能力、企业文化、绩效考核之类？因为决定一个企业生存状况的核心是战略，而战略的制定是需要有参考的。不同时代的参考标准都不一样。现如今互联网技术、大数据分析这些新的工具将会成为主要的参考标准。企业对于数据的应用一般涉及两个方面，第一个方

* 2021 级 EMBA 学员，现为富士胶片（中国）投资有限公司大区经理。

面是战略决策。例如，通过能获取到的行业数据分析对本企业有潜在影响的变化，从而对决策产生影响。这种类型的数据不容易获取，数据的获取成本高。第二个方面是精细化管理、提升企业效率。这种是通过现有的数据去分析如何能给用户提供更多的价值，比如说之前需要三天能完成的事情，通过优化流程两天就完成了。之前在各个平台打广告推广产品，通过数据可以发现不同平台的影响力、成交率不同，那么就可以通过组合营销使企业的营销在同样的成本下获得更好的效果。这种数据驱动运营最经典的案例就是电商与实体店的对比。传统商家与电商有一个很大的区别是传统商家很难去记录每个用户的消费习惯、购买记录等数据，但是电商不一样，当一个用户点击进入这家网店的时候，用户所有的操作都会被记录，比如用户在哪个商品上停留了几秒、点击了哪些链接等。除此之外，网店还能获取到用户之前搜索过的产品，这样所有的数据记录可以形成一个数据链，通过这个数据链可以给用户做出一个画像，通过用户画像能更及时地预测用户需求，从而提高成交率。线下商家很难做到这种级别的客户分析，因而实体店对自己的经营、对消费者的了解都是很有限的。

当业务实现数据化管理之后，决策者能够直观地看到决策的效果，能够及时调整下一步战略，从而更好地管理企业、掌握市场。数据越丰富，企业利用数据的能力越强大，其手上的手电筒就越亮，就越能在迷雾中发现问题，在黑暗中找到前行的路！

【赵征点评】

胡鹏&吴桂兰：

知识和学习

胡鹏同学在我的知识管理课的课后作业里，回顾了该课程的课堂氛围，还把我的授课风格归纳为“怼”。师生一起认真地“怼”、开心地“怼”，大家的课堂互动性极强，精神高度紧张、注意力高度集中、思维碰撞火花四溅。在归纳的基础上，他还思考了课堂氛围和隐性知识的关系。他的思考值得拿出来仔细讨论。

在我看来，课堂学习与知识管理确实存在着密切的关系。在这个关系中，首先要弄清楚“学”和“思”的关系。

孔子在《论语·为政篇》中说过一句大家都很熟悉的话：学而不思则罔。那么，何为学？何为思？为何会罔？

日本江户时期学者伊藤仁斋认为“稽于古训之谓学，求于己心之谓思”。认真研习前人的教训，叫作“学”；把学的东西在心里仔细考量，叫作“思”。前人之教训各不相同，若是不去思考，要不了多久，学习者就会被“教训”弄昏了头。

学习是研习已有的教训，而不思考就会昏头。那么，思考什么呢？思考需要处理的对象是什么呢？看来，“学”和“思”的对象有所不同。

什么是教训？我认为是对日常生活中的“数据”进行处理后得出的经验。以前能被记录的生活“数据”不多，但今天，日常生活所产生的“大数据”不仅已经被广泛记录，而且已经被大量用于分析以得出更多供人类学习、帮助人类进步的“教训”。

这个变化意味着两个不言而喻的共识：一是技术的进步使得获取数据的成本变低、效率变高；二是我们的系统化认知能力在不断提升。单个数据往往都只是某个系统的片段信息，“大数据”及其相互之间的关系，让我们更系统地认知世界。

要通过数据及其关系认知系统，必然产生模型。我们使用数据建立模型，再使用模型帮助我们理解对象、认知世界。模型还帮助我们提高数据收集和使用效率，以现在世界每天产生数据的规模，如果没有适当的模型对数据予以有效分类使用，要不了多长时间，数据就成了垃圾，甚至成为灾难。

由此可见，“学”即数据收集和积累，“思”则是建立模型。若是不建立模型就不停地积累数据，数据也就失去了应有的价值。

模型，是我们理解对象的一种结构化方式。建立模型的目的，是简化分析过程。任何分析，其实都基于最初的假设。假设一般分为两类：一是对对象某类属性的假设；二是对模型本身的假设。

绝大多数分析的结果，都是证伪，而非证实。或是证伪了对象属性的假设，或是证伪了模型本身的假设。然后根据结果的判断，不断迭代对对象的认知和对模型的优化。

对象属性的证伪，比较容易理解，即我们最初的判断有了偏差，需要重新假设。对模型的证伪，却很容易忽略，因为很多人有先入为主的习惯，模型大多是我们从前人或教科书上学来的，往往默认是对的，分析者对大多数分析结果的思考，都是针对对象假设的判断，而基本忽略了对模型好坏的判断。

一方面盲目相信既有模型，另一方面模型优化也较为困难。一个模型没有被数据证伪，不能说明该模型对、别的模型错。更可能的情况是说明该模型还凑合，但不排除还有别的模型更合适的情况。大部分情况下我们不知道还有多少潜在的备选模型可能更合适。因此模型的优化往往只能依赖于建模者的经验和品位。

优化模型往往有两个路径：一是简化模型，在没有明确的领域知识时，模型越复杂，可能犯错的地方越多；二是尽可能地发现备选模型，经过比较和借鉴，不断优化模型。

其实，上面对数据和模型的思考，与人类的学习和思考有很密切的关系。今天，人类学习需要处理的对象，一般是大量的数据；而思考需要处理的对象，就是模型。

弄清楚了学习和思考处理对象之间的关系，就可以定义我认为的“知识”和“学习”这两个概念了。

我认为知识是“加工工艺”，是处理数据和处理模型过程中思维和实践的“教训”。无论是处理数据还是处理模型，都有复杂持续的过程。预处理数据、提出假设、试验处理、迭代假设、再次试验处理、再次迭代……这一系列数据处理过程，以及提出模型、试验模型、迭代模型、再试验、再迭代……不断螺旋上升的模型处理过程，都会产生大量思维的“教训”和实践的“教训”。这些“教训”显然既不属于“数据”、也不属于“模型”，我将其称为“加工工艺”，“加工工艺”就是我认为的知识。由于每个人处理数据和模型的方式都有所不同，因此，每个人都存在着不同于他人的、自己独特的“加工工艺”（知识）。

在这个意义上，我认为“学习”分为两类。一是基础学习，是基于知识分享的学习，是一种“知道”。目的是学习前人或他人的“加工工艺”，即前人或他人的数据和模型处理的“教训”；二是持续学习，是基于知识生产的学习，是一种“创造”。目的是产生自己的“加工工艺”，同时用自己的“加工工艺”得出自己的数据处理模型，并不断优化迭代自己的模型。

在不同的学习阶段，每个人的学习类型的组合不同。通常基础教育（中小学）和大学通识教育阶段，以基础学习（知道）为主，持续学习（创造）为辅；但具备一定工作经验之后（如 MBA 等在职教育），往往大多需要持续学习这种类型，这种学习是一种创造性的学习。其核心方式就是在分享知识的同时创造知识。

知识分享的方式有两种，一种是阅读，另一种是对话。阅读是显性知识的分享，是他人将其知识书面化或文字化，供读者阅读。对话则大多是隐性知识的分享，分享交流的往往是没有书面化的知识。学习也相应分成两类，一边阅读一边思考，就是在别人分享知识的同时完成自己的知识创造，不过这种知识创造只是读者单方面的知识生产；对话则完全不同，对话包含了倾听和表达，但倾听者和表达者的角色是交互的。倾听是知识分享，表达则是对别人知识分享的回应，这种回应是回应者的知识创造，回应又会形成对方的再次回应，再次回应同样也是对方的知识创造。于是，对话过程就成了双方共同的知识创造过程，这种知识创造是双方的，知识生产的效率更高。

“知识管理”的课堂授课，正是按照持续学习的知识创造模式来设计的。通过教师的不断提问，引导学员参与思考、表达观点和展开讨论。在这样的持续交流互动过程中，实现了教学双方的知识创造，有效地完成了真正的学习。

知识管理与认知升维

胡羽然*

在中国科大学习的这一年里，我有幸聆听了多位老师的课程，从中汲取了诸多有助于管理实践的系统方法论与实用管理工具。每堂课都像是一次知识的探索之旅，让我收获颇丰。

我像往常一样，带着纸笔走进教室，满心欢喜地期待着赵征老师的知识管理课。这堂课，却给了我前所未有的震撼。赵老师摒弃传统教学方式，开篇即以直击本质的问题，为我们开启了未知的知识殿堂大门，令我如醍醐灌顶，茅塞顿开。他运用丰富鲜活的案例，巧妙地与知识管理理论知识相融合，把每一个观点都阐述得深入浅出，让我不禁拍案叫绝。

* 2022 级 EMBA 学员，现为仁洁智能科技有限公司董事长兼 CEO。

尽管知识管理课仅有短短两天，但课堂上的那些深刻问题，始终在我脑海中回荡：我的企业本质究竟是什么？战略规划最需解决的核心问题在哪里？当下企业各类问题的根源又是什么？这不禁让我回想起三年的创业历程。创业初期，我凭借以往工作经验制定公司计划与战略，然而，从大公司管理者到创业公司掌舵人的角色的转变，让我很快意识到其中的巨大差异。于是，我开始深入研究创业阶段企业组织能力的构建模式，从公司战略布局到具体执行细节，从销售、研发到财务、运营等各个环节；从个人单打独斗到团队协同作战，从个人贡献最大化到组织整体效能提升，我发现不同成长背景的员工，无论是来自大集团还是小公司，在新的创业环境中都会面临不同程度的不适应状况。问题层出不穷，解决方法也千变万化，但在学习了知识管理课后，我顿感豁然开朗，其中体会最深的便是自我与公司的迭代更新，以及在个人与公司知识体系层面的认知升华。

一、迭代

初创企业普遍面临人才困境，起步阶段尤为突出，对优秀人才的渴望与日俱增，但现实往往是，优秀人才自身选择众多，创业公司不得不与大公司、大平台抢夺有限的人力资源。因此，创业初期通常只能依靠创始团队及少数核心成员维持公司运转。受赵老师知识管理课的思维启发，我深刻认识到，从公司长远发展视角审视，我们自身在不同发展阶段都存在局限性，需要建立与之相适应的人才机制。从创业初期的“有人才可用”到后期能够“精准筛选人才”，这要求组织与个人都具备快速迭代能力，以确保在公司高速发展进程中不被淘汰，顺利实现角色转变与跨越。

二、认知升维

企业发展之路布满荆棘，面临着来自市场竞争、内部运营以及董事会与股东层面的多重压力。管理者易陷入的一个误区是，一旦陷入具体事务的漩涡，便极易迷失方向与目标，甚至忘却创业初心。赵老师的课程如一盏明灯，照亮了我前行的道路。作为公司经营者，在繁忙的日常运营中，务必时刻保持头脑清醒，避免陷入“头痛医头，脚痛医脚”的被动局面；同时，也要警惕盲目套用各类工具与方法论，学会将理论与实践有机结合，为企业量身定制解决方案。这需要企业经营团队从认知层面实现突破与升华，精准洞察企业当前所处状态、行业发展阶段以及市场竞争格局，结合实际问题，从经验宝库中筛选出切实可行的应对策略。即便如此，仍可能面临问题无法有效解决的困境，此时，更需静下心来，从认知层面挑战自我，站在更高维度剖析问题本质，如此方能找到真正行之有效的解决之道。

【赵征点评】

作为创业者，羽然同学在思考企业的人才招募问题。

似乎无论什么层次的企业家，都觉得缺乏人才，甚至嫉妒那些拥有了优秀人才的公司，抱怨他们抢走了优秀人才。

缺乏人才是客观事实，但很多企业缺乏人才的原因，却可能是找错了方向。

举个例子，当如果有两张画放在你的面前，一张可能是值钱的古董，一张可能只是赝品，你怎么选？如果你不懂行又非要购买的话，估计你会选择压价然后买便宜的，因为这样选错的损失可能较小。懂行的人也会压价，不过他会买走那张真迹，然后转卖给更想要的人获利。

其实上述过程中存在着大量的知识运用场景，也就是“懂行”里“懂”的“知识”到底是什么？通常人们理解的知识是书本上学到的知识、老师在课堂上教授的知识、需要花时间积累的知识。哈耶克称这些知识为“科学知识”，波兰尼称之为“显性知识”，索维尔称之为“程序性知识”。这些知识往往通过阅读和记忆获得。“万般皆下品，唯有读书高”推崇的可能就是具备这类知识的人。这类知识虽然重要，但每个人都可以获得，因而可以将与此相关的工作委托给专业人员去做，这类工作未来甚至有可能会被人工智能替代。

实际上，还有一种不同的知识，哈耶克称之为“实践知识”，波兰尼称之为“默性知识”，索维尔称之为“平常知识”。这种知识不是来自书本或老师，也没有办法在科学上得到证明，甚至与你花多少时间学习无关。这种知识的最大特点是不容易编码和传播，只能拥有者自己使用。这类知识在很大程度上支撑起了很多能力，包括想象力、直觉、警觉性、视野、判断、潜意识、交流能力、说服别人的能力、组织能力等。这种能力大部分人不具有；即使有，也不突出。

在很多场景中（尤其是商业场景），决定成败最重要的是实践知识、默性知识、平常知识，而不是科学知识、显性知识、程序性知识。

买画场景所需的判断力如此，招募人才场景同样也需要实践知识。

很多时候，判断力其实就是一种鉴赏力。鉴赏力就是一种审美能力，尽管观赏者的绘画能力不如画的作者，但审美能力并不低于作者，甚至高于作者。

你想要招募优秀人才，首先你自己就必须也是优秀人才。买画只需要判断力，优秀人才招来了还要会用，还需要有驾驭能力，虽然金钱能驾驭人才，但估计成本只会越来越高，优秀人才只和优秀人才为伍，要想拥有更多优秀人才，管理者除了让自身越来越优秀之外，别无他法。

在我看来，若要解决不同领域越来越“卷”的难题，提升管理者的审美，或许是一种可供选择的思路。

【胡羽然2年后反馈】

时光匆匆，如今创业已满五年。回首在中国科大“知识管理”课堂上的所学，思绪万千。

仍记得当时老师授课时提出的那些直击灵魂的问题，那些生动鲜活的案例，如同点点星光，照亮了我在创业初期懵懂摸索的道路。彼时，我便对自我与企业的迭代、认知升维有了初步的感悟。

如今，经过两年的实践沉淀，我对迭代的理解更为深刻。企业的发展就像一场没有终点的马拉松，自我迭代不再是口号，而应融入日常的行动。我不断学习新的管理理念、行业知识，从思维模式到行为习惯，持续更新自我。企业团队也在这一过程中吐故纳新，新的人才带来新的活力与思路，推动企业从产品研发到市场拓展全方位迭代，以更敏捷的姿态应对市场变化。

在认知升维上，经历了创业路上的风风雨雨，越发明白其重要性。曾经面对问题，可能局限于表面，如今学会站在行业生态、社会趋势的高度去剖析。就像在应对市场竞争格局的变动时，不再仅仅纠结于价格战、营销手段，而是思考如何从产业链创新、品牌文化塑造等更高维度去破局。这种认知的转变，让我在处理企业经营管理问题时，能够游刃有余地找到更具前瞻性与战略性的解决方案。

知识管理与近期几件事

张明明*

一天和一个经销商在重庆江边吃着火锅聊天，席间他无奈感叹：也读了很多书，懂得很多道理，为何事业却依然一般，生活稀烂？

回来的路上一直琢磨这个问题，在一个行业的人或者同班同学大部分知识结构都差不多，为什么发展得天差地别？用命运解释太缥缈，结合最近学过的课程，我有了答案，或许知识管理能力决定了一个人的发展高度。

最近公司出了一起品质事故，一款新产品运行一段时间后发生磨损，最后找到原因是润滑问题，增加上油量导致铁屑等杂质吸入后磨损曲轴，原因找到

* 2022 级 EMBA 学员，现为美的集团工业技术事业群国内销售三部总监。

后不禁一惊，类似问题八年前就已发生过，在新平台产品上继续重演。从组织层面分析这个事故，就是人离开知识就流失的情况，尽管有人还知道八年前的事故，但是人已经不在当时的岗位上，知识资产没有积累，没有建立公司的知识仓库使其发挥应有的价值。

这几年新能源汽车以及储能飞速发展，我的客户群体也从家电行业扩展到汽车行业、储能行业，在销售人手有限的情况下，同时负责 5 个不同行业产品销售成了当前销售管理最头疼的问题，新产业必须加大资源投入力度，老业务又不能受影响，一半的销售人员不能及时地了解公司内部的产品、方案、案例。最近在花大精力去培训，处理产品知识以及不同行业销售知识的管理和承接问题。

最近和研发负责人聊天，他认为目前研发人员中有很多硕士博士很大程度上都在做一些重复性的项目，如果能把这些重复的事情归类，把人员节省下来，也是一笔非常重大的财富，这种省钱的能力，其实也是一种间接挣钱的能力。

对企业而言，各行各业不可避免地被“卷”如何管理运用好企业知识产权，人才经验、方法论等显得尤为重要。于个人而言，大模型快速进化时代背景下，知识学习已经变得不再重要，因为你可以随时随地获取到知识，思辨能力和批判性思维就显得尤其重要。

回到开头那个经销商的问题，在当前算法的精准投喂下，短视频逐渐取代阅读，甚至在数据的算法下制造焦虑。快餐式的阅读替代了纸质精读，人们越来越缺乏独立思考的能力，“信息茧房”让人变得盲目。认知视野被局限，整合资源以及提升个人竞争力需要深度思考，而这些是如今这个时代最缺失的。或许这就是“即使读了很多书，也懂得很多道理，却无法过好生活”问题的答案。

【赵征点评】

张明明同学提出了一个有趣的问题——“即使读了很多书，也懂得很多道理，却无法过好生活”。明明同学还试图给出自己的解决方案，即培养知识管理能力。先要感谢明明同学对“知识管理”课程的厚爱。

其实，明明同学的问题中隐含着一系列概念可以讨论，比如，什么是“读书”？“懂得道理”是什么意思？“过好生活”依靠什么？

课程上我给大家讲述了“数据、信息、知识和智慧”的概念，对生活中的个体而言，“数据”可以理解为个人生活经历，读书也好、其他活动也罢，都是个人生活数据；往往只有把这些经历总结为经验，才可以更方便地使用，把经历总结成经验，其实就是采用结构化的方式将数据“信息化”的过程，也许这就是“读书”的价值；有了经验还需要试错，不断迭代使之可以在更多场景使用，这其实是“知识化”过程，这也许就是明明同学提及的懂得道理。

即使数据信息化和信息知识化做得再好，可能也不会“过好生活”。因为“过好生活”需要的是判断能力和选择能力，信息很多、知识也很多，生活中的难题往往是如何选择，选择需要智慧，而智慧其实是数据信息化和信息知识化过程中的隐性学习结果。这个结果来自自我的独立思考。

还有一点需要说明，“过好生活”这个措辞里其实缺失了主体，过好“谁的”生活？采用“谁的”标准？是有钱人的生活？其是最高标准？若是普通人的生活，但又似乎存在很多不同标准。因此，我所理解的“过好生活”或许应该准确表达为“过好自己的生活”，这个“自己”就与我前面讨论的个体经历、个体经验以及个体智慧联系到一起了。

世界上存在着无穷尽的各类知识，知识管理可能也无法让每个人“过好生活”，但或许可以通过发展每个人的智慧而努力实现的是：让每个人过好属于自己的生活。

知识管理与自我成长

孟晶晶*

在中国科大就读 EMBA 以来，有幸聆听了赵征教授的课，课堂上的连续发问、深度的思想碰撞发人深省。碰撞中感触最深的有两处，消化后立即在工作管理中践行。

课堂刚开始时，赵老师在介绍其著作《与女儿谈管理》时说了一句话：用提问的方式引导女儿对问题进行延伸、分析，并“寻找”合理的解决办法，更重要的是让孩子学会“自我管理”。反观工作，作为管理者，我也同样扮演这个角色。高效引导员工成长、学会自我管理是我的职责所在。日常工作中甚至每一次开会、每一次员工谈话都是启发思考的锻炼。我尝试在这些场合，以提问的方式引发思考，促使他们发现问题，并提出解决方案，在此过程中，我会给予一定意见，让员工更加关注到自我的成长。反观奖金等激励只是一种辅助手段，不能作为主流的管理方法被强化，因为金钱具有腐蚀性，且永远不能被满足。这也解决了困惑我很久的一个问题：为什么有的员工会觉得这份工作可有可无，只是赚钱而已？是因为企业缺少组织凝聚力。

就关注成长而言，作为管理者如何发现他的成长，从而对他进行有效评估

---

* 2022 级 EMBA 学员，现为华润三九处方药事业部安徽区域总经理。

和强化？这也是赵老师抛出来的问题。接到这个问题，我原本以为，评估是一个动作，是一个可衡量、可量化的指标，目的是激励或达成目标，但赵老师的回答使我的思想维度再一次被打开，评估的目的其实是成长，让员工成长的同时，也是对管理者成长的促进。

关注自我成长真的是一个很大的课题，需要在人生长河中不断修炼。

作为戈 18A 队队员参加戈壁挑战赛，亦是我在校期间的一次修炼，感受在严峻的自然环境下超越极限的历程，体悟“理想、行动、坚持、超越”的赛事主张。沙漠中的每一个问题都是唯一的，需要我们即时创造解决方案，这种创新能力正是未来商界领袖所必备的。同时，在困境中相互扶持，共克时艰，让我深刻体会作为企业管理者的责任。反观个人，在极端环境下，重新审视自己，认真思考“我是谁？要去哪里？怎么去？”的人生哲学，让自我持续处于成长状态，在工作、生活中不断地筛选和感染更多人。

在拥有“平等冲突”的平台重新认识、提高自己，是我加入 EMBA 的原因之一。在成长的过程中或许会遇到困难、会被质疑，但正是这些让我们变得更加坚韧和成熟，成长的喜悦和收获也是那么的美好和值得期待，为了这份惊喜和进步，请继续加油。

【赵征点评】

课堂上谈到了评估，尤其是组织目标和个体成长的关系，很多同学课后都与我做了很多讨论。晶晶同学在课后思考后开展实践，并将其写入作业，值得赞赏。

如何定义评估？评估只是为了完成组织的目标，还是兼顾员工的成长？两者又该如何排序？组织真正的目标又是什么？这些问题都值得管理者深入思考。

我和指导论文的学生们组建了 623 大家庭和 623 公益基金会，专项资助宁夏的贫困生（详见我公众号文章）。公益基金计划的运营者是 623 成员，也是有着丰富管理经验的 MBA 校友，付出了大量时间精力用于公益基金计划。623 成员对目标和评估，也有很多困惑，恰好前几日和我一起讨论相关话题，我就把我们之间的对话完全记录了一下，供大家一起思考组织目标、个人成长和评估的关系。

623 成员与老师讨论 623 公益基金会。

生：老师，听说有非 623 成员想捐更多的钱给 623，让 623 去资助更多的人？

师：是的，但我拒绝了。

生：为什么？

师：623 基金会是 623 成员自己的公益组织，不替别人行善。

生：如果有更多的钱，不是可以改变更多贫困生的人生吗？

师：如果受助者的人生因为得到 623 公益基金会资助而改变了，我会非常高兴，但 623 公益基金会的目的不是改变贫困生人生的。

生：那 623 公益基金会的目的是什么？

师：是为了改变 623 大家庭所有基金捐助者的人生。

生：如何改变？

师：因为帮助别人而快乐，这样的行为和快乐让捐助者的人生得以改变。

生：就这么简单？

师：是的。

生：为什么不把改变受助者作为目的呢？

师：因为做不到，况且资助并不能赋予我们指手画脚的权利。

生：如果做不到这个，捐助者是否会失望呢？

师：可能恰恰相反。对于捐助者来说，正因为知道、明白了“做不到什么”，那些自己“必须承担的责任”也许就被真正意识到了。

生：难道对受助者一点期望都没有？

师：有！唯一期望的是，他们未来有能力时，也去帮助别人就好了！

知识管理与成长自我

吴　静[*]

经过对赵老师两天“知识管理”课程的学习，醍醐灌顶，柳暗花明。结合自己的成长经历，我总结了四点：选择、坚持 or 放弃、接受、改变。

一、选择

从出生到现在，我们经历了人生的很多重大选择，如选择大学和专业，选择行业，选择婚姻，等等。每一次选择都是一次自我突破和成长。不同阶段我们做选择考虑的因素和维度也不同，如报考专业。我报考专业的时候，信息还不发达，参考意见主要来自老师和长辈们。我的父亲是一名教师，鼓励我报考师范学校，将来也做一名教师。还有长辈建议我报考会计，老师建议我报考金融，但是我却报了计算机专业。那个时候我还没见过电脑，根本就不知道是用来干什么的，只感觉这将是一个很前沿高级的专业。虽然只有高中知识，但却

* 2022 级 EMBA 学员，现为安徽中科国金智能科技有限公司总经理助理。

支撑了我的第一次学业选择。随着知识体系和思维认知能力的提升，我在做抉择的时候更加客观。每一次选择，都是心灵的蜕变。

二、坚持 or 放弃

选择之后，是坚持还是中途放弃？如果坚持，用什么来为你的坚持奠定基础？是你的勇气、你的耐心，还是你的能力？正是“知识管理”这门课告诉我，是知识。通过个人知识管理，我重新追溯自己——什么是我该坚持的，什么是我该放弃的，面对事业，面对家庭，如何运用知识提升、锻炼思维。

三、接受

学会接受。有些人认为接受是一种妥协，是一个人懈怠的象征。我却不这么认为。相反我认为学会接受，反而是内心及思维能力的又一次提升。之前我们一直在场外，现在已经进入场内，用真实、客观的眼光看待和理解事情，反而让我们对事情有了新的认识。也许存有迷惑的你会豁然开朗，你的眼里再次充满光和希望。知识管理提升了我的认知能力。

四、改变

尝试着做出改变。正如梁静茹演唱的《勇气》，改变需要勇敢和坚定。在踏往人生目标的路途中，有很多方式。一条道路行不通，我们试着换条路线。看以前没有看过的风景，品尝没有食过的美食。在人生的每个半场都能精彩。

路曼曼其修远兮，吾将上下而求索。知识管理和自我成长已融为一体。

【赵征点评】

吴静同学文中有个标题——“坚持 or 放弃”。不过我一直认为，坚持和放弃并不是相对应的同一类词。放弃是一个动作，坚持则是一个跟时间有关的状态，如坚持一分钟、坚持一年等。

“放弃”这种念头随时都会产生，而“坚持”，既可能是一直没放弃，也可能是一次次“放弃”后重新选择的结果，只不过每次“放弃”后很快又“拾回来”了，如放弃了 10 分钟或放弃了几天后又拾回来了。对于很多人来说，一直不放弃并不容易，更多的可能是后者，只不过在别人眼中似乎一直没放弃罢了。

有知识就不会放弃吗？我觉得不一定。一个人具有“抽烟有害健康”的知识，但仍旧抽烟；一个人明白“锻炼有益健康”的道理，但仍旧放纵生活。没有知识确实更容易放弃，但有知识也未必就一直能不放弃。

导致放弃的原因是什么呢？我觉得一是欲望，二是价值判断。如果是后者，往往放弃了也不会后悔，因为是经过慎重考虑后才做出的选择。相反，困扰我们的大多是前者，很多时候引诱我们放弃的都是欲望，累了、烦了、懒了……都是短期利益的诱惑，不经意间就被欲望“俘虏”了。

因此，当我们谈坚持的时候，往往是与欲望“作战”。战胜欲望的手段只有一种，就是理性。理性并不来自知识，而来自知识“处理过程”的非意图结果——自我价值判断体系。任何知识都是有目的性的，但实现目的的方法有很多，处理知识的过程中必须对多种方法进行排序。由于每个人对目的和方法的认知不同，因此排序也有所差异，排序的这种差异就逐渐形成了个体的自我价值判断体系。

知识处理得越多，自我价值判断体系就越强大，对个体日常生活的影响也就越大。于是，个体的理性开始强大起来，欲望也就相应地越来越被压制，欲望导致的“放弃”就越来越少，个体也就成了被别人称为有自律能力的人。这反过来又强化了自我价值判断体系，表面上坚持了某件事，其实是坚持了“自我”。

自我因此产生，因之成长。

知识管理与责任

李渝鄂*

2023 年 7 月 15 日，周六的“知识管理”课程如期而至。由于工作加班的原因，我上课迟到了半小时，一进课堂就感觉无法跟上课程内容，课间问班上的同学能不能把前面的给我讲讲，张德利说课程逻辑很强，难以转述老师授课之一二。

两天课程听下来，诚如斯言，“知识管理”课程确是本学期压轴之课。企业的本质是什么？设计的本质是什么？商业的本质是什么？管理的本质是什么？……短视频满足了你的什么需求？你为什么要看短视频？如何评估你公司所有员工的学习能力？……一系列问题的提出和分析直击灵魂深处。

* 2022 级 EMBA 学员，现为天合光能股份有限公司中国区副总裁。

对我触动最大的就是老师问我“你喜欢看什么样的短视频？”，我当时没有准备，想到平日放松时喜欢刷影视剧短视频，快速浏览和了解其情节，就直接说了出来，老师听完我的回答直接点出来：“渝鄂同学，你要注意啊，你太关注直接结果，这会阻碍你的发展，你要提高分辨率，关注细节，才能走得更高更远。”我顿感当头棒喝，愣在座位上一小会儿，又即反思，老师说得很对，我非常关注结果，甚至偏好快赢的结果，以前还把“拿人钱财替人消灾”放在嘴边，打工心态甚至打短工的心态可能太多了一些，挂在嘴边的责任多了一些，从心出发的责任少了一些。我自己真正的责任是什么？茶歇期间，老师说，一个贵族的标准是始终把国家的利益排在第一位，真正的贵族是因为责任而成为贵族。正如头两天李维安老师在“公司治理”课上所说的，老板和股东的股份占比首先要看的不是划分的利益，而是承担的责任，份额越大、责任越大，现实中很多人只看到了利益，而没有看到责任。

企业家的十年和三十年：赵老师告诉我们，日本的百年老店有 3 万多家，有一个共同的特点，即只做主业，企业家的十年就是只做一件事情，企业家的三十年就是传承和培养人，推进所有的事情，最后带来的一个结果就是筛选出那个合适的接班人。行有不得，反求诸己，我的主业是什么？我十年要做的一件事情是什么？对此，我模模糊糊、含糊不清。在做事的过程中，我有没有主动去想培养人？有没有去塑造值得去传承的更好的自己？其实我的内心还是有渴望和需求的，我希望能去影响到一些人，因为受到我的影响，有更多的人能变成更好的自己。

越在意和越经常提起的，往往越是自己欠缺的。十五六年前，我从贵州到上海，当时所在的部门名称是领导力教研中心，当时我是一名业务骨干，后来我成为教务部负责人和学院首席专家，成为一名国企的中层干部，开始带团队，也讲了一些关于领导力的课程；七八年前，我到了华为，后来在企业业务集团（business group，BG）服务体系折腾了一个小业务，业务名字叫“数字化领导力培训”，面向客户高层提供领导力培训服务；三四年前，我加入天合光能，担任企业大学负责人，时值企业大学改名潮，天合大学改名为“天合领导力中心”，好像与领导力三个字脱不了干系，德鲁克说“领导力不是头衔、权力、职位和金钱，而是责任”，在这些年里，我原以为领导力和我有缘，是因为我骨骼清奇有天赋，学习了“知识管理”课后反思，我发现，领导力这些年一直出现在我的生命中，恰恰是我本人缺乏和需要，不是领导力需要我，而是我需要领导力，以前有些浑浑噩噩甚至还洋洋自得，在过往的追求中，可能更多的是看了头衔、权力、职位乃至金钱，这些恰恰是领导力的“非”，忽略了领导力的“是”，那就是责任。

责任向前、其他靠后。在“知识管理”的课堂，我们收获的不是知识管理的术，而是知识管理的道，那就是管理好知识、应用好知识去承担更多的责任，当我们能很好地去承担责任、履行责任，从一个个小责任开始扩展到更大的责任时，知识才会真正被我们应用和管理起来，知与行才能合一，我们的内心才会充盈、能量才会充满，自我也才会被真正点燃和觉醒！

【赵征点评】

我对领导力这个概念有点个人偏见：我觉得领导力就是管理权力的合法性。一个人缺乏领导力，在我看来很大程度上就是因为权力缺乏合法性，员工不服管。领导力不是要解决领导能力的问题，而是要解决领导的合法性来源问题，为什么可以成为领导？为什么可以领导别人？这个合法性恰恰来自责任。

MBA 课上，一位同学提起了电影《蜘蛛侠》里的一句经典台词“With great power comes great responsibility”（中文翻译为“能力越大责任越大”），希望我从管理的角度解读一下。

我举了流程的例子，流程其实是分工的产物，其目的是通过流程的协同作用，让大量只胜任部分流程工作的员工组合起来，完成全流程工作任务。流程不仅是任务的分工，也是责任的分工，每个流程都有各自的责任。因此，优秀员工，就是那些不仅能完成单个流程工作，还能胜任多个流程工作的人。一个人负责的流程数量越多，就意味着能力越强，其承担的责任相应就越大。

“知识管理”课程，探讨的是一个组织的知识流程，包括知识的生产、分享、转换、赋能，甚至变现等流程，组织中一个人胜任的知识流程越多，相对应的能力就越强，责任也就越大。

分工固然带来了社会进步和经济发展，但也弱化了人的责任意识。分工越精细，一个工作任务流程切分得越小，每个流程的工作者对整体工作任务的责任意识也就越弱；一个员工离产品的最终交付越远、离最终用户越远，其对交付和用户的责任意识就越弱。伴随着分工不断发展的，是员工责任意识的日益淡漠。

正是在这种状况下，责任成了最大的竞争力。承担着最强责任意识的企业，逐渐占据了价值链的要点；具有较强责任心的个体，逐渐成为各层级的组织管理者。那些占据要点的企业和各层级管理者，也在产业链和组织中拥有了更大的权力，而权力的合法性来源，正是责任。任何资质、资历、资源、资本，如果不转换为相匹配的责任，都难以真正形成令人信服的权力。

责任意识产生和被别人认同，都不是一件容易的事，更非一蹴而就的，都是在长期相处的过程中，逐渐生发而成的。我们总说长期主义，在我看来，真正的长期主义选项，是那些你永远无法短期实现的东西，甚至长期坚持都未必可达的目标，从这个意义来看，责任或许是为数不多的选项之一。

我经常说，“知识管理”课程的真正学习，是从思考和提问开始的，我期待渝鄂同学有更多的学习收获。

知识管理与烹饪

陈慧贞*

我们常常把知识管理与商业领域联想到一起，但实际上知识管理也可以广泛应用于日常生活，如我们的烹饪技能，我将在课堂上所接收到的新知融入烹饪的应用之中。

在烹饪过程中，我们是需要收集各种食材的信息的，如营养成分、口感、适合的烹饪方式……这些信息可以作为我们的食谱知识库，我们可以通过多种途径收集这些信息，如在网上搜寻，阅读食谱、书籍和杂志……整合这些信息并编辑成易于查询的形式，如文本或影片，能够让我们在烹饪时快速地查找所需要的信息。

* 2022 级 EMBA 学员，现为合肥强友科技有限公司副总经理。

在家人、同学或朋友面前进行烹饪通常是多人参与的活动，通过知识分享和经验交流，我们可以提高自己的烹饪技能，例如，家人、同学或朋友分享自己的烹饪心得和技巧以互相学习。同时，我们参加这些烹饪活动也能增进互相之间的情谊，并与其他烹饪爱好者交流经验，学习新技能和方法。

知识创新是提高烹饪技能的重要手段之一，我们不仅能通过不断地尝试和探索新的食材、配方及烹饪方法，创造出更多美味的菜品，而且我们也能通过分享自己的创意和经验给他人，推动烹饪技术的创新和进步。

现代科技提供了数据化知识管理的方法，可以有效提高我们的烹饪技能，例如，智能厨房家电，如智能电饭煲、电烤箱和电子秤等，这些工具能够帮助我们进行精确的食材量测和控制烹饪时间。同时借由网上的各种数据库，如菜谱分享网站和食材数据库等，能够快速查找和比较各种食材和菜品的信息，以提高我们的烹饪水平。

最后，知识管理对于烹饪也有重要的应用价值，通过建立知识库，以及进行知识分享、经验交流、知识创新、数据化的知识管理等方式，我们能够提高自己的烹饪技能和水平，创造出更多美味的菜品，不论是在商业领域还是在生活领域，知识管理都是提高竞争力和生活质量的重要工具之一。

【赵征点评】

显然，陈慧贞同学很热爱烹饪。

慧贞同学列举了很多知识管理可以助力烹饪的领域，比如可以编书、可以拍视频、可以社交、可以开发烹饪辅助工具、可以设立网站……

不过这些助力都来自同一种类型的知识，即显性知识。显性知识是形式化和结构化的，容易识别、存储和检索。日常生活中，很多信息（仅仅是结构化的）被刻意处理成类似显性知识（问题导向的信息组合）的样子，看起来很有用，让人们感觉似乎获得了他们所需要的东西。

在我看来，烹饪可能更具隐性知识的属性，烹饪过程中存在着大量直觉的、难以定义的、主要基于经验的知识。隐性知识的特点就是往往具有情境依赖性和个体性，且植根于行动和参与之中。隐性知识无法通过显性化载体（书籍、课程、音视频等）直接获取，个体必须通过领悟自己生产。因此真正具有价值的知识往往来源于隐性知识，最有可能引发个体和组织的突破。隐性知识存在于人的头脑中，包括文化信仰、价值观、态度、思维模式等，以及技能、能力和专业知识。隐性知识往往直接与个体或组织的创新能力和持续竞争力紧密关联。举例来说，任何手册或秘籍都无法造就一家米其林餐厅，唯一能依赖的只有主厨长期积累的个人经验。

我常使用两个刻度划分个体在从事一项活动时所处的相对位置。一个是 20%，即某个个体超越 80%的其他参与者，处在前 20%的范围，达到这个位置主要依靠显性知识。另一个刻度是 1%，即某个人超越了 99%的其他参与者，处在前 1%的位置，这个成就单纯靠显性知识已经远远不够了，必须还要依赖隐性知识。处在前 20%的个体，很多时候可能是快乐的；但当你继续前行，快乐会越来越少，痛苦则越来越多。等到了前 1%，可能伴随你的只剩下平静和偶尔的欢喜了。

珍惜快乐吧。

知识管理与竞争力

管雨佳*

回想这两天赵老师的课程，真的是我入学以来第一次全程认真听、仔细思考没有开小差的课程。面对老师“咄咄逼人”的气势、不停地反驳和发问（就像老师的解释：要创造出平等的冲突，来刺激大家的脑部神经，看看是否会有新奇的思想产生），我只能使我的脑细胞全力加速，毫不停歇地迎接每一次的问题。

课堂上，赵老师说了一个做跨境电商的案例，提到了核心竞争力这个因素。我当时非常紧张而又期待（我也是做外贸出口的）。因为我怕老师提问我公司的核心竞争力是什么？我曾经无数次被问到过，但是我却始终无法给出一个让自己满意的答案。所以我又特别期待老师可以给我们什么样的思路来总结自己的核心竞争力。答案是：成本和信用。

然后我自己回想了一下和我合作超过十年的一个客户，到底是什么原因让

* 2022 级 EMBA 学员，现为安徽辰可化工有限公司总经理。

客户对我不离不弃呢：①十来年的合作，几百个订单，我从来没有出现过一次质量问题。②客户每一次开发新产品，我都尽全力去配合他，和他一起开拓市场。③客户遇到任何问题，都会第一时间来寻求我的意见，他非常信任我。

所以我总结出来我们的核心竞争力就是“我”：一个有着 12 年丰富的行业经验，对市场变化高度敏感，被客户高度信任的这么一个人。这个人可以用自己的经验来整合手里的资源，来寻找到同等质量下最低的价格或者同等价格下最好的质量，降低成本，增强自己的竞争力。用自己 12 年来服务客户过程中毫无错误的表现来获得客户的信任，让客户和我绑定在一起，让客户不停地下单再下单。

一个“我”对企业来说是不够的，如何用手里的资源来创造更多个“我”呢？这个本“我”就要设计一种流程（或者是培训机制），不停地把自己的经验进行总结，分享给更多有潜力的新“我”，让他们快速学习，成为备受客户喜爱和信任的新“我”。也许这就是我现在最需要思考和行动的。

【赵征点评】

管雨佳同学通过对“知识管理”课程的学习，分析了自己企业的核心竞争力，把学习和实践紧密结合，值得嘉许。通过分析，雨佳同学还找出了可能存在的问题：“我”太少了，要快速培养更多的“我”。

低成本固然是企业的一种很重要的核心竞争力，但若是将其直接展现给客户（即将低成本直接转换为低售价），则需要谨慎对待。比如，你开了一家超市，每天都推出低价物品，那些最关注低价物品的大概是一群大爷大妈，每天超市还没开门，他们就已经排起队等待购买了。这些只关注低售价的客户，价值是较低的，并非企业真正需要的客户，只靠这样的低价值客户群体，是无法支撑企业持续发展的。

由此看来，低售价并非竞争力，因为客户有可能错误理解。客户真正需要理解的，应该是低售价背后的逻辑，低成本是低售价的直接逻辑，其深层次逻辑是实现低成本的能力以及支撑这种能力的知识。知识可以复制，能力也可以运用到其他场景。只有能够理解深层次逻辑的客户才是真正的客户。也只有在这个层面上，雨佳同学文中提及的“我”的复制才有可能实现。

知识管理与塑造自我

程岚君*

赵征老师的“知识管理”课程已结束，但是头脑风暴式的知识洗礼，醍醐灌顶的真知灼见，让我沉浸其中无法自拔，我总是不自觉反思回味课堂上的种种细节。其实我平时就喜欢关注智者，惊叹于智者对生活的深度思考，折服于他们对人性的清晰认知，敬佩他们用睿智的方式审视身边的世界。

课上老师提到自我，虽未展开来讲这个话题，却深深触动了我。多年来我一直在寻找自我，人大部分是没有自我的。什么样的人是有自我的？为什么我们普遍没有自我？是什么因素造成了自我的缺失？既然缺失了该如何塑造自我？不知道自己喜欢什么，不知道自己想要什么，不知道自己适合什么，是否

* 2023 级 EMBA 学员，现为安徽中科太赫兹科技有限公司董事长助理。

就是自我缺失的一种表现呢？在下一代教育方面该从哪些方面做起，从小培养孩子的自我？一连串经常思考的问题喷涌而出，我仿佛找到了这些问题的答案，但是又不确定自己的答案是否正确。于是这些问题总是会偶尔蹦出，迫使我在不同的境遇下重新进行思考。如果可以，在此特别想了解赵老师对这些问题的思考和看法。

老师在课堂上提到“思考的时候就是在不断地自我迭代”。认知并非真知，对生活中基本事务的理解组成了认知的基本底座，在此基础上产生价值观，进而影响自身的判断。思考就应该是重塑自我的方法和路径。之前我认为，自我建立的最终目标，就是形成恒定的世界观、人生观、价值观和婚姻观，并且能在现实中知行合一，遵照执行。自我的建立应该包括以下四点：第一，属于自己的较为稳定的内心原则。第二，适合且适当的为人处世方式及标准。第三，对事物有属于自己的统一判断标准。第四，对于自己的生活目标及方式（包括事业、婚姻乃至整个人生），有比较明确的认知和方向；生活有计划，每一个时期的生活，都有较为明确的侧重点。以上所有都来源于思考。

那么问题又来了，是什么支撑着思考力呢？我认为是不断获取新知识与保持好奇心。

很荣幸，在这个阶段上到“知识管理”这门课，让我在自身知识管理方面提升维度。

【赵征点评】

岚君关注智者，一位我尊重的智者芒格先生刚刚辞世。芒格先生有很多真知灼见，为了纪念他，我专门在朋友圈发了我喜欢的一句：Invert, always invert（反过来想，总是反过来想）。

逆向（inversion）思维是一个强大的思维模型，帮我们从不同的视角思考问题，打开一个可能的新世界。

逆向思维一般这样使用：要解出 X，得先研究如何才能得到非 X。比如，想提高工作效率，可以先让工作效率低下，然后解决之：

频繁看手机，会分散注意力，那就取消提醒；

没有规划，手忙脚乱，那就列 TODO，定义排序；

做不到劳逸结合，效率低下，那就把放松时间也放进计划。

很多时候，“减少错误”要比“追求准确”有效得多；“避免愚蠢”往往比“追求聪明”更重要。

"反过来"更重要的启示，我觉得是"边界"。

这个世界并非只有"正"和"反"两面，而有可能有360度，意味着360种不同的视角。视角与视角之间，往往存在着边界。当我们说站在不同视角看问题的时候，其实意味着具备了区别不同视角边界的能力。

小时候成绩不好，老师经常批评"概念不清"。古人云学而不思则罔，学习就是学概念，思考就是在搞清边界的基础上建立概念之间的联系。知识管理课程强调和训练的正是不同概念的边界和概念间的关系。

自我的本质，其实是边界。自我意识的起始和发展，都是在"我"与世界的分隔中产生和迭代的，而所有的分隔都来自边界，有了边界，才有了分隔；边界越细微，不同的区域才越清晰。

不断迭代的，其实都是边界。

【程岚君1年后反馈】

回顾在"知识管理"课程中的所学，我深刻意识到，那段时间的思考和探索为我之后的人生轨迹奠定了重要的思想基础。课堂上提到的"思考是自我迭代的过程"深深触动了我。这不仅是对知识处理的一种描述，更是对自我塑造的深刻解读。自我并非一成不变的，而是一个持续更新、不断进化的动态过程。

当时，我正在探索自我认知的边界与定义，试图通过建立知识框架来为自己的生活与事业设定明确的方向。我曾认为，只有通过对世界观、人生观和价值观的深刻理解，才能够形成稳定且清晰的自我，甚至追求一种"最终的自我"。随着时间的推移，我逐渐意识到，自我并非一个固定的目标，而是一个在不断反思和实践中重塑的过程。每一次的思考和行动，都是对过去自我的一次迭代与提升，这种迭代不仅体现在职场的决策上，也体现在我对生命意义和价值的不断探索与追问中。

在现代社会，快速变化的挑战和机遇层出不穷，而自我塑造的核心正是在于能够适应这种变化，并在不断变动的环境中保持独立性与创造力。逐渐地，我开始将关注点从"思考的结果"转向了"思考的方式"。这是一种持续的自我反思，是保持开放心态并接受外界挑战的能力。与其说自我塑造是追求固定目标，不如说它更像是自我认知与实践之间的反复互动和升华过程。

如今，站在更高的视角，我对自我塑造有了更深的理解。我开始明白，真正的自我塑造，不是为了应对外部世界的挑战而固守某一固定目标，而是在不断变化的世界中保持自我觉察和思考能力，能够在行动中不断调整和优化自我。知识的获取不仅是为了增强职业竞争力，更是为了不断深化对人生的理解和对社会的责任感。在这个过程中，最为关键的，是始终保持对“自我”概念的持续反思与重构，确保在动态变化的环境中保持内在的稳定性与方向。

知识管理为我提供了一个系统化的思维框架，帮助我在个人成长的道路上更加理性和有序地进行自我塑造。它不仅让我学会了如何管理外部信息，更让我意识到，有效地管理内在的自我与思维，才是持续成长的真正核心。

知识管理与选择

王　莉*

“不知江月待何人，但见长江送流水。”这是唐代诗人张若虚《春江花月夜》中的名句，也是我最喜欢的两句。这两句诗不仅表达了张若虚对江月的疑惑，也反映了人生中常常面临的选择与不确定性。正如江水流淌，时间不断流逝，我们也在不断面对各种选择，而有效的知识管理成为在选择中明晰方向的关键。

在人生的旅途中，我们常常面对无法预知的未来，不清楚自己的选择是否正确。这种不确定性往往会让我们感到无助和焦虑，不知道该如何前行。就像诗中的江月一样，它注定要孤独地等待着，但却不知道等待的对象是谁。

* 2023 级 EMBA 学员，现为亚信科技控股有限公司数据挖掘工程师。

曾经看到过复旦大学骆玉明教授关于这两句诗的解释："每一个人可以认为，月亮等待的就是你，因为你来到这个世界，这世界就改变了，有你的世界和没有你的世界，完全是不一样的，所以你来到这个世界上，你给这个世界赋予了意义，你用你自己的方法去理解了这个世界，并由此来造就你的人生，你当然是最好的。"[①]我想正如骆教授所言，面对选择的不确定性时，每个人都依靠自己的知识来为选择提供指引和支持，帮助自我在迷茫中找到方向并相信自己的选择。

"但见长江送流水"这句诗中的"长江"象征着时间的流逝和生命的不断变化，而"流水"则代表着我们在生命中所做出的选择和行动。时间流逝，生命不断前行，我们所做出的每一个选择都会在时间的长河中留下痕迹。如何做出正确的选择成为摆在我们面前的重要问题。正如长江送走流水一样，我们也需要将过去的经验和知识作为支撑，来引导我们做出明智的选择。

我认为知识管理与选择紧密相连，二者共同构建了我们人生的方向和意义。首先，知识管理为我们提供了宝贵的信息和经验，帮助我们更清晰地认识到选择的各种可能性及其可能带来的结果。其次，知识管理能够提高我们的决策效率和质量，能够帮助我们不断学习和成长，从而提高我们的决策能力和智慧水平，使我们更加自信地面对各种选择。

总之，在这个纷繁复杂的世界里，需要怀揣着对知识的敬畏之心，像长江送流水般，不断前行，不断成长，在选择中找到自己的方向，在不确定中坚定自己的信念，成为生命中那个被月亮所等待的人。

【赵征点评】

我常常认为，诗歌透过两个镜头看世界，一个清晰的，一个模糊的。因为生活既清晰又模糊，人既真实又虚伪，但两者同时存在。我们最好同时看到两者，且接受两者间的差异和冲突，因为这就是人生的本质。

最好的管理者，往往也需要生活在两个世界中，一个是由计划、规则、行动构成的有序世界；另一个是由想象、幻想和梦想构成的诗意世界。后者比前者重要，因为诗意引领着企业超越自我，但这也是管理者常常忽略的。

① 《对话骆玉明：你来到这个世界上，就给世界赋予了意义》，https://www.thepaper.cn/newsDetail_forward_27992461，2024年7月8日。

《春江花月夜》一诗中，有清晰也有模糊，有现象也有疑问，有感悟也有无奈。我每次读这首诗时，总觉得作者隐隐透露出的是，自然界带给人类的最大困扰，是无知。

德鲁克在谈到如何帮助企业解决问题时，给出的建议是“问正确的问题”，方法是“带着无知进入情境”。无知是解决任何问题的最重要因素，所有的管理者都要经常使用无知来解决问题，因为很多时候你认为你知道的都是错的。管理者不仅要追求知识，更要追求无知。后者比前者更难。

我常常提醒很多企业家，知识管理的首要前提是明白自身的无知。明白了自己无知的范畴，才能在知识的范畴里开始管理。

平等冲突，意味着管理者能够说出“我不知道”，能够承认自己不知道问题，更能承认自己不知道答案（只要你瞎说答案，得到的一定都是附和）。承认不知道，管理者就把自己放在了一个与对方平等的位置，于是平等交流甚至冲突的过程，就成了建立联系的过程。这样的关系才是组织知识管理的基础。

知识管理的另一个前提是抵抗“直接有用”的诱惑。个人的某个知识一旦被认识到有用，这个知识往往也就不太可能显性化了，没有人愿意把对自己有价值的东西无偿跟别人分享。“有用”这个特征往往是知识分享的最大障碍，而知识分享恰是知识生产的最重要的方式。

因此我最喜欢的知识特征是“美”。詹姆斯·马奇说过，学问有个特征比有没有用更重要，那就是美不美。想法是否优雅迷人，是否让人眼前一亮——美丽事物的共通之处。学问应该始终具有美学元素，因为学者除了有义务追求真理、正义之外，还有义务追求美。

要想基于知识这门学问产生一些好想法，就必须在自身周围筑成一道防火墙，抵抗那些“直接有用”的诱惑。

希望有更多的管理者开始去追求美！

知识管理与产品思维

徐　雪*

赵老师在两天的“知识管理”课程中深入剖析了知识应用与企业本质的关联，金句不断。尤其是商业活动模块中关于产品卖点设计的探讨，给我带来了诸多启示。

作为一名致力于将 AI 技术与教育产业应用相结合的产品人员，我深刻感受到了技术思维在产品落地过程中的局限性。由于我司拥有深厚的技术背景，我们在与客户对接需求时，往往容易陷入强调技术领先性的惯性思维中，将“技术”等同于“卖点”，从而忽略了用户真实的使用场景。这导致部分产品在落地和升级迭代过程中遇到难题。

在 B 端市场，采购方和使用方通常是分离的，客户并非最终用户。尽管我方产品的技术领先性和品牌背书能在一定程度上加速方案落地，但过于关注底层技术的思维惯性，往往使我们强调“我有什么”，而忽略了“用户真正需要什么”。虽然产品设计流程从需求出发，但实施过程的落点却又回到了技术

* 2023 级 EMBA 学员，现为科大讯飞股份有限公司产品总监。

领先性。例如，火爆的元宇宙、虚拟人以及 ChatGPT 大模型等新技术。我们常与客户共同探索新的应用场景，但真正落地的产品却寥寥无几。在产品体验至上的今天，基于特定场景的深入打磨和应用才是产业化的关键。

2023 年 10 月，澳大利亚项目管理软件提供商 Atlassian 宣布计划以近 10 亿美元的价格收购美国硅谷的 Loom。Loom 作为一款录屏软件，看似小众，却能卖出高价，原因在于它真正服务于特定场景，深入洞察了不同角色用户在屏幕录制背后的目标需求，并通过轻便化的版本拆分不断提升市场占有率。如今，Loom 已实现了品牌即品类的影响力。

总之，这两天的课程让我重新审视了产品思维与技术思维的差异。技术门槛是产品的硬实力，而产品思维则是产品的软实力。单纯依靠技术难以推动产品实现持久化应用。在未来的工作中，我会避免陷入技术思维陷阱，努力实现真正的产品化落地。

【赵征点评】

孩子拿着两个苹果，妈妈说给我吃一个。孩子把每个苹果咬了一口后，给了妈妈一个。妈妈很生气，批评孩子太自私。孩子委屈地说，我只想把更好吃的给你。

徐雪同学讨论的其实是技术思维和用户思维。这两种思维就像是故事里的妈妈和孩子，站在两个不同的立场，你想我的，我想你的，差别越拉越大。

技术思维是从生产者的角度看产品，对产品生产过程更加关注，核心关注点是“技术”；用户思维则从用户的角度看产品，对产品的使用过程更为关注，核心关注点是“需求”。

同样做产品介绍，把产品功能一一道来是技术思维；而 Q&A（question and answer，问答）就是用户思维。把使用过程和 Q&A 实时关联，就是用户智能。比如，你在使用产品过程中，突然打开 Q&A 页面，那么系统会自动判断你打算查询的问题来自你正在使用的某个功能，再根据过往的查询数据统计，立刻判断出你的问题并给出对应答案。这其实就是用户思维的场景和技术需求。

毋庸置疑，上述用户智能的场景会得到供应商和用户双方认可，这是因为其提升了价值，这里的价值是另一种思维：商业思维。一般而言，技术的价值来自需求，需求维度越高价值越高，需求维度越低价值越低，没有需求仅供自嗨的技术则毫无价值。

产品思维，其实包含了以上三类思维，即技术思维、用户思维和商业思维，产品思维不仅要考虑生产和技术使用，也要考虑用户使用需求，还要考虑商业价值，这样才能更系统全面地做好产品的建设和运营，否则就容易陷入为做产品而做产品，或为炫技而炫技的自嗨之中。

产品思维需要对知识进行系统、深度的整合思考，形成对知识的深度使用，探寻知识组合的最优解。

知识管理与用户生命周期

袁玉涵*

通过两天“知识管理”课程的学习，我深刻体会到每一次创新性组合都离不开知识管理的思维与创造。知识管理之所以不同于其他管理类课程，主要原因在于它对知识的学习、理解以及再创造的能力。

这不禁让我深思，在日常工作中如何运用知识管理来更好地管理用户生命周期。由于工作性质，我对用户生命周期尤为关注。本文简要探讨知识管理与用户生命周期 AARRR（acquisition、activation、retention、revenue、referral，获取、激活、留存、收益、传播）模型的五个阶段之间的关联及其重要作用。

在用户获取阶段，知识管理可帮助企业深入了解目标用户的需求和偏好，从而制定出更精准的营销策略和推广活动，吸引并获取潜在用户的关注。例如，网约车平台基于下雨天打车难的痛点，对车辆饱和度较高的地区进行调度，以满足需求更高的区域。

* 2023 级 EMBA 学员，现为洽洽食品股份有限公司高级运营专家。

在用户激活阶段，知识管理能够通过提供个性化和优质的服务，结合用户的反馈和意见，持续改进产品功能和用户体验。例如，瑞幸咖啡通过不断推出联名产品，如从生椰拿铁到酱香拿铁，成功激活了用户购买新产品的热情。

在用户留存阶段，知识管理助力企业构建完善的客户关系管理系统，及时解决用户的问题和痛点，进而提升用户的满意度和忠诚度。例如，奢侈品品牌会根据用户的消费等级，为高净值用户提供优先选择新款产品的权利和 VIP 服务权益。

在获得收益阶段，知识管理可帮助企业制定合理的定价策略和支付方式，以实现商业化变现。例如，迪士尼推出的年票制度，不仅有效解决了用户留存问题，而且提供了全年入园的权利，使得年票看起来更具"性价比"。

在推荐传播阶段，知识管理通过提供超出用户期待的产品体验和服务，激励用户进行口碑传播。例如，民宿店主不仅提供房间供用户住宿，还通过其独特的服务和品位，让用户愿意主动分享以彰显自己的品位。

综上所述，知识管理在用户生命周期的各个阶段都发挥着至关重要的作用。通过在不同阶段运用知识管理，企业可以更深入地理解用户需求和市场趋势，提供优质的产品和服务，从而实现用户增长和商业化目标。

【赵征点评】

玉涵同学对知识管理与用户生命周期的关系做了思考，针对不同用户阶段（获取、激活、留存、收益和传播），运用知识管理助力实现不同目标。

那么，讨论用户生命周期不同阶段的目的是什么呢？如果这些阶段跟你无关，又有什么意义呢？

举个例子，即使是同一位女生，也会有不同的阶段，学生阶段、单身阶段、妻子阶段、母亲阶段，这是大多数女生共有的。讨论这些阶段的意义是因为与你相关，换句话说，你把一个普通的女同学，发展为你的女友、进而娶为妻子、成为你孩子的妈……每个阶段都是不同的，但不是每个阶段都必然与你有关。女同学成为女友不容易，娶回家更难，过一辈子更是挑战。

类似的例子还有很多，如求职者、员工、管理者、股东。

不同阶段的称谓不同，称谓的递进意味着关系的递进，其本质是一个陌生个体形成共同体的过程。

那么，一个陌生人是如何与企业形成共同体的呢？我觉得关系由浅到深有四个称谓：流量、用户、会员、共同体成员。相对应需要思考的是：

流量如何成为用户？

用户如何成为会员？

会员如何与你成为共同体？

以上有趣的话题，有机会可以跟大家聊聊。

知识管理与生娃

云　璐*

上课前一直好奇这门课为何叫“知识管理”？两天课程下来一度让我沉浸在烧脑、兴奋和重新审视中。所谓“知识”，是对事物的认知和理解，而管理则是一种排序。用自己对事物的认知与理解，排出内心中的轻重缓急便是“知识管理”。这样一来，“知识管理”可应用在生活的方方面面。

生娃是一种人生选择，无对错之分。有人选择早早生，有人选择有一定基础后再生，还有人干脆不生。生不是重点，重点在于生必养，养必教。

身边有太多的人抱怨现在教育的卷，不生娃的说因为太卷所以不敢生，生了的说因为太卷太累，一个就够了。我看过小学生的家长恨不得把孩子的时间掰成八瓣，也看过初中生家长送孩子上补习班，把晚餐安排在路上。当有人问我怎么有勇气生二胎时，我笑笑。

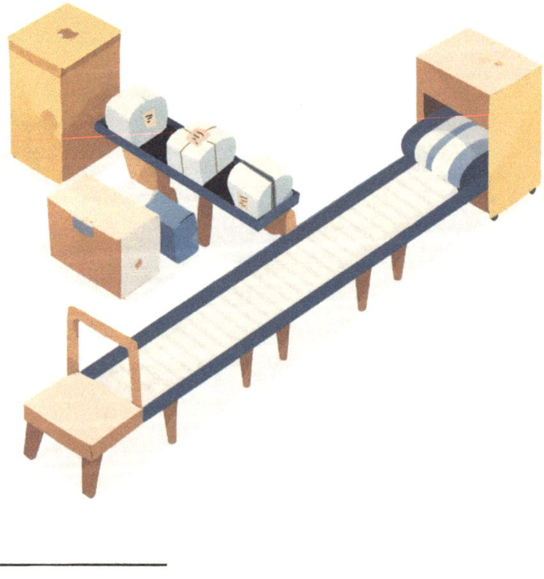

* 2023 级 EMBA 学员，现为安徽省浩凡科技有限公司总经理。

所谓“卷”，无非是剧场效应，前排的站起来后，后面的不得不逼自己站得更高，以至于到后来难以呼吸。大家攒着劲儿给孩子送进“象牙塔尖”，真是为孩子好吗？还是因为这是普世价值观中“优秀”的表现？

课上，赵老师说中国科大刚毕业的学生很难真正选择创业，因为他们是普遍认知中的“优秀”人才，难以放下诱惑，难以意志坚强战胜创业中的各种艰难困苦。可能需要历练一段时间后，才更适合走上创业道路。由此看来，或许社会需要的“优秀”学子的标准不止一个？

生娃，在我看来是一种自我迭代的过程，我需要转变身份，付出精力，当然还需要有经济的支持。这种迭代是一种自我提高和享受的过程，孩子的纯真在生活中会给予我很多启发，这对工作正处于转型阶段的我是一种疗愈，一种激励，更是一种探索。在我的认知中，养娃是在探索中发现孩子的特长，培养其特长使之转变为有用的社会价值（商业价值）。这个过程有点像产品开发，需要帮助她找到核心竞争力，然后引导她最大程度发挥竞争力，适应市场。

大宝才五岁半，我未知我是否可以将她养育得很好，但为我有着还算平和的心态和底气而欣慰。

此时，作为妈妈的我写着作业，孩子爸爸加着班，大宝在搞着创作（画画），小宝在我肚子里扑腾，这大概就是共同成长的样子……

【赵征点评】

知识管理，研究的是知识的生产、分享和使用。

知识生产，指的是个体产生知识；分享，指的是产生群体知识；使用，指的是个体使用知识。需要明确的是，群体知识是通过个体分享才能够产生的。个体生产的是隐性知识（他人无法知晓），分享后成为显性知识，可以被其他人使用，成为群体知识。

很多家长喜欢问我教育问题，希望我分享亲子教育经验，以便回去采用。其实教育是一个巨大的知识场，千百年来，这里不断地进行着知识的生产、分享和使用。

云璐同学认为“生不是重点，重点在于生必养，养必教”，且探讨“优秀”标准，显然她更关注孩子教育。其实教育的最大挑战就是个性化。我一直认为这个世界最个性化的商业模式就是快递。每一个包裹都是唯一的，出发地和目的地都不可能完全相同，快递企业需要满足最复杂的客户需求、提供最复杂的客户服务。我们知道该行业的解决方案就是尽可能地提取共性因素，同一个小区、同一个街道、同一个行政区、同一个市……合并再分拣，最后最低成本地满足了所有客户的需求。

教育可以参考快递业的经验吗？把孩子“合并”再“分拣”，最低成本地实现教育目的？恐怕不行，最大的困难是每一个快递的目的地是明确不变的，但孩子的教育目的地不可能一成不变，会在过程中不断发生变化。目的地一旦发生变化，似乎所有的既有知识就失效了，于是教育就成了每个人甚至整个社会的难题。

我认为解决问题的思路就是放弃目的地，专注于过程。教育的目的不在于追求知识使用，恰在于专注知识生产。知识管理最重要的特征是生产，分享是生产，使用更是生产。我愿意把这个促使个体不断生产知识的过程，称为“教育”。

知识管理与细节

彭小云*

“知识管理”的两天课程感觉像是要把自己逼到墙角，老师的每个问题看似简单又是那样的让你吐不出真材实料。“很多问题多问几个为什么，其实自己就找到了答案。”这句话给我留下了很深的印象，联想到工作中，当看到别人可以完成的目标自己却完不成时，很少会多问问自己为什么。

当我还不知作业该如何下笔时，正巧遇到了一件极为平常的小事，但却给我带来了很大的触动。由于工作原因，我入住在县城下的一个小镇上，当日回去较晚没吃晚饭，遂回到酒店问前台服务生要了水果，我说今天太忙没吃晚饭，麻烦给个果盘。男服务生先拿了两根香蕉放在盘子边，又拿了两个粑粑柑，去掉包装纸，剪掉上面较长的带叶子的杆子，把两个粑粑柑摆在香蕉旁边的空位，顺势调整好摆盘，使其看上去整齐些，再递到我手中。因时间较晚我也不想麻

* 2023 级 EMBA 学员，现为蚌埠天畅餐饮管理有限公司营运经理。

烦人家，过程中我说了几次不必麻烦直接给我就好，但是服务生说不行，万一被我哥（酒店老板）看到，要说我不讲究的。等我走了他又叫住我，把剩下的两根香蕉也给了我，说没吃晚饭你多吃点，吃不完当早饭吃，我道了好几声谢谢，回了房间。

就是这深夜的果盘不仅让我感动也让我震撼，这里是远离市区的小镇上的酒店，我在内心已经预判了其服务、环境等不可能比得上星级酒店，仅凑合一下即可。修剪枝叶、仔细摆盘、赠送香蕉这一系列动作带给我的不仅是不做作的服务，还有细节之处体现的职业要求，纵使服务生没有穿西装制服，没有象征礼貌的手势动作和礼貌用语，但是举手投足间均是暖心质朴的服务和替你考虑的真心输出。

可贵的是，他睡眼惺忪被我叫起来，没有舍弃自己被要求的标准，在没人监督其工作的深夜，在客人同意降低要求时，他仍然坚持自己的工作标准，纵使他不做这些，直接递给我，我也不会觉得有不妥之处。

这便是我们身为管理者最想看到的吧！员工在无人监管时也可以认真工作，修剪好的果盘便是由服务生接受的知识转化而成的。

知识的传播不仅依托课堂书本，知识的结果也不仅体现于成绩，还有这些“不为人知”的细节。

【赵征点评】

我和木屋烧烤的创始人隋政军讨论客户体验的层次，体验的第一层是员工做到了，第二层是客户看到了，第三层是“客户看到”这件事被记录了。员工做到是客户体验的开始，客户看到了（准确而言是看懂）员工的行为，意味着体验发生了，但发生还需要被记录，这意味着体验的发生是企业有意识的行为，记录还要让企业的管理者知晓，这样才可以持续优化迭代。其中第三层尤其重要，因为客户被企业逆向筛选了，不是每个客户都能看懂企业发出的每一个动作，所以能看懂的客户需要被标注出来。小云同学的案例里，员工做到了，客户也看到了，但第三层似乎没有产生。

在我的文章《赵征日常生活杂记：我的“三体”》中，我把人的很多产出划分为“三体”，即体验、体会、体现。体验是一种经历或感知，体会是一种理解和领悟，体现则是一种表达或实践。前两者是内隐于自身的，后者是外显于他人的。体验人人皆可完成，体会则需要时间和认知的勾兑，体现更需创造力的加持。体验容易获得，但体会和体现并不容易做到。

德鲁克说企业唯一的任务就是创造客户。所谓创造客户，就是用企业的“体现”促发客户的“体验”和“体会”，并通过对“体会”的记录和分析，筛选出相匹配的客户，从而“创造”客户。

很多家长喜欢带孩子旅行，其实旅行使孩子形成的都是体验，体验的“保质期”很短，如果不能及时产生体会，很多体验细节就会被忘却，而细节是产生体会的要素，没有了细节，不同的体验就同质化了，体会也就无从说起了。令人遗憾的是，由于细节的原因现实中很多人只得到了体验，却没能到达体会层面，也就更难以抵达体现层面了。

小云同学的文章，恰巧是从体验中得到了体会，是从行为感知到达行为理解的过程，然后又试图用文字予以表达，不过我认为真正意义的表达，是成功“复制”，即把“体会”凝入自己的产品，体现给自己的客户。

不知我的点评，小云同学能否“体会”？哈哈哈。

知识管理与冰糖雪梨

任育培*

有次周日女儿与我一同去公司加班，听到她不时几声轻咳，加之深秋的干燥，便想着熬碗冰糖雪梨为其润肺止咳、清热解毒。几片雪梨、些许银耳、三颗莲子辅以两粒冰糖。忙完工作，女儿仍在院里玩耍。壶里的蒸煮声声声入耳，雪梨在上下翻滚中失去了起初的棱角，掰碎了的银耳一片片膨胀，如水母般自由起舞，莲子藏在了最角落，缓慢绽开墨绿的莲心，冰糖想必是已被萃取，融入了这壶“翻涌”中。

为何这一壶“翻涌”就能起到“润肺止咳、清热解毒”的功效？想必并不是雪梨生津、银耳养颜、莲子去火、冰糖味甘的药物属性做简单加法运算。若

* 2023 级 EMBA 学员，现为绿城物业服务集团有限公司项目总监。

将以上四者视为基础数据，将药物属性视为其携带的信息，那这不断“翻涌”的过程便是以水柔其形、以温塑其身的基础数据信息化提炼过程，进而达到沁其心、淬其神的知识化过程。

在数据与信息、知识的转化过程中，无论是数据的信息化操作，还是信息的转化处理，均具一定目的性和导向性。科研机构多如是，服务类企业亦如是。不同的是，前者多为对未发生期望结果的预判与尝试，后者多是对已发生服务场景存在问题的调整与改进，但无论是预判还是改进都期望借助过程的“翻涌”达到预期结果。若将这“翻涌”的过程视为企业融智过程，那这“翻涌”的环境，即为企业融智环境。如何根据企业属性打造适合本企业的融智环境？就像这壶冰糖雪梨一般，基础数据是否完善、环境温度是否适宜、过程介质是否适用，都是需要在过程中不断思考和适时调整的。

打造一个适合自身发展现状和未来需求的融智环境，企业需要明确自身战略目标和价值观，明确融智环境的定位和作用。譬如将其定位为一个创新平台，则员工可根据岗位实践不断提出新的想法和过程解决方案，领导层可从中不断遴选新的商机和现状改进空间。同时需要建立通畅的沟通机制和文化氛围。沟通机制不仅包括工作过程中的内外部会议、报告、反馈等，更要重视抛开职务属性的交流与沟通；对于文化氛围，则不仅需要倡导开放、敢于尝试的精神，更要落实并不断提升各层级相关方及企业整体的容错率和包容度。

当然，完善的知识管理体系和培训机制更能帮助企业收集、整理、共享和保护知识资产，提高竞争力和创新能力，并配合员工的技能和创造能力提升需求，以促进员工和企业共同可持续发展。最后是建立科学的激励机制和评价机制。对于前者，可以鼓励员工积极参与融智活动，活跃融智因子；对于后者，可以对融智成果进行相应的评估和反馈，这种评价机制可以是企业既定评估标准自上而下的应用，也可以是员工自我总结标准的个体化适用。

好了，女儿玩耍回来了。这一壶“数据”历经一个多小时柔其形、塑其身的信息化“翻涌”是否已达沁其心、淬其神的知识化提炼，仍需个体检验，毕竟只有个体才能知晓其相对重要性，也是这壶“知识”发挥作用的时候了。

【赵征点评】

育培同学给女儿烹药颇有心得，还把煎药过程中的“翻涌”工艺与工作中数据信息化和信息知识化等思考关联起来，很有想法。

中国人喜欢中医，据说现在欧美也开始流行中医了。中医治病离不开中药，一说起中药，大家首先想到的是药方，其实从“药方”到最终的“药效”，流程很长，其中“工艺”尤为重要，工艺覆盖了药效的全过程。

一是药源。是否上品？是否污损？是种植的还是野生的？

二是抓药。需要分药均匀，足斤两。

三是炮制。需要关注炮制用的蜜或酒的质量，以及炮制火候。

四是配引。药引在煎中药时往往没被充分重视。

五是浸泡。中药煎前需浸泡，加多少水、泡多久？冬长夏短，厚长轻短，不同药性要求不同。

六是顺序。根据中药用法不同，煎药时往往根据时间，先煎后下。

七是用具。传统煎药，治什么病用什么药棍，失眠用枣棍，风湿用桑棍，痈毒用槐棍，心虚用柏棍。不是随便用个筷子就可以的。

八是煎药。煎药讲究身不离锅，一心一意，清心正意，精准掌握时间及药汁取量，不可兑水，等等。

九是喝药。喝药需得法，服药心态好与时间准缺一不可。

中药若要有好药效，药方对症、药材很好很重要，工艺也非常重要。工艺既包括药材制作工艺和煎制工艺，也包括辅助用具和服用方法。

对于治病这件事而言，以上工艺就可以保证疗效了。不过管理，才刚刚开始。管理不是保证一个病人的疗效，而是保证更多病人的疗效，还要探究病理、与疾病共同迭代演化，降低人类未来再次患同种病的可能性。因此，管理关注的是工艺的迭代和药方的迭代。知识管理的产生和发展，正是针对这一管理诉求的。从个体治疗积累知识、延伸到群体、延伸到过程、延伸到机理，去影响个体、群体、病理和治疗。

无论是积累知识、加工知识、使用知识还是迭代知识，其本质都是“人”在其中，知识处理的本质是人的迭代和成长。吃药的是人、煎药的是人、开药方的还是人。这些人的成长仍非最终目的，知识管理的目标是“善”和“爱”，因为任何医生都曾被告知过一句话：To cure sometimes，to relieve often，to comfort always（有时治愈，常常缓解，总是安慰）。最有效的“药方”其实是爱。

任何的知识处理过程，都是爱的浸润。

知识管理与认知边界

范德龙*

工作以来仿佛每天都在忙，忙着工作，忙着生活，忙着学习，仿佛也听到了很多的道理，学到了很多的知识，但依然过着按部就班的人生。有幸聆听了赵征教授的知识管理课，两天以来赵教授循循善诱，抽丝剥茧，引发了我很多思考，有时候甚至有醍醐灌顶的感觉，如对打车软件的解析，让我对“滴滴出行”有了一些新的认知。

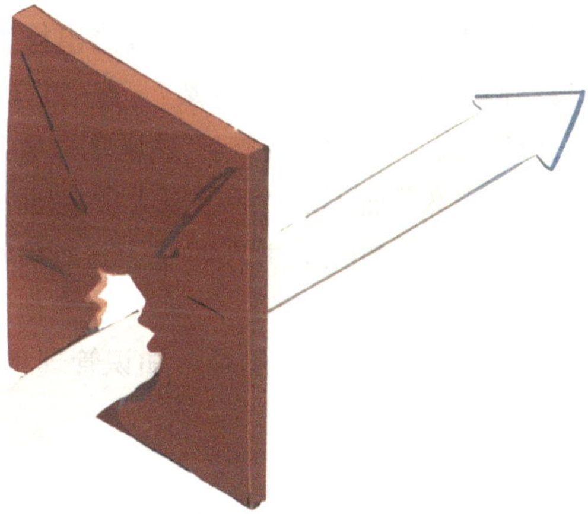

认知是知识和思考模式的统一，怎么想会决定你怎么做，怎么做又会影响你怎么想，彼此交互不断演进。认知往往都是基于基石假设的，基石假设不同，认知就不一样。“打车难”是痛点，“打车方便”是刚需，当时大多数人的基石假设是解决供需问题，盯在“打车难”，但“滴滴出行”却想着解决信息不对称问题，在“打车难”的基础上盯在“打车方便”，在出租车供给和打车需求之间搭建起了桥梁，打通了线下产品与线上运营之间的通道，从而实现了“滴

* 2023 级 EMBA 学员，现为工银瑞信基金管理有限公司深圳分公司副总经理。

滴一下 美好出行”，是一种批判性思维和“反共识”的创新。

认知也存在认知贬值和认知升维两种情况。认知贬值和认知升维涉及的可能就是赵老师提到的“裁判与评委的区别”，是“是否产生结果”的边界问题，所以认知也是存在边界的。一味地增加出租车供给，可能解决了些许的“打车难”这种极限点问题，但可能依然解决不了“打车方便”“美好出行”的边界问题。

边界与认知是相互关联的，认知越深边界就越宽，所谓“不曾经历不曾体会，经历多深领悟多深”也许凸显的就是这个道理。认知升维往往就需要认知破界或认知扩界，而实现认知破界或认知扩界可能就需要改变原有的基石假设。一方面我们需要突破自己，通过“批判性思维”和“反共识”破除外部影响，实现破界创新。就好比你是一条鱼，长期生活在水里，你永远不知道自己生活在水里，除非你跳出水面。iPhone 本身没有解决功能手机的任何问题，但是它的出现却让功能手机本身变得无关紧要了，彻底突破了功能手机的基石假设，让竞争对手变得与自己不相关。另一方面需要“融智”，与优秀的人一起合作，实现正向衍射，扩大认知边界。“滴滴出行”在引入“牛人”和“资本”后快速成长，但也带来了“认知遮蔽”——过于追求竞争和投资回报率，忽视了“美好出行”。直到 2018 年两起“顺风车命案”的发生，核心层才意识到公司要的是“活得更久”而不是“活得更大”。因而更加注重“信任与安全”，回归并下沉“美好出行”的初心，并在时空上进行资源优化，跨界到外卖、代驾等领域，双向扩大了认知边界。

听不一样的声音，学不一样的思维，知识管理也许就是一个熵减的过程。

【赵征点评】

德龙同学讨论了认知和基石假设的关系。

我经常被企业家学员问一个问题：“创新创业课程与工商管理课程有什么区别？”我从守—破—离的角度做了说明。

守—破—离，最初来自茶道，“规矩礼仪，务必先尽守之，然后破之，离之，然皆不可忘本矣”。这个理念之后在日本传统文化中不断持续传承，影响广泛。

守，是指遵守基本的模式，模仿榜样。企业管理中的“流程优化”“标杆管理”就是“守”。

破，是摆脱基本模式的束缚，开始变化、发现自我的阶段。

离，是指脱离基本模式，创造一个崭新的、独立的价值关系。

首先，我认为工商管理教育的培养着重在“守”，目的是守得好，着眼点是效率，手段是尽可能地减少冲突；双创教育培养的重点，在于如何“破”和如何“离”，手段就变成了增加冲突，因为只有冲突才能激发创新。当然，“破”和“离”，是建立在“守”的基础上的。

其次，我认为守、破、离对应着不同层次，守对应“事”，破对应“法”，离对应“人的认知”，人的认知也就是人的成长。守、破、离即通过对事情的坚守，实现方法层面的突破，完成人的认知层面的蜕变。对于任何组织而言，方法和人是最核心的竞争优势，保证方法不断优化和人持续成长的能力，才是最重要的竞争力。

方法的突破和人的成长都依赖于创新，一般而言，创新来自否定或对立的场景。个体和组织为了不断创新，需要不断地为自己寻找“对立”、创造“对立”，在这样的长期训练中，个体和组织甚至习惯了不自觉地把自己变成自己的“对立”，因此形成了自我否定的思维方式，自我否定意味着突破边界，使我们持续成长和创新。

知识管理与重新定义

周艳林*

通过学习赵老师两天的“知识管理”课程，我发觉赵老师给我们带来了很多思考的视角和引导，我感受最深的就是“定义”这个词，对，我们的很多事情需要重新定义，为什么需要重新定义呢？两个原因，一是之前的定义本身就很不准确；二是随着自我认知的提高需要重新修正定义。比如，对于情绪控制这个事来说，很多人总是因为一点小事就发泄很大的情绪，本人之前也犯过这种类似的错误，我越来越觉得这是典型的需要对愤怒认知的定义进行改变，对事物本身的认知是缺失和不足的，因自己无能力解决而产生的无奈和愤怒，最后会让事情变得越来越糟，这个世界上通过宣泄情绪从根本上改变事物状态的情况基本不存在，所以我们需要改变，通过重新定义去断、舍、离。

在生活和工作中经常发脾气的人显然也属于不成熟的人，更别说成功。来中国科大管理学院学习的目的其实就是纠错并寻找到工作和生活中的最优解。

---

* 2023 级 EMBA 学员，合肥华致能源科技有限公司联合创始人，安徽徽储能源科技有限公司董事长。

今天我在课堂上就在想，如果我们对目标追求本身的定义都不准确，又如何才能到达真正的理想圣地呢？修身、齐家、治国、平天下的前半句是格物、致知、诚意和正心，当我们不了解前半句的时候，其实我们很容易一知半解。如何去修身呢？有时候苦想是想不出来的，其实书本上早就有答案，那就是要“格致诚正”，对自己所从事的事业要真正能定义清楚。你是谁？你要成为谁？如何成为谁？也许一开始你并不能完全清楚你是谁，形成客观的自我认知也并没有那么容易，你也并不知道你要成为谁，在成长和发展的过程中你才会越来越清晰，一路所做的很多事情会被赋予新的内涵和意义，你要成为谁也会变得越来越有价值，最终方能真正地实现自我价值。

对于知识，我们需要将其更好地管理和运用起来。对很多所遇之事该如何准确定义呢？重新定义是不是最终事物本身的定义呢？希望我们可以不断地反思和学习起来。古人云，君子博学而日参省乎己，则知明而行无过矣。其实就是要求我们广泛地学习并不断地反省自己，时刻要求自己定义好内心的评判标准和行动标准，不要被无知和困境局限，从而导致因小失大和错失先机。

【赵征点评】

艳林同学讨论了定义和愤怒。

在我看来，定义往往是一种回归理性，理性是一种认知机制，让人以正确的理由做出恰当回应。理性正常运作，人才能正确地认识世界，并且通过跟世界恰当互动来满足自己的欲望。

愤怒是一种情绪反应，乍看之下情绪似乎只是在展现人的个性和内在，不过略加探究，我们会发现情绪也在协助人恰当地了解和回应世界，虽然做法跟理性认知不太一样。比如，腐败食物让我们产生恶心的反应，有研究认为恶心感源于一种行为免疫系统，协助我们的祖先远离毒物和疾病。当某个东西让你觉得恶心，你就会离它远一点，若它不幸已经进入你嘴里或消化系统，你要努力把它吐出来。在恶心感触发的场景，你不见得是理性的，也未必清晰知晓眼前物体对自己有啥危险，但情绪阻止你靠近它，让自己远离危险。

还存在相反的例子，如面对不公平之事时的义愤和正义实现时的爽感，这些也是情绪，这类情绪让人暂时离开理性，选择做出对自己没有什么好处的事情，自愿承担不成比例的高风险和高成本去阻止并惩罚犯规者。

可见，有些情绪与理性一样，也具有认知功能，让我们远离毒物，或察觉并抗议社会之不公。这并不奇怪，因为人类的很多认知并不完全来自意识行为，很多的认知来自人的无意识行为，即个人即使对某个问题情境未清楚或全盘了解，也依旧可以依据其自身经验进行直观推论。这也是人类天生具备的自我保护和自我繁衍的重要本能。

定义，不仅能用于理性认知，更重要的是能触发个体的自我意识，去反思情绪以及情绪触发的全过程，通过反思了解自身、认知自我。当知道情绪的功能和特性后，我们或许能反过来操控情绪找点乐子或者让自己过得更好。比如，在安全的情况下体验各种情绪；或者照着自己的好处去定义和诠释情绪，如把紧张的感受理解成兴奋，人或许就有机会摆脱紧张感、表现得更好。

人是演化来的，这意味着我们的能力与感受往往有功能和意义，了解这些功能和意义，就能发现新方式来面对自我和发展自我。

知识管理与商业模式

范中山*

两天的“知识管理”课程，不仅是知识的盛宴，在赵老师深入浅出且深邃的阐述下，更犹如灯塔之光，穿透了我以往认知的迷雾，让我原本局限的思维实现了质的升华。

对于终端零售企业的管理者而言，这无异于一场开悟。我们长期面临着诸多复杂的管理问题，而如何确保团队成员始终保持工作活力和激情，一直是横亘在我们管理者面前的巨大挑战。聆听老师分享木屋烧烤员工的年度梦想实现清单后，它犹如黑暗中的一丝曙光，为我开启了一扇全新的思考之门。

* 2024级EMBA学员，现为安踏（中国）有限公司安徽分公司副总经理。

在企业管理中，让团队成员充满激情地朝着目标前行，关键在于激发他们的参与感和使命感。这是一种内在的驱动力，是点亮员工梦想的开关。当团队成员能够清晰地看到自己的付出与团队进步之间存在紧密的因果关系时，使命感便会在他们内心深处油然而生。这种使命感就像一团燃烧的火焰，驱使他们积极投入工作中。更进一步说，当员工意识到自己所扮演的独特角色是被他人所需要的时候，这种被需要的感觉会进一步强化他们的使命感。

比如，在我们所开展的"区域终端跑团"项目中，我就深刻地体会到了这一点。开展"区域终端跑团"项目的初衷仅仅是使员工的身体保持健康以及让他们对跑步和相关专业知识有一定的了解。随着项目的推进，我们惊喜地发现了它所带来的一系列积极变化。许多成员在跑步过程中，亲身感受到了自己的每一个进步，这种进步不仅是身体上的，更是心理上的。他们在跑步中找到了自我，开始主动深入地学习更多的跑步专业知识。这种自主学习的热情如同雪球般越滚越大，他们不仅带动身边的同事参与其中，甚至自发地组织消费者加入跑团。更令人欣慰的是，他们凭借自己所积累的知识，开始为专业的跑步消费者提供有价值的建议。变化所带来的直接结果是令人振奋的。部分员工的专业素养得到了大幅提升，这不仅对员工个人成长有着积极意义，更为企业带来了显著的效益。我们注意到，专业跑鞋的销量持续拉高，这与员工在跑团项目中的成长和积极影响是分不开的。

为了更好地记录和传承这种积极向上的变化，我们制作了一本册子。这本册子就像是一部团队成长的纪录片，里面详细记录了大家付出的努力、成长的历程，以及团队进步的点点滴滴。其中，特别突出了大家从普通员工向跑者角色转化的过程，以及这种转化如何满足了消费者的需求。这本册子被大家亲切地称为"我们的故事"，它承载着团队成员共同的成长回忆和情感，成为一种凝聚团队力量的象征。通过此次跑团项目的实践，我们深刻认识到这种共同创造的"故事"对于激发员工自动自发地释放内心激情的巨大作用。

这只是一个开端，未来还有更多的管理挑战等待我们去面对。其中，最为关键的是如何让更多员工在自我成长和组织愿景方面达成共识，进而形成共同的价值观体系。这需要我们在管理实践中不断探索和创新，将知识管理课程中的所学所思融入日常管理中，引导团队朝着更加积极、高效的方向发展，让每一位员工都能在企业组织这个大家庭中找到自己的价值和使命，共同书写更多属于我们的故事。

【赵征点评】

尤瓦尔·赫拉利在其著作(《人类简史》《未来简史》《今日简史》《智人之上》)中多次提及了“主体间现实”这一概念。与外部自然现实构成的“客观现实”和个体内在感受构成的“主观现实”不同，主体间现实是由个体间的互动和共识构成的，由个体的主观经验和社会互动共同构建，这种现实就是“共享的理念”或故事。

我们的日常生活世界是一个文化上的主体间性世界，主体间现实包括语言、信仰、价值观和行为规范，这些构成了我们共同理解的现实，我们又通过共同的文化理解来构建社会现实，因此主体间现实是我们进行社会互动和沟通的前提，为个体提供了共同的理解和行为框架。

随着经济高速发展和全球化的影响，社会主体和主体间现实都发生了显著变化，主要体现在以下方面。

(1)主体意识不断强化：人类的主体意识不断显现和强化，人们对自由与解放的渴望越来越强烈。

(2)文化多样化：全球化带来了文化种类及内容、方式和范畴上的多样化，体现了开放性、多样性以及冲突性、渗透性等现实特征。文化壁垒的打破意味着不同文化空间相互叠加、相互渗透。

(3)群体意义危机和文化认同的挑战：文化间的碰撞和冲突削弱了文化身份认同的传统机制，形成了文化认同危机，很多社会和组织经历着“文化撕裂”的痛楚。多文化的交织互动为人们提供了更为广阔的文化空间，但同时也带来了文化认同的挑战。人们的交往方式发生了总体性的变化，由以往的单一化、地域化和实体化日益转变为多元化、世界化和虚拟化。

这些变化影响了不同类别的组织，企业组织当然包含其中，且影响更为深刻。如何形成企业独有的主体间现实，已经成为企业生存和竞争的关键要素。范中山同学所在企业开展的相关活动，其实就是构建企业员工主体间现实的有益尝试。

知识管理与构建主体间现实有极其紧密的关系，知识的共享、文化的传播、创新的促进、知识的组织以及个人与组织知识的相互转换等工作，都是通过有效知识管理加强组织内部和跨组织的主体间联系，构建创新主体间现实，提高组织绩效和竞争力的重要保障。

知识管理与用户思维

贾钰鹏*

通过学习赵老师两天的“知识管理”课程，我对老师看问题能直击本质的思考方式非常佩服，现在我也在刻意用批判性思维分析问题，从而能更好地理解问题、做出明智的决定。

我一直在生鲜零售领域深耕，深知用户思维在日常运营中的重要性，但也体会到将这种思维模式传递给员工，尤其是一线员工是多么的难。通过学习老师的课程我顿悟了，之前我们一直在说顾客是我们的用户，但一线员工何尝不是公司总部的用户呢？

公司在优化一线员工的操作流程，希望能够做到简单、高效、可落地，运行下来，有效果但效率很低，学习了赵老师的课程后，我换了一个思考问题的方式，之前都是总部自上而下地去找哪里可以优化，但真正使用这些流程的是一线员工，遇到问题或卡点，很多人不愿意去反馈，或者说懒得反馈，我们现在建立了一线问题收集平台，只要员工反馈问题就有 100 元的奖励，如果反馈的问题能够提升效率或减少费用，奖励会更多，员工的热情一下子就被激发

* 2024 级 EMBA 学员，现为上海壹佰米网络科技有限公司（叮咚买菜）运营中心负责人。

了，一周的时间有了 600 多条建议，其中有价值的占到了 35%，这对整个链条的效率优化的贡献非常大，而且解决的都是和顾客体验息息相关的点，如现在实现了顾客无理由退货，让顾客购物无忧。这些改变让我深刻地感受到，对于总部，一线员工就是总部的顾客，一线员工在服务我们真正的顾客，只有我们对员工好一点，员工才会对顾客好一点。

当老师在讲竞争力中的"信用"建立时，我在想当我们遇到困境时，与其想着如何让顾客多掏钱，不如想着如何为他多做事。我每多做一步，顾客就可以少做一步。顾客每少做一步，他就可以离我更近一步。抱怨是没用的，我们应该寻找解题思路，不要把客户当成难题，而要帮助顾客解决难题，这样才能真正地建立信用。

很庆幸上了"知识管理"这门课程，它让我学会换个维度去思考问题：推动我们前行的，不是跳起来抓住高处的趋势，而是蹲下来解决脚下的难题。只有站在顾客的角度去思考问题，解决顾客的困惑，顾客才会给我们答案。

【赵征点评】

钰鹏同学改变思考角度，在员工反馈和顾客关系等方面尝试新的做法，取得了一定效果，这种学以致用的态度，值得赞赏。

类似的故事我已经听过很多次了。每次听到管理者跟我描述类似的员工反馈案例时，我总是会反问几个问题。

（1）你给了一个外激励（100 元），表面看是鼓励了某种行为（提建议），但实际上是建立了一个评估。你能描述出你建立的评估是什么吗？（配合的态度？建议的内容？内容的优劣？）

（2）文中提到的"热情"指的是什么？到底是被什么激发的？除了钱之外还有其他的激发因素吗？非钱因素激发的"热情"是什么？这样的"热情"需要怎么激励？

（3）无论是什么因素激发的"热情"，该如何持续呢？

还有一个更重要的层面，这个案例本质上也是一个"信用案例"，当你鼓励员工进行反馈的时候，事实上已经预设了一个"承诺"，各位同学能理解这个"承诺"吗？这个"承诺"，又该如何"兑现"呢？如果兑现不妥，管理者和组织的信用可能将面临挑战。

希望通过对这些问题的思考，大家能对"非意图结果"有更深的理解。

知识管理与自我认识

刘　漫*

回味赵征老师的课，我依然有种智商被踏在粗糙的水泥地上来回摩擦的清醒感。如果把赵老师的课程比作景区，那绝对不是椰林沙滩碧海蓝天，给我更大的感觉是，它是西北的凛冽，枯藤老树昏鸦，不带绿叶，因为剥开繁华后，可以直面自己的内心，体验恐惧、卑微等复杂的情感，直击事物的本质，从而获得清晰的认知，也是对自我认识的洗礼。

我的自我评价是偏感性，凡事会考虑再三，做事不够果断，其实本质就是对自己的决定不自信，所以很多时候，我不敢直面事物的本质，因为本质也好，底层逻辑也罢，往往都没有过多包装，非常直白。

知识于我而言，更多时候，就像是自己的武器，让我在面对事物本质的时候，能多一道盾牌，能够有更多喘息和抵御进攻的思考时间。

* 2024 级 EMBA 学员，现为安徽洁缔美清洁用品有限公司总经理。

回顾自己从一个骄傲的女生，到组建团队，其间多次被员工“辞退”。最怕听人说：“漫姐，我想和你说件事……”员工在辞职时都会给一个借口，女员工说回家照顾小孩，男员工说想再深造，诸如此类。其实回头再看，无非是公司规模小，发展空间不够，抑或是工资给得少，看不到希望。

现在，我不怕别人找我聊天，也不害怕员工提离职。在自认为看透本质之后，其实我更愿意和他们聊天，内心也试图想象，也许员工的离开，真的是有其他迫不得已的原因，我有没有可以帮得上忙的地方，也许不能解决难题，但是能有个倾听的大姐，以及一个温暖的地方可以慰藉，都能给彼此多一点可能性。我不知道这是不是非意图行为，但是这些给予节假日问候和在朋友圈点赞的已离职同事，还有给我们做客户推荐和资源倾斜的老同事，都让我感觉顺从内心也挺好，没有任何时间是白浪费的。

课程最后，我问了一个关于小孩成长过程该如何陪伴的问题。赵老师的建议是放手让孩子去做，也许孩子会犯错，但只要我具备兜底的能力即可。这让我想起了美国喜剧《老爸老妈的浪漫史》(*How I Met Your Mother*)中的一句经典台词给我带来的触动“Yes, it’s a mistake. I know it’s a mistake. But there are certain things in life where you know it’s a mistake but you don’t really know it’s a mistake, because the only way to really know it’s a mistake is to make the mistake and look back and say ‘yep, that was a mistake’. So really, the bigger mistake would be to not make the mistake, because then you’d go your whole life not knowing if something is a mistake or not.”(“好吧，这是个错误。我知道这是个错误。但就是有些事情，你知道它是个错误，但你不确定它一定是个错误，因为确定它是否真的是错误的唯一方法，就是去犯这个错误，然后回过头来可以说‘没错，这就是个错误’。所以，不去犯错实际上是更大的错误，因为这样你一辈子都不会知道它到底是不是个错误。”)

回顾自身，我认为知识管理就是会让自我认识变得越来越清晰，这种清晰有两个方面，一方面是自己对更多知识的渴求，另一方面是看清本质后还能选择我想要做的事，那就需要很多的自我认识去管理自己的知识。

【赵征点评】

刘漫同学基于自己的经历，讨论了自我认识的概念，这是一个非常有趣的话题。

我认为弗洛伊德最伟大的发现，是提出大部分心理疾病的主要原因，在于对认识自我的恐惧——惧于认识自己的情绪、自己的冲动、自己的记忆、自己的潜力和自己的命运。

很多时候，内在问题与外在问题极其相似、彼此相关，即认识自己的恐惧与认识外在世界的恐惧，往往是同时并存的，以至于我们常常无法区分我们的恐惧是对内在自我的恐惧，还是对外在世界的恐惧。

一般而言，这种恐惧是自卫性的，是为了保护自尊。对于任何足以导致我们轻视自己的认识，我们会自然感到恐惧。我们借着压抑和类似的自卫方式来保护自我、保护自我理想的形象。

心理治疗中，这种避免意识到痛苦真相的策略，和抗御心理医生帮助我们认清真相的方式，称为“阻抗”。心理治疗所采取的一切行动，主要是揭发事实真相，或者强化病患本身的能力，使他能够承担起事实的真相。弗洛伊德说：“对自己诚实，乃是人类最大的努力。”

其实还存在一种更深层次的逃避，即逃避个人人格的成长，因为它也可能会带来另一种害怕、另一种恐惧，害怕成长过程让自己感到软弱、感到不足。在自我的内部发现新的才能，虽然令人兴奋，但也会带来恐惧，如作为一个领导者，也会常常想责任可能是极重的负担，可能会带来极大风险，从而想要尽可能地逃避它。

对待上述焦虑和恐惧的最佳方式之一就是去认识它们、了解它们，认识和了解的手段就是通过知识，知识不但具有促使我们成长的作用，而且兼具消除焦虑和提供保护的均衡作用。除此之外，更需要我们的勇气，因为我们既可能为了消除焦虑而寻求知识，也可能为了消除焦虑而逃避求知，恐惧可能会截断我们的求知冲动，但唯有勇气，才可以让我们的求知需求获得自由。

知识管理与商业模式创新

周宏霞*

课前看到 EMBA 排了“知识管理”这门课，我有点小惊讶，老师难道要教我们如何做好公司的知识产权管理吗？还是要传授国际最新的技术知识？带着这样的疑问走进教室，刚开始还是没明白课程的意图，但随着课程的深入，我逐渐被“带”进了“场”，最终不能自拔。现在回想赵征老师授课的全过程，老师磅礴地发问、追问、再进一步追问，直到我们陷入沉思，老师又娓娓道来。他对整个问题的理解和思考，以及对实际案例的点评，帮我们提升了思维，提高了管理格局；他从事物基本定义出发，运用升维的角度看待事物，从底层逻辑看问题，从而更好地、更有效地解决了我们的商业模式问题。

* 2024 级 EMBA 学员，现为深圳市汇川技术股份有限公司智能装备总监。

这门课对我帮助极大，让我厘清了困扰许久的工作问题。很久以来，我一直对自己负责的业务感到头疼——这是一家非标自动化公司，虽然目前只是服务工控行业客户，但这是公司最为看重的战略性业务方向，也是集团里为数不多的董事长非常关注的业务板块。

让我头疼的原因就是“非标”，客户产品少量多样性的特点，导致我们的方案复制性极低，与客户多频沟通使得业务培育时间非常长，常常费力不讨好，尽管业务规模增长很快，但难以达到盈亏平衡。此次课程让我豁然开朗，我运用了老师所讲的知识管理。首先从定义出发，知识可以分为显性知识和隐性知识。之前一直纠结，是因为看到的都是自己显性知识的部分，对于一个项目的自动化落地，我的客户看的往往是成本结果，忽略了我们的隐性知识的价值。我们具备工艺分解能力和制造系统设计能力，从厂房规划到最后工艺落地，能够协助客户更好地规划业务，避免业务的失败。这些隐性知识，才是我们的核心竞争力，由于之前未识别到，因此陷入了低价竞争的漩涡。

再从升维角度看我们的商业模式：除了没有精准定位自己的核心价值，我们也从没想过服务客户的商业模式——我们到底应该服务谁？能给客户带来什么价值，从而达到自己的战略定位？这些问题我们都没有想明白，于是只能拘泥于内部客户，被迫与外部小公司进行成本内卷，却从没想过，其实我们的隐性知识，刚好是外部很多新公司和新创业人所需要的。这门课结束后，我回去开始精准定位到需求客户，从自身的核心价值出发，找到了自己的战略定位。依据课程上的学习和思考成果，我们成功跟某高校达成了2000万元的项目合作意向，特别是在介绍业务时，我充分展示了团队的制造系统规划能力，尤其是从0到1的产品建设能力，正是这些核心竞争力，打动了客户获得了业务。

其实只有我心里明白，这恰恰是知识管理带来的突破、带来的力量。

【赵征点评】

周宏霞同学探讨了知识管理和商业模式。那么，知识是如何改变商业模式的呢？其实这种改变是通过解构、再重新建构实现的。

要谈解构和建构，必须先提到结构。结构指事物不是孤立存在的，而是被系统性地联系和组织在一起。即可以通过关注结构和规律，来发现事物之间的内在联系，从而理解事物的本质和意义。当然，还需要考虑事物意义和历史的变化，不能过于强调结构上的静态性和普遍性。

“解构”，即反结构，其特点是反中心性，解构挑战传统哲学对固定真理和意义的追求，认为固定意义的存在只是一种人为的建构，而没有一个终极的、确定的意义。

建构主义认为，我们对于世界的认识不是天然存在的，而是经过人类自身的建构和构建所得到的。因此，建构主义重视语言、文化、身份、性别等因素对知识和现实的影响，并探索人们如何通过社会交互和文化身份来建构知识与实践。建构将关注点放在人类自身的能力和局限性上面，它试图揭示人类思维和行动的多样性与复杂性，并为人们创造更好的认识框架和实践方式。

解构和建构是相互作用的，解构将事物整体拆分为“零件”，建构是为了找出这些“零件”之间的新关联，从而重新将这些“零件”结合起来，产生一个比解构前更有独特意义的新整体。

这个过程的关键有两个：一个关键是“零件”有多“零”，即细分的程度，这个程度决定了建构的复杂度。我经常说，认为一个东西简单，大概率是解构的程度不够细。

另一个关键是结合的方式，这个方式取决于对新整体的理解程度和对“零件”的理解程度，设计新产品其实就是对既有“零件”的“结合”。对新整体的理解就是对客户需求的新理解，对“零件”的理解，就是对技术的新理解。

商业模式，就是用什么样的方式，做出最符合客户需求的产品。其本质就是解构和建构的尝试与迭代。

授课后记

有同学在我的“知识管理”课后的作业里，回顾了课堂氛围，还把我的授课风格归纳为“怼”。其实创新思维的产生场景就是“平等的冲突”，课堂上师生们一起认真地“怼”、开心地“怼”，互动性极强，精神高度紧张、注意力高度集中、思维碰撞火花四溅，创新思维也就更易产生。

在我看来，课堂学习与知识管理以及隐性知识之间确实存在着密切的关系。其中，首先要弄清楚“学”和“思”的关系。

孔子在《论语·为政篇》中说过一句大家都很熟悉的话：学而不思则罔。那么，何为学？何为思？为何会罔？

日本江户时期学者伊藤仁斋认为“稽于古训之谓学，求于己心之谓思”。认真研习前人的教训，叫作“学”；把学的东西在心里仔细考量，叫作“思”。前人之教训各不相同，若是不去思考，要不了多久，学习者就会被海量的不同“教训”弄昏了头。

学习是研习已有的教训，而不思考就会昏头。思考什么呢？思考需要处理的对象是什么呢？看来，“学”和“思”的对象有所不同。

什么是教训？我认为是对日常生活中的“数据”进行处理后得出的经验。以前能被记录的生活“数据”不多，但今天，日常生活所产生的“大数据”不仅已经被广泛记录，而且已经被大量用于分析以得出更多供人类学习、帮助人类进步的“教训”。

这个变化意味着两个不言而喻的共识：一是技术的进步使获取数据的成本变低、效率变高；二是我们的系统化认知能力在不断提升。单个数据往往都只是某个系统的片段信息，“大数据”及其相互之间的关系，让我们更系统地认知世界。

要通过数据及其关系认知系统，必然产生模型。我们使用数据建立模型，再使用模型帮助我们理解对象、认知世界。模型还帮助我们提高数据收集和使用效率，以现在世界每天产生数据的规模，如果没有适当的模型对数据予以有效分类使用，要不了多长时间，数据就成了垃圾，甚至成为灾难。

由此可见，“学”即数据收集和积累，“思”则是建立模型。若是不建立模型就不停地积累数据，数据也就失去了应有的价值。

模型，是我们理解对象的一种结构化方式。建立模型的目的，是简化分析过程。任何分析，其实都基于最初的假设。假设一般分为两类：一是对对象某类属性的假设；二是对模型本身的假设。

绝大多数分析的结果，都是证伪，而非证实。或是证伪了对象属性的假设，或是证伪了模型本身的假设。然后根据结果的判断，不断迭代对对象的认知和对模型的优化。

对象属性的证伪，比较容易理解，即我们最初的判断有了偏差，需要重新假设。对模型的证伪，却很容易忽略，因为很多人有先入为主的习惯，模型大多是我们从前人或教科书上学来的，往往默认是对的，分析者对大多数分析结果的思考，都是针对对象假设的判断，而基本忽略了对模型好坏的判断。

一方面盲目相信既有模型，另一方面模型优化也较为困难。一个模型没有被数据证伪，不能说明该模型对、别的模型错。更可能的情况是说明该模型还凑合，但不排除还有别的模型更合适的情况。大部分情况下我们不知道还有多少潜在的备选模型可能更合适。因此模型的优化往往只能依赖于建模者的经验和品位。

优化模型往往有两条路径：一是简化模型，在没有明确的领域知识时，模型越复杂，可能犯错的地方越多；二是尽可能地发现备选模型，经过比较和借鉴，不断优化模型。

其实，上面对数据和模型的思考，与人类的学习和思考有很密切的关系。今天，人类学习需要处理的对象，一般是大量的数据；而思考需要处理的对象，就是模型。

弄清楚了学习和思考处理对象之间的关系，就可以定义我认为的“知识”和“学习”这两个概念了。

我认为知识是“加工工艺”，是处理数据和处理模型过程中思维和实践的“教训”。无论是处理数据还是处理模型，都有复杂持续的过程。预处理数据、提出假设、试验处理、迭代假设、再次试验处理、再次迭代……这一系列数据处理过程，以及提出模型、试验模型、迭代模型、再试验、再迭代……不断螺旋上升的模型处理过程，都会产生大量思维的“教训”和实践的“教训”。这些“教训”显然既不属于“数据”、也不属于“模型”，我将其称为“加工工艺”，“加工工艺”就是我认为的知识。由于每个人处理数据和模型的方式都有所不同，因此，每个人都存在着不同于他人的、自己独特的“加工工艺”（知识）。

在这个意义上，我认为“学习”分为两类。一是基础学习，是基于知识分享的学习，是一种“知道”。目的是学习前人或他人的“加工工艺”，即前人或他人的数据和模型处理的“教训”。二是持续学习，是基于知识生产的学习，是一种“创造”。目的是产生自己的“加工工艺”，同时用自己的“加工工艺”得出自己的数据处理模型，并不断优化迭代自己的模型。

在不同的学习阶段，每个人的学习类型的组合不同。通常基础教育（中小学）和大学通识教育阶段，以基础学习（知道）为主，持续学习（创造）为辅；但具备一定工作经验之后（如 MBA 等在职教育），往往大多需要持续学习这种类型，这种学习是一种创造性的学习。其核心方式就是在分享知识的同时创造知识。

知识分享的方式有两种，一种是阅读，另一种是对话。阅读是显性知识的分享，是他人将其知识书面化或文字化，供读者阅读。对话则大多是隐性知识的分享，分享交流的往往是没有书面化的知识。学习也相应分成两类，一边阅读一边思考，就是在别人分享知识的同时完成自己的知识创造，不过这种知识创造只是读者单方面的知识生产；对话则完全不同，对话包含了倾听和表达，但倾听者和表达者的角色是交互的。倾听是知识分享，表达则是对别人知识分享的回应，这种回应是回应者的知识创造，回应又会形成对方的再次回应，再次回应同样也是对方的知识创造。于是，对话过程就成了双方共同的知识创造过程，这种知识创造是双方的，知识生产的效率更高。

“战略管理”和“知识管理”的课堂授课，正是按照持续学习的知识创造模式来设计的。通过教师的不断提问，引导学员参与思考、表达观点和展开讨论。在这样的持续交流互动过程中，实现了教学双方的知识创造，有效地完成了真正的学习。

学员出版回顾

MBA 2019 级 张晓星

毕业几年后再回头看当初这门课的课后作业，我更加深刻地领略了这门课的价值，经过这几年的发展，我们团队已经明确了自己的战略和发展方向，路虽远，有聚焦、有边界，我相信一定能“行则将至”。

EMBA 2019 级 陈治光

毕业三载，我对“知识管理”这门课程依然印象深刻，不仅是因为课程内容丰富，还在于赵征老师知识之渊博，涉猎范围之广泛，尤其能结合具体的案例，引导我们学员深入思考，培养我们独立判断的能力，这又何尝不是他带领我们“学管理，练内功，做到未知先明”呢？赵老师亦师亦友，平易随和，当初那篇小作也是我对赵老师传道授业解惑的一种共鸣表现方式吧。今值我们管理学院建院 30 周年之际，祝愿事业常青，英才辈出。

MBA 2018 级 姚娟

时别五年，再次回忆起赵征老师的“战略管理”课堂，依然心生感怀。赵征老师具有渊博学识并倾囊相授，总能感染到课堂上的每一位学员。感恩有幸成为赵老师的学生，触动并启发自己的一些思考。

我们的想法本身就有不同层次、不同层面，但只有回到最根本、最深沉的本心，自己才不会动摇，才不会脆弱。多年来，我始终践行“本我”理念，选择做让内心有生发感、互生感的事情，在过程中会全身心投入、不知疲倦，且英勇无比。选择遵从本心，坚持由内出发，坚定地在人力资源管理领域探索与前行，深耕人才培育与人才发展管理，与本专业领域产生很好的共生关系，享受每时每刻的愉悦感、获得感。我想，我已成为比昨天那个更好的我，明天又将是新的我。

MBA 2018 级 吴赛群

五年后再回顾赵老师的“战略管理”课程，翻看了当时上课的笔记，从战略能做什么开始，到管理的本质；从管理就是提高效率，到知识工作者的生产率；从互联网到大数据；并且将奇葩说、海底捞、老乡鸡、木屋烧烤等案例穿插在教学中，赵老师让“战略管理”的课程更接近现实，更易于理解，课程内容系统全面且生动。通过回顾也发现课程里的一些观点已经融入我的思维里，一直影响着我的思考、选择和判断。

EMBA 2023 级 范德龙

一年时光荏苒，当我再次回首赵征老师讲授“知识管理”课程的那段时光，心中涌动的不仅是敬意，更有对那些课堂瞬间和深刻启示的温馨回忆。那时，赵老师不仅传授了我们知识管理的精髓，更深刻地塑造了我们对“卓越”的追求。作为我们卓越 2 班的班主任，他反复强调，卓越不是与他人的竞赛，而是一场自我超越的旅程，是在不断挑战自我中实现的自我提升。

在这一年的实践中，我逐渐领悟到赵老师课程的核心价值。当时的学习，不仅让我对“滴滴出行”有了全新的认知，更让我认识到，拓宽认知边界和实现自我超越是职业发展的关键所在。随着时间的推移，我将赵老师的教诲内化于心，外化于行，不断在工作和生活中应用并深化。

如今，我已不再满足于做简单的日常重复事情，而是追求在忙碌中寻找创新的源泉。在赵老师的智慧引领下，我学会了如何勇敢地跳出既有思维框架，如何通过批判性思维和反共识的创新来突破自己认知的壁垒。这些宝贵的经历如同灯塔，照亮了我追求卓越前行的道路。

回顾这段学习过程，我清晰地感受到自己在认知边界上的拓展，这不仅让我在工作中取得了较好的业绩，更让我在个人成长的旅途上踏出了坚实的足迹。感恩赵老师一直以来的悉心教导，让我领悟到卓越的真谛，并在追求卓越的道路上坚定不移。

展望未来，我将继续在探索与前行中不断突破自我，以期在自我价值的实现上达到新的高度。在这条追求卓越的道路上，每一分努力都是对过往自己的最好致敬，每一次超越都是对未来自己的最美期待。

EMBA 2020 级 孙皖宁

毕业三年，尽管已切换赛道，由传统的家电行业转入近年正热门的新能源行业，但“战略”这个老师讲授最多的认知课题，令我将习得的思维习惯和模型一直延续到新的工作和生活中，实现了丝滑地迁移。新的岗位让我既可以站在战略这样的高度去思考长远规划，又能将它设计成可落地的策略，并指导执行，以结果检验方向的正误和可行性，从而不断地调整认知和精益求精。虽毕业多年，但一直与老师保持联系，并经常得到老师的教诲。老师爱读书，以前最常说的就是要建立自己的认知体系。随着年龄渐长，越来越喜精减应酬，将时间花在打磨认知上。多年的晨读习惯还一直保持，阅读的题材在战略、哲学、历史、财经、中医上越来越聚焦，但是读得越来越慢。喜欢同一时期反复阅读不同作家所写的同一题材书目，经过自己的再思考和整理，取其精华、去其糟粕地串成有时间线或者有导图的笔记，记录在手机里，出差和旅行时再阅读和再思考；最后再将其精练成一个个小小的思维模型，指导自己在生活和工作中不断地使用，并把这变成一种思维和行事习惯。生命的长河且大且宽，认知的不断提升让我的焦虑越来越少，让我更能平和地接受挫折与坎坷，理解人性的复杂，并且更积极、正能量地对待生活、对待陌生的新生事物。很幸运在恰当的时间，恰好得遇良师，得其指导，老师授业的很多好习惯和好方法成为一盏明灯，始终照亮我前行。